Exercices en
Java

Exercices en Java

Claude Delannoy

Deuxième tirage 2003

EYROLLES

EDITIONS EYROLLES
61, Bld Saint-Germain
75240 Paris cedex 05
www.editions-eyrolles.com

Table des matières

9. Les principaux contrôles de Swing 161

10. Les boîtes de dialogue 183

11. Les menus 197

ANNEXES

Avant-propos

Que l'on soit débutant ou programmeur chevronné, la maîtrise d'un nouveau langage de programmation passe obligatoirement par la pratique.

Cet ouvrage est destiné à accompagner et à prolonger votre étude de Java. Sa structure correspond à la progression classique d'un cours : opérateurs et expressions, instructions de contrôle, classes et objets, tableaux, héritage et polymorphisme, la classe *String*, les exceptions, les bases de la programmation événementielle, les principaux contrôles de *Swing*, les boîtes de dialogue, les menus, les événements de bas niveau, les applets, les fichiers.

En début de chaque chapitre, vous trouvrez la liste des connaissances nécessaires à la résolution des exercices. Ces connaissances peuvent être acquises à l'aide du manuel *Programmer en Java*, du même auteur, ou de tout autre ouvrage d'apprentissage de ce langage.

Nous avons prévu deux sortes d'exercices : les exercices d'application et les exercices de synthèse.

Chaque exercice d'application a été conçu pour vous entraîner à mettre en oeuvre une ou plusieurs notions qui sont clairement indiquées dans l'intitulé même de l'exercice. Nous avons tout particulièrement cherché à équilibrer la répartition de ces exercices. D'une part, nous avons évité la prolifération d'exercices semblables sur un même thème. D'autre part, nous couvrons la plupart des aspects du langage, qu'il s'agisse des fondements de la programmation orientée objet ou de caractéristiques plus techniques et plus spécifiques à Java.

Les exercices de synthèse, quant à eux, sont destinés à favoriser l'intégration des connaissances que apprendrez à mettre en oeuvre dans des contextes variés. Les notions à utiliser n'étant indiquées ni dans l'intitulé, ni dans l'énoncé de ces exercices de synthèse, leur résolution vous demandera plus de réflexion que celle des exercices d'application.

L'ouvrage, Java 2 et Swing

Si les instructions de base de Java n'ont pratiquement pas évolué depuis sa naissance, il n'en va pas de même de ses bibliothèques standard. En particulier, le modèle de gestion des événements a été fortement modifié par la version 1.1. De nombreux composants graphiques dits *Swing* sont apparus avec la version 1.2 (première version de Java 2).

L'ouvrage se fonde intégralement sur la version 1.3 (toujours nommée Java 2). Il n'utilise pas l'ancien modèle de gestion des événements, trop différent de l'actuel et plus restrictif.

Par ailleurs, et conformément aux recommandations de Sun, nous nous appuyons entièrement sur les composants Swing introduits avec Java 2, ceci aussi bien pour les applications autonomes que pour les applets.

La classe *Clavier*

Alors que Java dispose de méthodes d'affichage d'information dans la fenêtre console, rien n'est prévu pour la lecture au clavier. Bien entendu, il est toujours possible de développer soi-même une classe offrant les services de base que sont la lecture d'un entier, d'un flottant, d'un caractère ou d'une chaîne. Pour vous faciliter la résolution de certains exercices, vous trouverez une telle classe (nommée *Clavier.java*) sur le site Web d'accompagnement ; sa liste est également fournie en Annexe D. Ses méthodes se nomment *lireChar*, *lireInt*, *lireFloat*, *lireDouble* et *lireString*.

Par exemple, pour lire une valeur entière et la placer dans la variable *nb*, vous pourrez procéder ainsi (notez bien que les parenthèses sont obligatoires dans l'appel d'une méthode sans arguments) :

```
n = Clavier.lireInt() ;
```

Le site Web d'accompagnement

Le code source des corrigés d'exercices est fourni sur le site Web d'accompagnement à l'adresse *www.editions-eyrolles.com*. Pour accéder à l'espace de téléchargement, il vous suffit de taper le nom de l'auteur (*Delannoy*) dans le formulaire de recherche rapide et de sélectionner l'ouvrage *Exercices en Java*.

Il existe souvent plusieurs manières de résoudre le même exercice et il se peut donc que votre solution diffère de celle présentée dans le corrigé sans être incorrecte pour autant. En cas de doute, vous pouvez contacter l'auteur par email à l'adresse suivante : *delannoy@eyrolles.com*.

Les opérateurs et les expressions

Connaissances requises

- Écriture d'un programme principal, c'est-à-dire formé d'une classe comportant une seule méthode nommée *main*
- Règles générales d'écriture : identificateurs, mots clés, séparateurs, format libre, commentaires
- Les types primitifs : entiers (*byte*, *short*, *int* et *long*), flottants (*float*, *double*), caractères (*char*) et booléens (*boolean*).
- Déclaration de variables d'un type primitif ; les possibilités d'initialisation ; rôle de *final* ; notion d'expression constante
- Affichage d'informations avec *System.out.print* et *System.out.println*
- Les opérateurs arithmétiques ; conversions implicites dans les expressions (ajustement de type, promotion numérique) ; comportement en cas d'exception ; existence des valeurs *Infinity* et *NaN*
- Les opérateurs relationnels ; conversions implicites des opérandes
- Les opérateurs logiques ; cas particulier des opérateurs dits "de court-circuit" && et ||
- Les opérateurs d'affectation simple ou élargie ; conversions forcées par affectation
- Les opérateurs d'incrémentation et de décrémentation
- L'opérateur de *cast*

Priorités des opérateurs arithmétiques et parenthèses

Éliminer les parenthèses superflues dans les expressions suivantes (l'ordre des calculs devant rester le même) :

```
(a + b) - (2 * c)      // expression 1
(2 * x) / (y * z)      // expression 2
(x + 3) * (n%p)        // expression 3
(-a) / (-(b + c))      // expression 4
(x/y)%(-z)             // expression 5
x/(y%(-z))             // expression 6
```

Solution

```
a + b - 2 * c          // expression 1
2 * x / (y * z)        // expression 2
```

On pourrait aussi écrire cette expression *2*x/y/z* mais l'ordre des calculs sera différent, ce qui peut avoir une légère incidence sur le résultat.

```
(x + 3) * (n%p)        // expression 3
```

Ici aucune parenthèse ne peut être supprimée car * et % sont de même priorité ; la suppression de la seconde paire de parenthèses conduirait à une expression équivalent à : *((x+3)*n)%p*.

```
-a / -(b + c)          // expression 4
```

Ne pas oublier que l'opérateur unaire - est prioritaire sur tous les opérateurs arithmétiques à deux opérandes.

```
x/y%-z                 // expression 5
x/(y%-z)               // expression 6
```

2 **Conversions implicites**

Soit ces déclarations :

```
byte b1 = 10, b2 = 20 ;
short p = 200 ;
int n = 500 ;
long q = 100 ;
float x = 2.5f ;
double y = 5.25 ;
```

Donner le type et la valeur des expressions arithmétiques suivantes :

```
b1+b2              // 1
p+b1               // 2
b1*b2              // 3
q+p*(b1+b2);       // 4
x+q*n              // 5
b1*q/x             // 6
b1*q*2./x          // 7
b1*q*2.f/x         // 8
```

Solution

```
b1+b2 = 30              // 1
```

L'opérateur + soumet les valeurs de *b1* et *b2* à la promotion numérique de *byte* en *int*. Le résutat est de type *int*.

```
p+b1 = 210              // 2
```

L'opérateur + soumet ses opérandes à des promotions numériques : de *short* en *int* pour *p* et de *byte* en *int* pour *b1*. Le résultat est de type *int*.

```
b1*b2 = 200             // 3
```

Là encore, avant d'effectuer le produit, les valeurs de *b1* et de *b2* sont soumises à la promotion numérique de *byte* en *int*. Le résultat est de type *int*.

```
q+p*(b1+b2) = 6100      // 4
```

On évalue tout d'abord la somme *s=b1+b2*, en soumettant les valeurs des deux opérandes aux promotions numériques de *byte* en *int*. La valeur de *s* est de type *int*. Puis on effectue la somme *q+p* en soumettant le second opérande à une conversion d'ajustement de type de *short* en *long* (type de *q*). Le résultat est de type *long*. Il faut maintenant le multiplier par *s*, ce qui se fait en soumettant la valeur de *s* à une conversion d'ajustement de type de *int* en *long*. Le résultat final est de type *long*.

```
x+q*n =50002.5          // 5
```

On évalue tout d'abord le produit *q*n* en soumettant la valeur de *n* à une conversion d'ajustement de type de *int* en *long*. Le résultat est de type *long*. Pour pouvoir l'ajouter à la valeur de *x*, on le soumet à une conversion d'ajustement de type de *long* en *float*. Le résultat est de type *float*.

```
b1*q/x=400.0            // 6
```

On évalue tout d'abord le quotient *q/x* en soumettant la valeur de *q* à une conversion d'ajustement de type de *long* en *float*. Le résultat est de type *float*. Pour pouvoir lui ajouter la valeur de *b1*, on soumet cette dernière à une conversion d'ajustement de type de *byte* en *float* (ou, ce qui revient au même, d'abord à une promotion numérique de *byte* en *int*, puis à une conversion d'ajustement de type de *int* en *float*). Le résultat est de type *float*.

```
b1*q*2./x=800.0         // 7
```

On évalue tout d'abord le produit $q*2.$, en soumettant la valeur de q à une conversion d'ajustement de type de *long* en *double* (attention, la constante 2. est de type *double* et non de type *float*). Le résultat est de type *double*. Il est divisé par la valeur obtenue par conversion d'ajustement de type de x de *float* en *double*. Le résultat, de type *double* est alors multiplié par la valeur obtenue par conversion d'ajustement de type de *b1* en *double*. Le résultat est de type *double*.

```
b1*q*2.f/x=800.0      // 8
```

Il s'agit de l'expression précédente, dans laquelle la constante 2. (de type *double*) est remplacée par 2.f de type *float*. La même démarche s'applique, en substituant le type *float* au type *double*. Le résultat final est de type *float*.

3 Exceptions flottantes et conventions IEEE 754

Quels résultats fournit ce programme ?

```java
public class Excep
{ public static void main (String args[])
  { double x1 = 1e200, x2 = 1e210 ;
    double y, z ;
    y = x1*x2 ;
    System.out.println ("valeur de y " + y) ;

    x2 = x1 ;
    z = y/(x2-x1)  ;
    System.out.println (y + " divise par " + (x2-x1) + " = " + z) ;
    y = 15 ;
    z = y/(x2-x1)  ;
    System.out.println (y + " divise par " + (x2-x1) + " = " + z) ;

    z = (x2-x1)/(x2-x1) ;
    System.out.println ((x2-x1) + " divise par " + (x2-x1) + " = " + z) ;
    System.out.println (z + "+1 = " + (z+1)) ;

    x1 = Float.POSITIVE_INFINITY ;
    x2 = Double.NEGATIVE_INFINITY ;
    z = x1/x2 ;
    System.out.println (x1 + "/" + x2 + " = " + z) ;
  }
}
```

Solution
```
Infinity divise par 0.0 = Infinity
15.0 divise par 0.0 = Infinity
0.0 divise par 0.0 = NaN
NaN+1 = NaN
Infinity/-Infinity = NaN
```

Rappelons qu'en Java aucune opération sur les flottants ne conduit à un arrêt de l'exécution. En revanche, les nombres flottants respectent les conventions IEEE 754 qui imposent l'existence d'un motif particulier représentant les valeurs infinies, lequel s'imprime sous la forme *Infinity* ou *-Infinity*. Les constantes correspondantes se notent *Float.Infinity* ou *Double.Infinity*. De même, il existe un motif particulier représentant une valeur non calculable ; il peut s'obtenir par *Float.NaN* ou *Double.NaN* et il s'imprime sous la forme *NaN*.

4 Le type char

Soit ces déclarations :
```
char c = 60, ce = 'e', cg = 'g' ;
byte b = 10 ;
```
Donner le type et la valeur des expressions suivantes :
```
c + 1
2 * c
cg - ce
b * c
```

Solution
```
c + 1 = 61
```
L'opérateur + soumet ici son premier opérande à la promotion numérique de *char* en *int*, ce qui fournit la valeur 60[1]. Le résultat est de type *int*.
```
2 * c = 120
```
L'opérateur * soumet ici son second opérande à la promotion numérique de *char* en *int*, ce qui fournit la valeur 60[2]. Le résultat est de type *int*.
```
cg - ce = 2
```
L'opérateur - soumet ici ses deux opérandes à la promotion numérique de *char* en *int*. On obtient un résultat de type *int* qui représente l'écart entre les codes des caractères *g* et *e* (dans le code *Unicode*, les lettres consécutives d'une même casse ont des codes consécutifs).

---

1. En toute rigueur, la valeur de la variable *c* est non pas 60, mais l'entier dont le code (Unicode) est égal à 60.
2. Même remarque que précédemment.

```
b * c = 600
```

L'opérateur * soumet ici ses deux opérandes aux promotions numériques : de *byte* en *int* pour le premier, de *char* en *int* pour le second. On notera qu'aucun problème de dépassement de capacité n'apparaît puisque le produit est bien effectué dans le type *int* (il en irait différemment s'il était effectué dans le type *byte* puisque 600 n'est pas représentable dans ce type).

5   Opérateurs logiques à "court circuit"

Quels résultats fournit ce programme ?

```
public class CourCir
{ public static void main (String args[])
  { int i=10, j=5 ;

    if (i<5 && j++<10)  System.out.println ("&&1 vrai") ;
                else System.out.println ("&&1 faux") ;
    System.out.println ("i = " + i + "  j = " + j) ;

    if (i<5 & j++<10)   System.out.println ("& vrai") ;
                else System.out.println ("& faux") ;
    System.out.println ("i = " + i + "  j = " + j) ;

    if (i<15 && j++<10) System.out.println ("&&2 vrai") ;
                else System.out.println ("&&2 faux") ;
    System.out.println ("i = " + i + "  j = " + j) ;

    if (i<15 || j++<10) System.out.println ("|| vrai") ;
                else System.out.println ("|| faux") ;
    System.out.println ("i = " + i + "  j = " + j) ;
  }
}
```

Solution

```
&&1 faux
i = 10  j = 5
& faux
i = 10  j = 6
&&2 vrai
i = 10  j = 7
|| vrai
i = 10  j = 7
```

Il faut simplement tenir compte de la propriété particulière dont bénéficient les opérateurs && et || dits à court-circuit. Ils n'évaluent leur second opérande que lorsque cela est nécessaire.

6 Priorités des opérateurs

Éliminer les parenthèses superflues dans les expressions suivantes :

```
a = (x+5)              // 1
a = (x=y)+ 2           // 2
a = (x = (y+2))        // 3
(a<b) && (c<d)         // 4
(i++) * (n+p)          // 5
x += (n%p)             // 6
n = (p+=5)             // 7
```

Solution

```
a = x+5                // 1
a = (x=y)+ 2           // 2
a = x = y+2            // 3
a<b && c<d             // 4
i++ * (n+p)            // 5
x += n%p               // 6
n = (p+=5)             // 7
```

7 Affectation et conversion

Soit ces déclarations :

```
byte b ;   short p ;   int n ; long q ;
final int N=10 ;
float x ;   double y ;
```

Parmi les expressions suivantes, lesquelles sont incorrectes et pourquoi ? Lorsque l'expression est correcte, citer les conversions éventuellement mises en jeu.

```
b = n          // 1
b = 25         // 2
b = 500        // 3
x = 2*q        // 4
y = b*b        // 5
p = b*b        // 6
b = b+5        // 7
p = 5*N-3      // 8
```

Solution

```
b = n ;      // 1   Erreur
```

La conversion de *int* en *byte* n'est pas autorisée par affectation.

```
b = 25 ;     // 2   OK
```

D'une manière générale, la conversion de *int* en *byte* n'est pas acceptée par affectation. Mais une exception a lieu pour les expressions constantes (calculables à la compilation), à condition que leur valeur soit représentable dans le type d'arrivée, ce qui est manifestement le cas ici.

```
b = 500 ;    // 3   Erreur
```

On est dans la même situation que précédemment, avec cette différence que la valeur 500 n'est pas représentable dans le type *byte*.

```
x = 2*q ;    // 4   OK
```

Ici, l'expression *2*q* est évaluée en effectuant la conversion d'ajustement de type de 2 en *long*. Puis le résultat, de type *long*, est converti dans le type *float* avant d'être affecté à *x*.

```
y = b*b ;    // 5   OK
```

La valeur de l'expression *b*b* est évaluée en effectuant la promotion numérique de *b* en *int*. Le résultat, de type *int*, est converti dans le type *double* avant d'être affecté à *y*.

```
p = b*b ;    // 6   Erreur
```

Là encore, la valeur de l'expression *b*b* est de type *int*. La conversion de *int* en *short* est illégale par affectation.

```
b = b+5 ;    // 7   Erreur
```

La valeur de l'expression *b+5* est de type *int*. La conversion de *int* en *short* est illégale par affectation.

```
p = 5*N-3 ;  // 8   OK
```

L'expression *5*N-3* est de type *int*. Mais comme il s'agit d'une expression constante (calculable à la compilation), sa conversion en *short* est légale par affectation pour peu que sa valeur soit représentable dans ce type, ce qui est le cas ici.

8 Opérateurs d'incrémentation, de décrémentation et d'affectation élargie

Quels résultats fournit ce programme ?

```
public class OpIncr
{ public static void main(String[] args)
  { int i, j, n ;
```

```
       i = 0 ; n = i++ ;
       System.out.println ("A : i = " + i + " n = " + n ) ;

       i = 10 ; n = ++ i ;
       System.out.println ("B : i = " + i + " n = " + n ) ;

       i = 20 ; j = 5 ; n = i++ * ++ j ;
       System.out.println ("C : i = " + i + " j = " + j + " n = " +n ) ;

       i = 15 ; n = i += 3 ;
       System.out.println ("D : i = " + i + " n = " + n) ;

       i = 3 ; j = 5 ; n = i *= --j ;
       System.out.println ("E : i = " + i + " j = " + j + " n = " + n) ;
    }
  }
```

Solution

```
A : i = 1  n = 0
B : i = 11  n = 11
C : i = 21  j = 6  n = 120
D : i = 18  n = 18
E : i = 12  j = 4  n = 12
```

9 Opérateurs d'incrémentation et d'affectation élargie

Soit ces déclarations :

```
       byte b ;   short p ; char c ;   int n ; float x ;
```

Parmi les expressions suivantes, lesquelles sont incorrectes et pourquoi ?

```
       c = c + 1      // 1
       c++            // 2
       c += 3         // 3
       b += c         // 4
       p += b         // 5
       p = p + b      // 6
       n += x         // 7
       n = n + x      // 8
       x++ ;          // 9
```

Solution

```
c = c + 1      // 1   Erreur
```

L'expression *c+1* est du type *int* qui ne peut pas être converti en *char* par affectation.

```
c++            // 2   OK
```

Ici, l'opérateur ++ applique son incrémentation de 1 directement à la variable *c* de type *char*. Aucune conversion n'est mise en jeu.

```
c += 3         // 3   OK
```

Cette expression est en fait équivalente à *c=(char) (c+3)* et non simplement à *c=c+3*. Dans ces conditions, elle évalue bien l'expression *c+3* dans le type *int* mais elle en force ensuite la conversion en *char*. Notez bien que l'affectation *c=c+3* serait illégale.

```
b += c         // 4   OK
```

Cette expression est équivalente à *b = (byte) (b+c)*.

```
p += b         // 5   OK
```

Cette expression est équivalente à *p = (short) (p+b)*.

```
p = p + b      // 6   Erreur
```

La valeur de l'expression *p+b* est de type *int* (les deux opérandes de + sont soumis aux promotions numériques en *int*). Elle ne peut pas être convertie en *short* par affectation. Notez la différence avec l'expression précédente.

```
n += x         // 7   OK
```

Cette expression est équivalente à *n = (int) (n+x)*. Notez cependant qu'on emploie rarement l'opérateur += de cette manière.

```
n = n + x      // 8   Erreur
```

L'expression *n+x* est de type *float* et sa valeur ne peut pas être convertie par affectation en *int*.

```
x++            // 9   OK
```

Cette expression joue le même rôle que *x=x+1*. En pratique, on emploie rarement les opérateurs d'incrémentation ou de décrémentation sur des variables flottantes.

10   Opérateur conditionnel

Quels résultats fournit ce programme ?

```
public class OpCond
{ public static void main(String[] args)
  { int n=10, p=5, q=10 ;
```

```
        n = p = q = 5 ;
        n += p += q ;
        System.out.println ("A : n = " + n + " p = " + p + " q = " + q) ;

        q = n < p ? n++ : p++ ;
        System.out.println ("B : n = " + n + " p = " + p + " q = " + q) ;

        q = n > p ? n++ : p++ ;
        System.out.println ("C : n = " + n + " p = " + p + " q = " + q) ;
    }
  }
```

Solution

```
A : n = 15 p = 10 q = 5
B : n = 15 p = 11 q = 10
C : n = 16 p = 11 q = 15
```

2

Les instructions de contrôle

Connaissances requises

- Instructions simples, instructions structurées, instructions composées (bloc)
- L'instruction *if* ; cas des *if* imbriqués
- L'instruction *switch* ; l'étiquette *default*
- L'instruction *do while*
- L'instruction *while*
- L'instruction *for* ; initialisation avec éventuelle déclaration, condition d'arrêt, incrémentation
- Les instructions de branchement inconditionnel *break* et *continue* avec ou sans étiquette

Note : on suppose qu'on dispose d'une classe nommée *Clavier*, comportant (entre autres) des méthodes (statiques) de lecture au clavier d'informations de type *int* (*lireInt*), *float* (*lireFloat*), *double* (*lireDouble*) et *char* (*lireChar*). Cette classe est présente sur le site Web d'accompagnement et sa liste est fournie en Annexe D.

11   Syntaxe de if et de switch

Quelles erreurs ont été commises dans chacun des groupes d'instructions suivants. On suppose que les variables concernées sont d'un type primitif numérique et qu'elles ont été correctement déclarées (un groupe ne comporte aucune erreur) :

```
// groupe 1
if (a < b) System.out.println ("ascendant")
     else System.out.println ("non ascendant") ;

// groupe 2
if (a < b) { System.out.println ("ascendant") ; max = b }

// groupe 3
int n, p ;
   .....
switch (n) { case 2 : System.out.println ("petit") ;  break ;
             case p : System.out.println ("limite") ; break ;
           }

// groupe 4
int n ;
final int LIMITE = 20 ;
   .....
switch (n) { case LIMITE-1 : System.out.println ("un peu trop petit") ; break ;
             case LIMITE   : System.out.println ("OK") ;                 break ;
             case LIMITE+1 : System.out.println ("un peu trop grand") ; break ;
           }
```

Solution

Groupe 1

Il manque un point-virgule à la fin du premier appel de *System.out.println* :

```
if (a < b) System.out.println ("ascendant") ;
     else System.out.println ("non ascendant") ;
```

Groupe 2

Il manque un point-virgule à la fin de la deuxième instruction du bloc :

```
if (a < b) { System.out.println ("ascendant) ; max = b ; }
```

Groupe 3

Les valeurs utilisées dans les étiquettes de la forme *case xxx* doivent être des expressions constantes, ce qui n'est pas le cas de *p*.

Groupe 4

Aucune erreur. Les expressions telles que *LIMITE-1* étant bien cette fois des expressions constantes.

12   Rôle de l'instruction switch

Soit le programme suivant[a] :

```
public class ExoII2
{ public static void main(String[] args)
  { int n ;
    n = Clavier.lireInt() ;
    switch (n)
    { case 0 :  System.out.println ("Nul") ;
      case 1 :
      case 2 :  System.out.println ("Petit") ;
                break ;
      case 3 :
      case 4 :
      case 5 :  System.out.println ("Moyen") ;
      default : System.out.println ("Grand") ;
    }
  }
}
```

Quels résultats affiche-t-il lorsqu'on lui fournit en donnée :

1. la valeur 0,

2. la valeur 1,

3. la valeur 4,

4. la valeur 10,

5. la valeur -5.

a. Il utilise la classe *Clavier* (voir note en début de chapitre).

Solution

```
// avec la valeur 0
Nul
Petit

// avec la valeur 1
Petit

// avec la valeur 4
Moyen
Grand

// avec la valeur 10
Grand

// avec la valeur -5
Grand
```

13 Syntaxe des boucles

Quelles erreurs ont été commises dans chacune des instructions suivantes ?

```
do n++ while (n<10) ;                              // instruction 1

do while ( (n = Clavier.lireInt()) != 10) ;   // instruction 2

do ; while (true) ;                                // instruction 3

do {} while (false) ;                              // instruction 4
```

Solution

Instruction 1

Il manque un point-virgule :

```
do n++ ; while (n<10) ;
```

Instruction 2

Il manque une instruction (même vide) après le mot *do*, par exemple :

```
do ; while ( (n = Clavier.lireInt()) != 10) ;
```

ou :

```
do {} while ( (n = Clavier.lireInt()) != 10) ;
```

Instruction 3

Aucune erreur de compilation ne sera détectée. Mais on est en présence d'une boucle infinie.

Instruction 4

Aucune erreur de compilation ne sera détectée. Mais l'instruction ne sert à rien.

14   Comparaison entre for, while et do... while

Soit le programme suivant[a] :

```
public class ExoII4a
{ public static void main(String[] args)
  { int i, n, som ;
    som = 0 ;
    for (i=0 ; i<4 ; i++)
    { System.out.println ("donnez un entier ") ;
      n = Clavier.lireInt() ;
      som += n ;
    }
    System.out.println ("Somme : " + som) ;
  }
}
```

Écrire un programme réalisant la même chose en employant à la place de l'instruction *for* :

1. une instruction *while*,

2. une instruction *do... while*.

a. Il utilise la classe *Clavier* (voir note en début de chapitre).

Solution 1   Avec une instruction *while* :

```
public class ExoII4b
{ public static void main(String[] args)
  { int i, n, som ;
    som = 0 ;
    i = 0 ;
    while (i<4)
    { System.out.println ("donnez un entier ") ;
      n = Clavier.lireInt() ;
      som += n ;
      i++ ;
    }
    System.out.println ("Somme : " + som) ;
  }
}
```

Solution 2   Avec une instruction *do... while* :

```
public class ExoII4c
{ public static void main(String[] args)
  { int i, n, som ;
    som = 0 ;
```

```
        i = 0 ;
     do
      { System.out.println ("donnez un entier ") ;
        n = Clavier.lireInt() ;
        som += n ;
        i++ ;
      }
     while (i<4) ;
     System.out.println ("Somme : " + som) ;
   }
}
```

15 Rupture de séquence avec break et continue

Quels résultats fournit le programme suivant ?

```
public class ExoII5
{ public static void main(String[] args)
  { int n=0 ;
    do
    { if (n%2==0) { System.out.println (n + " est pair") ;
                    n += 3 ;
                    continue ;
                  }
      if (n%3==0) { System.out.println (n + " est multiple de 3") ;
                    n += 5 ;
                  }
      if (n%5==0) { System.out.println (n + " est multiple de 5") ;
                    break ;
                  }
      n += 1 ;
    }
    while (true) ;
  }
}
```

Solution

```
0 est pair
3 est multiple de 3
9 est multiple de 3
15 est multiple de 3
20 est multiple de 5
```

16   Boucle while, opérateurs d'affectation élargie et d'incrémentation (1)

Quels résultats fournit le programme suivant ?

```java
public class ExoII6
{ public static void main(String[] args)
  { int n, p ;

    n = 0 ;
    while (n<=5) n++ ;
    System.out.println ("A : n = " + n) ;

    n = p = 0 ;
    while (n<=8) n += p++ ;
    System.out.println ("B : n = " + n) ;

    n = p = 0 ;
    while (n<=8) n += ++p ;
    System.out.println ("C : n = " + n) ;

    n = p = 0 ;
    while (p<=5) n += p++ ;
    System.out.println ("D : n = " + n) ;

    n = p = 0 ;
    while (p<=5) n+= ++p ;
    System.out.println ("D : n = " + n) ;
  }
}
```

Solution

```
A : n = 6
B : n = 10
C : n = 10
D : n = 15
D : n = 21
```

17 Boucle while, opérateurs d'affectation élargie et d'incrémentation (2)

Quels résultats fournit le programme suivant ?

```
public class ExoII7
{ public static void main(String[] args)
  { int n, p ;

    n=p=0 ;
    while (n<5) n+=2 ; p++ ;
    System.out.println ("A : n = " + n + ", p = " + p) ;

    n=p=0 ;
    while (n<5) { n+=2 ; p++ ; }
    System.out.println ("B : n = " + n + ", p = " + p) ;
  }
}
```

Solution

```
A : n = 6, p = 1
B : n = 6, p = 3
```

18 Syntaxe générale des trois parties d'une boucle for

Quels résultats fournit le programme suivant ?

```
public class ExoII8
{ public static void main (String[] args)
  { int i, n ;

    for (i=0, n=0 ; i<5 ; i++) n++ ;
    System.out.println ("A : i = " + i + ", n = " + n) ;

    for (i=0, n=0 ; i<5 ; i++, n++) {}
    System.out.println ("B : i = " + i + ", n = " + n) ;
```

```
      for (i=0, n=50 ; n>10 ; i++, n-= i ) {}
      System.out.println ("C : i = " + i + ", n = " + n) ;

      for (i=0, n=0 ;
        i<3 ; i++, n+=i, System.out.println ("D : i = " + i + ", n = " + n)) ;
      System.out.println ("E : i = " + i + ", n = " + n) ;
  }
}
```

Solution

```
A : i = 5, n = 5
B : i = 5, n = 5
C : i = 9, n = 5
D : i = 1, n = 1
D : i = 2, n = 3
D : i = 3, n = 6
E : i = 3, n = 6
```

19 Synthèse : calcul d'une suite de racines carrées

Écrire un programme qui calcule les racines carrées de nombres fournis en donnée. Il s'arrêtera lorsqu'on lui fournira la valeur 0[a]. Il refusera les valeurs négatives. Son exécution se présentera ainsi :

```
donnez un nombre positif : 2
sa racine carree est : 1.4142135623730951
donnez un nombre positif : -3
svp positif
donnez un nombre positif : 5
sa racine carree est : 2.23606797749979
donnez un nombre positif : 0
```

a. Rappelons que la méthode *Math.sqrt* fournit un résultat de type *double* correspondant à la valeur de type *double* fournie en argument.

Solution   Il existe beaucoup de rédactions possibles. En voici trois :

```java
public class RacCara
{ public static void main (String[] args)
  { double x ;
    do
      { System.out.print ("donnez un nombre positif : ") ;
        x = Clavier.lireDouble () ;
        if (x < 0) System.out.println ("svp positif") ;
        if (x <=0) continue ;
        System.out.println ("sa racine carree est : " + Math.sqrt (x) ) ;
      }
    while (x != 0) ;
  }
}

public class RacCarb
{ public static void main (String[] args)
  { double x ;
    do
    { System.out.print ("donnez un nombre positif : ") ;
      x = Clavier.lireDouble() ;
      if (x < 0) { System.out.println ("svp positif") ;
                   continue ;
                 }
      if (x>0) System.out.println ("sa racine carree est : " + Math.sqrt (x) ) ;
    }
    while (x != 0) ;
  }
}

public class RacCarc
{ public static void main (String[] args)
  { double x ;
    do
    { System.out.print ("donnez un nombre positif : ") ;
      x = Clavier.lireDouble() ;
      if (x < 0) { System.out.println ("svp positif ") ;
                   continue ;
                 }
      if (x>0) System.out.println ("sa racine carree est : " + Math.sqrt (x)) ;
      if (x==0) break ;
    }
    while (true) ;
  }
}
```

20 Synthèse : calcul de la valeur d'une série

Écrire un programme calculant la somme des *n* premiers termes de la "série harmonique", c'est-à-dire la somme :

$$1 + 1/2 + 1/3 + 1/4 + ... + 1/n$$

La valeur de *n* sera lue en donnée[a].

a. On pourra utiliser la classe *Clavier* (voir note en début de chapitre).

Solution

```
public class Serie
{ public static void main (String[] args)
  { int nt ;             // nombre de termes de la serie harmonique
    float som ;          // pour la somme de la serie
    int i ;

    do
      { System.out.print ("combien de termes : ") ;
        nt = Clavier.lireInt() ;
      }
    while (nt<1) ;
    for (i=1, som=0 ; i<=nt ; i++) som += (float)1/i ;
    System.out.println ("Somme des " + nt + " premiers termes = " + som) ;
  }
}
```

Remarque

1. Rappelons que dans :

```
        som += (float)1/i
```

l'opérateur *float* porte sur l'entier 1. Le premier opérande de l'opérateur / est donc de type *float* ; par conséquent, son second opérande sera soumis à une promotion numérique en *float*, avant qu'on ne procède à la division.

Notez qu'il faut éviter d'écrire :

```
        som += 1/i
```

En effet dans ce cas l'opérateur / porterait sur deux entiers et correspondrait à la division entière. Le résultat serait toujours nul (sauf pour *i = 1*).

De même, en écrivant :

```
        som += (float)(1/i)
```

le résultat ne serait pas plus satisfaisant puisque la conversion en flottant n'aurait lieu qu'après la division (en entier).

Remarque

En revanche, on pourrait écrire :

```
som += 1.0f/i
```

2. On peut améliorer la précision du résultat en effectuant la somme "à l'envers", c'est-à-dire en allant de n vers 1 et non pas de 1 vers n. La différence ne deviendra cependant perceptible que pour de grandes valeurs de n.

21 Synthèse : dessin d'un triangle en mode texte

Écrire un programme qui affiche un triangle isocèle formé d'étoiles. La hauteur du triangle (c'est-à-dire son nombre de lignes) sera fourni en donnée[a], comme dans l'exemple ci-dessous. On s'arrangera pour que la dernière ligne du triangle s'affiche sur le bord gauche de l'écran.

```
combien de lignes ? 8
       *
      ***
     *****
    *******
   *********
  ***********
 *************
***************
```

a. On pourra utiliser la classe *Clavier* (voir note en début de chapitre).

Solution

```java
public class Dessin
{
  public static void main (String[] args)
  {
    int nLignes ;                  // nombre total de lignes
    int numLigne ;                 // compteur de ligne
    int nEspaces ;                 // nombre d'espaces precedent une etoile
    final char cRempli = '*' ;     // caractere de remplissage (ici etoile)
    int j ;

    System.out.print ("combien de lignes ? ") ;
    nLignes = Clavier.lireInt () ;
```

```
        for (numLigne=0 ; numLigne<nLignes ; numLigne++)
      { nEspaces = nLignes - numLigne - 1 ;
        for (j=0 ; j<nEspaces ; j++)  System.out.print (' ') ;
        for (j=0 ; j<2*numLigne+1 ; j++) System.out.print (cRempli) ;
        System.out.println () ;
      }
    }
  }
```

22 Synthèse : calcul de combinaisons

Écrire un programme qui affiche toutes les manières possibles d'obtenir un franc avec des pièces de 2 centimes, 5 centimes et 10 centimes. Dire combien de possibilités ont ainsi été trouvées. Les résultats seront présentés ainsi :

```
1 F = 50 X 2c
1 F = 45 X 2c + 2 X 5c
1 F = 40 X 2c + 4 X 5c
1 F = 35 X 2c + 6 X 5c
1 F = 30 X 2c + 8 X 5c
1 F = 25 X 2c + 10 X 5c
1 F = 20 X 2c + 12 X 5c
1 F = 15 X 2c + 14 X 5c
      . . . . .
1 F = 15 X 2c + 7 X 10c
1 F = 10 X 2c + 2 X 5c + 7 X 10c
1 F = 5 X 2c + 4 X 5c + 7 X 10c
1 F = 6 X 5c + 7 X 10c
1 F = 10 X 2c + 8 X 10c
1 F = 5 X 2c + 2 X 5c + 8 X 10c
1 F = 4 X 5c + 8 X 10c
1 F = 5 X 2c + 9 X 10c
1 F = 2 X 5c + 9 X 10c
1 F = 10 X 10c
En tout, il y a 66 facons de faire 1 F
```

Solution

```
public class Combis
{
  public static void main (String[] args)
  {
     int nbf ;           /* compteur du nombre de. façons de faire 1 F */
     int n10 ;           /* nombre de pièces de 10 centimes */
     int n5 ;            /* nombre de pièces de 5 centimes */
     int n2 ;            /* nombre de pièces de 2 centimes */

     nbf = 0 ;
     for (n10=0 ; n10<=10 ; n10++)
       for (n5=0 ; n5<=20 ; n5++)
       for (n2=0 ; n2<=50 ; n2++)
       if ( 2*n2 + 5*n5 + 10*n10 == 100)
          { nbf ++ ;
            System.out.print ("1 F = ") ;
            if (n2 != 0)    System.out.print (n2 + " X 2c") ;
            if (n5 != 0)  { if (n2 != 0) System.out.print (" + ") ;
                            System.out.print (n5 + " X 5c")  ;
                          }
          if (n10 != 0) { if ((n2 != 0) || (n5 != 0)) System.out.print (" + ") ;
                          System.out.print (n10 + " 10c") ;
                        }
            System.out.println () ;
          }
     System.out.println ("En tout, il y a " + nbf + " facons de faire 1 F") ;
  }
}
```

Les classes et les objets

Connaissances requises

- Notion de classe : définition des champs et des méthodes, accès privés ou publics aux membres, utilisation d'une classe
- Mise en oeuvre d'un programme comportant plusieurs classes, à raison d'une ou plusieurs classes par fichier source
- Notion de constructeur ; règles d'écriture et d'utilisation
- Les différentes étapes de la création d'un objet : initialisation par défaut, initialisation explicite, appel du constructeur ; cas particulier des champs déclarés avec l'attribut *final*
- Affectation et comparaison d'objets
- Notion de ramasse-miettes
- Règles d'écriture d'une méthode ; méthode fonction, arguments muets ou effectifs, règles de conversion des arguments effectifs, propriétés des variables locales
- Champs et méthodes de classe ; initialisation des champs de classe, bloc d'initialisation statique
- Surdéfinition de méthodes
- Le mot clé *this* ; cas particulier de l'appel d'un constructeur au sein dun autre constructeur
- Récursivité des méthodes
- Mode de transmission des arguments et de la valeur de retour
- Objets membres
- Paquetages

23 Création et utilisation d'une classe simple

Réaliser une classe *Point* permettant de représenter un point sur un axe. Chaque point sera caractérisé par un nom (de type *char*) et une abscisse (de type *double*). On prévoira :

- un constructeur recevant en arguments le nom et l'abscisse d'un point,
- une méthode *affiche* imprimant (en fenêtre console) le nom du point et son abscisse,
- une méthode *translate* effectuant une translation définie par la valeur de son argument.

Écrire un petit programme utilisant cette classe pour créer un point, en afficher les caractéristiques, le déplacer et en afficher à nouveau les caractéristiques.

Solution

Ici, notre programme d'essai (méthode *main*) est séparé de la classe *Point*, mais placé dans le même fichier source. La classe *Point* ne peut donc pas être déclarée publique. Rappelons que, dans ces conditions, elle reste utilisable depuis n'importe quelle classe du paquetage par défaut.

```
class Point
{ public Point (char c, double x)    // constructeur
  { nom = c ;
    abs = x ;
  }
  public void affiche ()
  { System.out.println ("Point de nom " + nom + "  d'abscisse " + abs) ;
  }
  public void translate (double dx)
  { abs += dx ;
  }
  private char nom ;      // nom du point
  private double abs ;    // abscisse du point
}
public class TstPtAxe
{ public static void main (String args[])
  { Point a = new Point ('C', 2.5) ;
    a.affiche() ;
    Point b = new Point ('D', 5.25) ;
    b.affiche() ;
    b.translate(2.25) ;
    b.affiche() ;
  }
}
```

```
Point de nom C  d'abscisse 2.5
Point de nom D  d'abscisse 5.25
Point de nom D  d'abscisse 7.5
```

24 Initialisation d'un objet

Que fournit le programme suivant ?

```
class A
{ public A (int coeff)
  { nbre *= coeff ;
    nbre += decal ;
  }

  public void affiche ()
  { System.out.println ("nbre = " + nbre + "  decal = " + decal) ;
  }
  private int nbre = 20 ;
  private int decal ;
}

public class InitChmp
{ public static void main (String args[])
  { A a = new A (5) ; a.affiche() ;
  }
}
```

Solution

La création d'un objet de type *A* entraîne successivement :

*   l'initialisation par défaut de ses champs *nbre* et *decal* à une valeur "nulle" (ici l'entier 0),

*   l'initialisation explicite de ses champs lorsqu'elle existe ; ici *nbre* prend la valeur 20,

*   l'appel du constructeur : *nbre* est multiplié par la valeur de *coeff* (ici 5), puis incrémenté de la valeur de *decal* (0).

En définitive, le programme affiche :

```
nbre = 100  decal = 0
```

25   Champs constants

Quelle erreur a été commise dans cette définition de classe ?

```
class ChCt
{ public ChCt (float r)
  { x = r ;
  }
    .....
  private final float x ;
  private final int n = 10 ;
  private final int p ;
}
```

Solution   Le champ *p* déclaré *final* doit être initialisé au plus tard par le constructeur, ce qui n'est pas le cas. En revanche, les autres champs déclarés *final* sont correctement initialisés, *n* de façon explicite et *x* par le constructeur.

26   Affectation et comparaison d'objets

Que fournit le programme suivant ?

```
class Entier
{ public Entier (int nn)    { n = nn ; }
  public void incr (int dn) { n += dn ; }
  public void imprime ()    { System.out.println (n) ; }
  private int n ;
}
public class TstEnt
{ public static void main (String args[])
  { Entier n1 = new Entier (2) ; System.out.print ("n1 = ") ; n1.imprime() ;
    Entier n2 = new Entier (5) ; System.out.print ("n1 = ") ; n2.imprime() ;
    n1.incr(3) ;                 System.out.print ("n1 = ") ; n1.imprime() ;
    System.out.println ("n1 == n2 est " + (n1 == n2)) ;
    n1 = n2 ;  n2.incr(12) ;     System.out.print ("n2 = ") ; n2.imprime() ;
                                 System.out.print ("n1 = ") ; n1.imprime() ;
    System.out.println ("n1 == n2 est " + (n1 == n2)) ;
  }
}
```

Solution

```
n1 = 2
n1 = 5
n1 = 5
n1 == n2 est false
n2 = 17
n1 = 17
n1 == n2 est true
```

L'opérateur == appliqué à des objets compare leurs références (et non leurs valeurs). C'est pourquoi la première comparaison (*n1* == *n2*) est fausse alors que les objets ont la même valeur. La même reflexion s'applique à l'opérateur d'affectation. Après exécution de *n1* = *n2*, les références contenues dans les variables *n1* et *n2* sont les mêmes. L'objet anciennement référencé par *n2* n'étant plus référencé par ailleurs, il devient candidat au ramasse-miettes.

Dorénavant *n1* et *n2* référencent un seul et même objet. L'incrémentation de sa valeur par le biais de *n1* se retrouve indifféremment dans *n1.imprime* et dans *n2.imprime*. De même, la comparaion *n1* == *n2* a maintenant la valeur vrai.

27   Méthodes d'accès aux champs privés

Soit le programme suivant comportant la définition d'une classe nommée *Point* et son utilisation :

```
class Point
{ public Point (int abs, int ord)      { x = abs ;  y = ord ; }
  public void deplace (int dx, int dy) { x += dx ;  y += dy ; }
  public void affiche ()
  { System.out.println ("Je suis un point de coordonnees " + x + " " + y) ;
  }
  private double x ;    // abscisse
  private double y ;    // ordonnee
}
public class TstPnt
{ public static void main (String args[])
  { Point a ;
    a = new Point(3, 5) ;          a.affiche() ;
    a.deplace(2, 0) ;              a.affiche() ;
    Point b = new Point(6, 8) ;   b.affiche() ;
  }
}
```

Modifier la définition de la classe *Point* en supprimant la méthode *affiche* et en introduisant deux méthodes d'accès nommées *abscisse* et *ordonnee* fournissant respectivement l'abscisse et l'ordonnée d'un point. Adapter la méthode *main* en conséquence.

Solution

```
class Point
{ public Point (int abs, int ord)     { x = abs ;   y = ord ; }
  public void deplace (int dx, int dy) { x += dx ;   y += dy ; }
  public double abscisse () { return x ; }
  public double ordonnee () { return y ; }
  private double x ;    // abscisse
  private double y ;    // ordonnee
}
public class TstPnt1
{ public static void main (String args[])
  { Point a ;
    a = new Point(3, 5) ;
    System.out.println ("Je suis un point de coordonnees "
                        + a.abscisse() + " " + a.ordonnee()) ;
    a.deplace(2, 0) ;
    System.out.println ("Je suis un point de coordonnees "
                        + a.abscisse() + " " + a.ordonnee()) ;
    Point b = new Point(6, 8) ;
    System.out.println ("Je suis un point de coordonnees "
                        + b.abscisse() + " " + b.ordonnee()) ;
  }
}
```

Remarque

Cet exemple était surtout destiné à montrer que les méthodes d'accès permettent de respecter l'encapsulation des données. Dans la pratique, la classe disposera probablement d'une méthode *affiche* en plus des méthodes d'accès.

28 Conversions d'arguments

On suppose qu'on dispose de la classe *A* ainsi définie :

```
class A
{ void f (int n, float x) { ..... }
  void g (byte b) { ..... }
    .....
}
```

Soit ces déclarations :

```
A a ; int n ; byte b ; float x ; double y ;
```

Dire si les appels suivants sont corrects et sinon pourquoi.

```
a.f (n, x) ;
a.f (b+3, x) ;
a.f (b, x) ;
a.f (n, y) ;
```

```
a.f (n, (float)y) ;
a.f (n, 2*x) ;
a.f (n+5, x+0.5) ;
a.g (b) ;
a.g (b+1) ;
a.g (b++) ;
a.g (3) ;
```

Solution

```
a.f (n, x) ;          // OK : appel normal
a.f (b+3, x) ;        // OK : b+3 est déjà de type int
a.f (b, x) ;          // OK : b de type byte sera converti en int
a.f (n, y) ;          // erreur : y de type double ne peut être converti en float
a.f (n, (float)y) ;   // OK
a.f (n, 2*x) ;        // OK : 2*x est de type float
a.f (n+5, x+0.5) ;    // erreur : 0.5 est de type double, donc x+0.5 est de
                      //  type double, lequel ne peut pas être converti en float
a.g (b) ;             // OK : appel normal
a.g (b+1) ;           // erreur : b1+1 de type int ne peut être converti en byte
a.g (b++) ;           // OK : b1++ est de type int
                      //  (mais peu conseillé : on a modifié la valeur de b1)
a.g (3) ;             // erreur : 3 de type int ne peut être convertie en byte
```

29 Champs et méthodes de classe (1)

Quelles erreurs ont été commises dans la définition de classe suivante et dans son utilisation ?

```
class A
{ static int f (int n)
  { q = n ;
  }
  void g (int n)
  { q = n ;
    p = n ;
  }
  static private final int p = 20 ;
  private int q ;
}
public class EssaiA
{ public static void main (String args[])
  { A a = new A() ; int n = 5 ;
    a.g(n) ;
```

```
        a.f(n) ;
        f(n) ;
     }
  }
```

Solution

La méthode statique *f* de *A* ne peut pas agir sur un champ non statique ; l'affectation *q=n* est incorrecte.

Dans la méthode *g* de *A*, l'affectation *q=n* n'est pas usuelle mais elle est correcte. En revanche, l'affectation *p=n* ne l'est pas puisque *p* est *final* (il doit donc être initialisé au plus tard par le constructeur et il ne peut plus être modifié par la suite).

Dans la méthode *main*, l'appel *a.f(n)* se réfère à un objet, ce qui est inutile mais toléré. Il serait cependant préférable de l'écrire *A.f(n)*. Quant à l'appel *f(n)* il est incorrect puisqu'il n'existe pas de méthode *f* dans la classe *EssaiA*[1]. Il est probable que l'on a voulu écrire *A.f(n)*.

30 Champs et méthodes de classe (2)

Créer une classe permettant de manipuler un point d'un axe, repéré par une abscisse (de type *int*). On devra pouvoir effectuer des changements d'origine, en conservant en permanence l'abscisse d'une origine courante (initialement 0). On prévoira simplement les méthodes suivantes :

*   constructeur, recevant en argument l'abscisse "absolue" du point (c'est-à-dire repérée par rapport au point d'origine 0 et non par rapport à l'origine courante),

*   *affiche* qui imprime à la fois l'abscisse de l'origine courante et l'abscisse du point par rapport à cette origine,

*   *setOrigine* qui permet de définir une nouvelle abscisse pour l'origine (exprimée de façon absolue et non par rapport à l'origine courante),

*   *getOrigine* qui permet de connaître l'abscisse de l'origine courante.

Ecrire un petit programme de test fournissant les résultats suivants :

```
Point a - abscisse = 3
   relative a une origine d'abscisse 0
Point b - abscisse = 12
   relative a une origine d'abscisse 0
On place l'origine en 3
```

---

1. Si la méthode *main* avait été introduite directement dans *A*, l'appel serait accepté !

```
        Point a - abscisse = 0
           relative a une origine d'abscisse 3
        Point b - abscisse = 9
           relative a une origine d'abscisse 3
```

Solution   L'abscisse de l'origine courante est une information qui concerne tous les points de la classe. On en fera donc un champ de classe en le déclarant *static*. De la même manière, les méthodes *setOrigine* et *getOrigine* concernent non pas un point donné, mais la classe. On en fera des méthodes de classe en les déclarant *static*.

```
class Point
{ public Point (int xx) { x = xx ; }
  public void affiche ()
  { System.out.println ("abscisse = " + (x-origine)) ;
    System.out.println ("   relative a une origine d'abscisse " + origine) ;
  }
  public static void setOrigine (int org) { origine = org ;  }
  public static int getOrigine()          { return origine ; }
  private static int origine ;   // abscisse absolue de l'origine courante
  private int x ;                // abscisse absolue du point
}

public class TstOrig
{ public static void main (String args[])
  { Point a = new Point (3) ;  System.out.print ("Point a - ") ; a.affiche() ;
    Point b = new Point (12) ; System.out.print ("Point b - ") ; b.affiche() ;
    Point.setOrigine(3) ;
    System.out.println ("On place l'origine en " + Point.getOrigine()) ;
    System.out.print ("Point a - ") ; a.affiche() ;
    System.out.print ("Point b - ") ; b.affiche() ;
  }
}
```

31   Champs et méthodes de classe (3)

Réaliser une classe qui permet d'attribuer un numéro unique à chaque nouvel objet créé (1 au premier, 2 au suivant...). On ne cherchera pas à réutiliser les numéros d'objets éventuellement détruits. On dotera la classe uniquement d'un constructeur, d'une méthode *getIdent* fournissant le numéro attribué à l'objet et d'une méthode *getIdentMax* fournissant le numéro du dernier objet créé.

Écrire un petit programme d'essai.

Solution

Chaque objet devra disposer d'un champ (de préférence privé) destiné à conserver son numéro. Par ailleurs, le constructeur d'un objet doit être en mesure de connaître le dernier numéro attribué. La démarche la plus naturelle consiste à le placer dans un champ de classe (nommé ici *numCour*). La méthode *getIdentMax* est indépendante d'un quelconque objet ; il est préférable d'en faire une méthode de classe.

```java
class Ident
{ public Ident ()
  { numCour++ ;
    num = numCour ;
  }
  public int getIdent()
  { return num ;
  }
  public static int getIdentMax()
  { return numCour ;
  }
  private static int numCour=0 ;  // dernier numero attribué
  private int num ;               // numero de l'objet
}
public class TstIdent
{ public static void main (String args[])
  { Ident a = new Ident(), b = new Ident() ;
    System.out.println ("numero de a : " + a.getIdent()) ;
    System.out.println ("numero de b : " + b.getIdent()) ;
    System.out.println ("dernier numero " + Ident.getIdentMax()) ;
    Ident c = new Ident() ;
    System.out.println ("dernier numero " + Ident.getIdentMax()) ;
  }
}
```

Ce programme fournit les résultats suivants :

```
numero de a : 1
numero de b : 2
dernier numero 2
dernier numero 3
```

Remarque

Si l'on souhaitait récupérer les identifications d'objets détruits, on pourrait exploiter le fait que Java appelle la méthode *finalize* d'un objet avant de le soumettre au ramasse-miettes. Il faudrait alors redéfinir cette méthode en conservant les numéros ainsi récupérés et en les réutilisant dans une construction ultérieure d'objet, ce qui compliquerait quelque peu la définition de la classe. De plus, il ne faudrait pas perdre de vue qu'un objet n'est soumis au ramasse-miettes qu'en cas de besoin de mémoire et non pas nécessairement dès qu'il n'est plus référencé.

32   Bloc d'initialisation statique

Adapter la classe précédente, de manière que le numéro initial des objets soit lu au clavier[a]. On devra s'assurer que la réponse de l'utilisateur est strictement positive.

a. On pourra utiliser la méthode *lireInt* de la classe *Clavier* fournie sur le site Web d'accompagnement et dont la liste figure en Annexe D

Solution S'il n'était pas nécessaire d'effectuer un test sur la valeur fournie au clavier, on pourrait se contenter de modifier ainsi la classe *Ident* précédente :

```
public Ident ()
{   num = numCour ;
    numCour++ ;
}
    .....
private static int numCour=Clavier.lireInt() ;  // dernier numero attribué
```

Notez cependant que l'utilisateur ne serait pas informé que le programme attend qu'il frappe au clavier.

Mais ici, l'initialisation de *numCour* n'est plus réduite à une simple expression. Elle fait donc obligatoirement intervenir plusieurs instructions et il est nécessaire de recourir à un bloc d'initialisation statique en procédant ainsi :

```
class Ident
{ public Ident ()
  { num = numCour ;
    numCour++ ;
  }
  public int getIdent()
  { return num ;
  }
  public static int getIdentMax()
  { return numCour-1 ;
  }
  private static int numCour ;    // prochain numero a attribuer
  private int num ;               // numero de l'objet
  static
  { System.out.print ("donnez le premier identificateur : ") ;
    do numCour = Clavier.lireInt() ; while (numCour <= 0) ;
  }
}
```

À titre indicatif, avec le même programme (*main*) que dans l'exercice précédent, on obtient ces résultats :

```
donnez le premier identificateur : 12
numero de a : 12
numero de b : 13
dernier numero 13
dernier numero 14
```

Remarque

1. Les instructions d'un bloc d'initialisation statique ne concernent aucun objet en particulier ; elles ne peuvent donc accéder qu'à des champs statiques. En outre, et contrairement à ce qui se produit pour les instructions des méthodes, ces champs doivent avoir été déclarés avant d'être utilisés. Ici, il est donc nécessaire que la déclaration du champ statique *numCour* figure avant le bloc statique (en pratique, on a tendance à placer ces blocs en fin de définition de classe).

2. Les instructions d'un bloc d'initialisation sont exécutées avant toute création d'un objet de la classe. Même si notre programme ne créait aucun objet, il demanderait à l'utilisateur de lui fournir un numéro.

33 Surdéfinition de méthodes

Quelles erreurs figurent dans la définition de classe suivante ?

```
class Surdef
{ public void f (int n)         { ..... }
  public int f (int p)          { ..... }
  public void g (float x)       { ..... }
  public void g (final double y) { ..... }
  public void h (long n)        { ..... }
  public int h (final long p)   { ..... }
}
```

Solution

Les deux méthodes *f* ont des arguments de même type (la valeur de retour n'intervenant pas dans la surdéfinition des fonctions). Il y a donc une ambiguïté qui sera détectée dès la compilation de la classe, indépendamment d'une quelconque utilisation.

La surdéfinition des méthodes *g* ne présente pas d'anomalie, leurs arguments étant de types différents.

Enfin, les deux méthodes *h* ont des arguments de même type (*long*), le qualificatif *final* n'intervenant pas ici. La compilation signalera également une ambiguïté à ce niveau.

34 Recherche d'une méthode surdéfinie (1)

Soit la définition de classe suivante :

```
class A
{ public void f (int n)           { ..... }
  public void f (int n, int q)    { ..... }
  public void f (int n, double y) { ..... }
}
```

Avec ces déclarations :

```
A a ; byte b ; short p ; int n ; long q ; float x ; double y ;
```

Quelles sont les instructions correctes et, dans ce cas, quelles sont les méthodes appelées et les éventuelles conversions mises en jeu ?

```
a.f(n);
a.f(n, q) ;
a.f(q) ;
a.f(p, n) ;
a.f(b, x) ;
a.f(q, x) ;
```

Solution

```
a.f(n);          // appel f(int)
a.f(n, q) ;      // appel f(int, double) après conversion de q en double
a.f(q) ;         // erreur : aucune méthode acceptable
a.f(p, n) ;      // appel f(int, int) après conversion de p en int
a.f(b, x) ;      // appel f(int, double) après conversion de b en int
                 //   et de x en double
a.f(q, x) ;      // erreur : aucune méthode acceptable
```

35 Recherche d'une méthode surdéfinie (2)

Soit la définition de classe suivante :

```
class A
{ public void f (byte b)   { ..... }
  public void f (int n)    { ..... }
  public void f (float x)  { ..... }
  public void f (double y) { ..... }
}
```

Avec ces déclarations :

```
A a ; byte b ; short p ; int n ; long q ; float x ; double y ;
```

Quelles sont les méthodes appelées et les éventuelles conversions mises en jeu dans chacune des instructions suivantes ?

```
a.f(b) ;
a.f(p) ;
a.f(q) ;
a.f(x) ;
a.f(y) ;
a.f(2.*x) ;
a.f(b+1) ;
a.f(b++) ;
```

Solution

```
a.f(b) ;      // appel de f(byte)
a.f(p) ;      // appel de f(int)
a.f(q) ;      // appel de f(float) après conversion de q en float
a.f(x) ;      // appel de f(float)
a.f(y) ;      // appel de f(double)
a.f(2.*x) ;   // appel de f(double) car 2. est de type double ;
              //   l'expression 2.*x est de type double
a.f(b+1) ;    // appel de f(int) car l'expression b+1 est de type int
a.f(b++) ;    // appel de f(byte) car l'expression b++ est de type byte
```

36 Recherche d'une méthode surdéfinie (3)

Soit la définition de classe suivante :

```
class A
{ public void f (int n, float x)
  { ..... }
  public void f (float x1, float x2)
  { ..... }
  public void f (float x, int n)
  { ..... }
}
```

Avec ces déclarations :

```
A a ; short p ; int n1, n2 ; float x ;
```

Quelles sont les instructions correctes et, dans ce cas, quelles sont les méthodes appelées et les éventuelles conversions mises en jeu ?

```
a.f(n1, x) ;
a.f(x, n1) ;
a.f(p, x) ;
a.f(n1, n2) ;
```

Solution

```
        a.f(n1, x) ;
```

Les méthodes *f(int, float)* et *f(float, float)* sont acceptables mais la seconde est moins bonne que la première. Il y a donc appel de *f(int, float)*.

```
        a.f(x, n1) ;
```

Les méthodes *f(float, float)* et *f(float, int)* sont acceptables mais la première est moins bonne que la seconde. Il y a donc appel de *f(float, int)*.

```
        a.f(p, x) ;
```

Les trois méthodes sont acceptables. La seconde et la troisième sont moins bonnes que la première. Il y a donc appel de *f(int, float)* après conversion de *p* en *int*.

```
        a.f(n1, n2) ;
```

Les trois méthodes sont acceptables. Seule la seconde est moins bonne que les autres. Comme aucune des deux méthodes *f(int, float)* et *f(float, int)* n'est meilleure que les autres, il y a erreur.

37 Surdéfinition et droits d'accès

Quels résultats fournit ce programme ?

```
class A
{ public void f(int n, float x)
  { System.out.println ("f(int n, float x)       n = " + n + " x = " + x) ;
  }
  private void f(long q, double y)
  { System.out.println ("f(long q, double y)    q = " + q + " y = " + y) ;
  }
  public void f(double y1, double y2)
  { System.out.println ("f(double y1, double y2) y1 = " + y1 + " y2 = " + y2) ;
  }
  public void g()
  { int n=1 ; long q=12 ; float x=1.5f ; double y = 2.5 ;
    System.out.println ("--- dans g ") ;
    f(n, q) ;
    f(q, n) ;
    f(n, x) ;
    f(n, y) ;
  }
}
```

```
public class SurdfAcc
{ public static void main (String args[])
  { A a = new A() ;
    a.g() ;
    System.out.println ("--- dans main") ;
    int n=1 ; long q=12 ; float x=1.5f ; double y = 2.5 ;
    a.f(n, q) ;
    a.f(q, n) ;
    a.f(n, x) ;
    a.f(n, y) ;
  }
}
```

Solution

```
--- dans g
f(int n, float x)        n = 1 x = 12.0
f(long q, double y)      q = 12 y = 1.0
f(int n, float x)        n = 1 x = 1.5
f(long q, double y)      q = 1 y = 2.5
--- dans main
f(int n, float x)        n = 1 x = 12.0
f(double y1, double y2)  y1 = 12.0 y2 = 1.0 ·
f(int n, float x)        n = 1 x = 1.5
f(double y1, double y2)  y1 = 1.0 y2 = 2.5
```

La méthode *f(long, double)* étant privée, elle n'est accessible que depuis les méthodes de la classe. Ici, elle est donc accessible depuis *g* et elle intervient dans la recherche de la meilleure correspondance dans un appel de *f*. En revanche, elle ne l'est pas depuis *main*. Ceci explique les différences constatées dans les deux séries d'appels identiques, l'une depuis *g*, l'autre depuis *main*.

38 Emploi de this

Soit la classe *Point* ainsi définie :

```
class Point
{ public Point (int abs, int ord)        { x = abs ;  y = ord ; }
  public void affiche ()
  { System.out.println ("Coordonnees " + x + " " + y) ;
  }
  private double x ;   // abscisse
  private double y ;   // ordonnee
}
```

Lui ajouter une méthode *maxNorme* déterminant parmi deux points lequel est le plus éloigné de l'origine et le fournissant en valeur de retour. On donnera deux solutions :

* *maxNorme* est une méthode statique de *Point*,
* *maxNorme* est une méthode usuelle de *Point*.

Solution

Avec une méthode statique

La méthode *maxNorme* va devoir disposer de deux arguments de type *Point*. Ici, nous nous contentons de calculer le carré de la norme du segment joignant l'origine au point concerné. Il suffit ensuite de fournir comme valeur de retour celui des deux points pour lequel cette valeur est la plus grande. Voici la nouvelle définition de la classe *Point*, accompagnée d'un programme de test et des résultats fournis par son exécution :

```
class Point
{ public Point (int abs, int ord)       { x = abs ;  y = ord ; }
  public void affiche ()
  { System.out.println ("Coordonnees " + x + " " + y) ;
  }
  public static Point MaxNorme (Point a, Point b)
  { double na = a.x*a.x + a.y*a.y ;
    double nb = b.x*b.x + b.y*b.y ;
    if (na>nb) return a ;
         else return b ;
  }
  private double x ;   // abscisse
  private double y ;   // ordonnee
}

public class MaxNorme
{ public static void main (String args[])
  { Point p1 = new Point (2, 5) ; System.out.print ("p1 : ") ; p1.affiche() ;
    Point p2 = new Point (3, 1) ; System.out.print ("p2 : ") ; p2.affiche() ;
    Point p = Point.MaxNorme (p1, p2) ;
    System.out.print ("Max de p1 et p2 : ") ; p.affiche() ;
  }
}
```

```
p1 : Coordonnees 2.0 5.0
p2 : Coordonnees 3.0 1.0
Max de p1 et p2 : Coordonnees 2.0 5.0
```

Avec une méthode usuelle

Cette fois, la méthode ne dispose plus que d'un seul argument de type *Point*, le second point concerné étant celui ayant appelé la méthode et dont la référence se note simplement *this*.

Voici la nouvelle définition de la classe et l'adaptation du programme d'essai (qui fournit les mêmes résultats que précédemment) :

```
class Point
{ public Point (int abs, int ord)        { x = abs ;  y = ord ; }
  public void affiche ()
  { System.out.println ("Coordonnees " + x + " " + y) ;
  }
  public Point MaxNorme (Point b)
  { double na = x*x + y*y ;      // ou encore this.x*this.x + this.y*this.y
    double nb = b.x*b.x + b.y*b.y ;
    if (na>nb) return this ;
         else return b ;
  }
  private double x ;   // abscisse
  private double y ;   // ordonnee
}
public class MaxNorm2
{ public static void main (String args[])
  { Point p1 = new Point (2, 5) ; System.out.print ("p1 : ") ; p1.affiche() ;
    Point p2 = new Point (3, 1) ; System.out.print ("p2 : ") ; p2.affiche() ;
    Point p = p1.MaxNorme (p2) ;  // ou p2.maxNorme(p1)
    System.out.print ("Max de p1 et p2 : ") ; p.affiche() ;
  }
}
```

39 Récursivité des méthodes

Écrire une méthode statique d'une classe statique *Util* calculant la valeur de la "fonction d'Ackermann" A définie pour $m>=0$ et $n>=0$ par :

*   A (m, n) = A (m-1, A(m, n-1)) pour $m>0$ et $n>0$,
*   A (0, n) = n+1 pour $n>0$,
*   A (m, 0) = A(m-1, 1) pour $m>0$.

Solution
Il suffit d'exploiter les possibilités de récursivité de Java en écrivant quasi textuellement les définitions récursives de la fonction *A*.

```
class Util
{ public static int acker (int m, int n)
  { if ( (m<0) || (n<0) ) return 0 ; // protection : 0 si arguments incorrects
    else if (m == 0) return n+1 ;
```

```
        else if (n == 0) return acker (m-1, 1) ;
        else return acker (m-1, acker(m, n-1)) ;
  }
}

public class Acker
{ public static void main (String args[])
  { int m, n ;
    System.out.print ("Premier parametre : ") ;
    m = Clavier.lireInt() ;
    System.out.print ("Second parametre  : ") ;
    n = Clavier.lireInt() ;
    System.out.println ("acker (" + m + ", " + n + ") = " + Util.acker(m, n)) ;
  }
}
```

40 Mode de transmission des arguments d'une méthode

Quels résultats fournit ce programme ?

```
class A
{ public A (int nn)
  {n = nn ;
  }
  public int getn ()
  { return n ;
  }
  public void setn (int nn)
  { n = nn ;
  }
  private int n ;
}

class Util
{ public static void incre (A a, int p)
  { a.setn (a.getn()+p);
  }
  public static void incre (int n, int p)
  { n += p ;
  }
}
```

```
public class Trans
{ public static void main (String args[])
  { A a = new A(2) ;
    int n = 2 ;
    System.out.println ("valeur de a avant : " + a.getn()) ;
    Util.incre (a, 5) ;
    System.out.println ("valeur de a apres : " + a.getn()) ;
    System.out.println ("valeur de n avant : " + n) ;
    Util.incre (n, 5) ;
    System.out.println ("valeur de n apres : " + n) ;
  }
}
```

Solution   En Java, le transfert des arguments à une méthode se fait toujours par valeur. Mais la valeur d'une variable de type objet est sa référence. D'où les résultats :

```
valeur de a avant : 2
valeur de a apres : 7
valeur de n avant : 2
valeur de n apres : 2
```

41   Objets membres

On dispose de la classe *Point* suivante permettant de manipuler des points d'un plan.

```
class Point
{ public Point (double x, double y)           { this.x = x ;  this.y = y ; }
  public void deplace (double dx, double dy) { x += dx ;      y += dy ;    }
  public void affiche ()
  { System.out.println ("coordonnees = " + x + " " + y ) ;
  }
  private double x, y ;
}
```

En ajoutant les fonctionnalités nécessaires à la classe *Point*, réaliser une classe *Segment* permettant de manipuler des segments d'un plan et disposant des méthodes suivantes :

```
segment (Point origine, Point extremite)
segment (double xOr, double yOr, double xExt, double yExt)
double longueur() ;
void deplaceOrigine (double dx, double dy)
void deplaceExtremite (double dx, double dy)
void affiche()
```

Solution Pour l'instant, la classe *Point* n'est dotée ni de méthodes d'accès aux champs *x* et *y*, ni de méthodes d'altération de leurs valeurs.

Si l'on prévoit de représenter un segment par deux objets de type *Point*[1], il faudra manifestement pouvoir connaître et modifier leurs coordonnées pour pouvoir déplacer l'origine ou l'extrémité du segment. Pour ce faire, on pourra par exemple ajouter à la classe *Point* les quatre méthodes suivantes :

```
public double getX ()
{ return x ;
}
public double getY ()
{ return y ;
}
public void setX (double x)
{ this.x = x ;
}
public void setY (double y)
{ this.y = y ;
}
```

En ce qui concerne la méthode *affiche* de *Segment*, on peut se contenter de faire appel à celle de *Point*, pour peu qu'on se contente de la forme du message qu'elle fournit.

Voici la nouvelle définition de *Point* et celle de *Segment* :

```
class Point
{ public Point (double x, double y)        { this.x = x ;  this.y = y ; }
  public void deplace (double dx, double dy) { x += dx ;     y += dy ;      }
  public double getX () { return x ; }
  public double getY () { return y ; }
  public void setX (double x) { this.x = x ; }
  public void setY (double y) { this.y = y ; }
  public void affiche ()
  { System.out.println ("coordonnees = " + x + " " + y ) ;
  }
  private double x, y ;
}

class Segment
{ public Segment (Point or, Point ext)
  { this.or = or ; this.ext = ext ;
  }
  public Segment (double xOr, double yOr, double xExt, double yExt)
  { or =  new Point (xOr, yOr) ;
    ext = new Point (xExt, yExt) ;
  }
```

---

1. On pourrait se contenter d'ajouter des méthodes *getX* et *getY*, en représentant un segment, non plus par deux points, mais par quatre valeurs de type *double*, ce qui serait moins commode.

```
public double longueur()
{ double xOr =  or.getX(),   yOr =  or.getY() ;
  double xExt = ext.getX(), yExt = ext.getY() ;
  return Math.sqrt ( (xExt-xOr)*(xExt-xOr) + (yExt-yOr)*(yExt-yOr) ) ;
}
public void deplaceOrigine (double dx, double dy)
{ or.setX (or.getX() + dx) ;
  or.setY (or.getY() + dy) ;
}
public void deplaceExtremite (double dx, double dy)
{ ext.setX (ext.getX() + dx) ;
  ext.setY (ext.getY() + dy) ;
}
public void affiche ()
{ System.out.print ("Origine -   ") ; or.affiche() ;
  System.out.print ("Extremite - ") ; ext.affiche() ;
}
private Point or, ext ;
}
```

Voici un petit programme de test, accompagné de son résultat

```
public class TstSeg
{ public static void main (String args[])
  { Point a = new Point(1, 3) ;
    Point b = new Point(4, 8) ;
    a.affiche() ; b.affiche() ;

    Segment s1 = new Segment (a, b) ;
    s1.affiche() ;
    s1.deplaceOrigine (2, 5) ;
    s1.affiche() ;

    Segment s2 = new Segment (3, 4, 5, 6) ;
    s2.affiche() ;
    System.out.println ("longueur = " + s2.longueur()) ;
    s2.deplaceExtremite (-2, -2) ;
    s2.affiche() ;
  }
}
```

_____

```
coordonnees = 1.0 3.0
coordonnees = 4.0 8.0
Origine -   coordonnees = 1.0 3.0
Extremite - coordonnees = 4.0 8.0
Origine -   coordonnees = 3.0 8.0
Extremite - coordonnees = 4.0 8.0
Origine -   coordonnees = 3.0 4.0
Extremite - coordonnees = 5.0 6.0
longueur = 2.8284271247461903
Origine -   coordonnees = 3.0 4.0
Extremite - coordonnees = 3.0 4.0
```

42 Synthèse : repères cartésiens et polaires

Soit la classe *Point* ainsi définie :

```
class Point
{ public Point (double x, double y)        { this.x = x ; this.y = y ; }
  public void deplace (double dx, double dy) { x += dx ;  y += dy ; }
  public double abscisse () { return x ; }
  public double ordonnee () { return y ; }
  private double x ;     // abscisse
  private double y ;     // ordonnee
}
```

La compléter en la dotant des méthodes suivantes :

*   *homothetie* qui multiplie les coordonnées par une valeur (de type *double*) fournie en argument,
*   *rotation* qui effectue une rotation dont l'angle est fourni en argument,
*   *rho* et *theta* qui fournissent les coordonnées polaires du point,
*   *afficheCart* qui affiche les coordonnées cartésiennes du point,
*   *affichePol* qui affiche les coordonnées polaires du point.

Solution

La méthode *homothetie* ne présente aucune difficulté. En revanche, la méthode *rotation* nécessite une transformation intermédiaire des coordonnées cartésiennes du point en coordonnées polaires. De même, les méthode *rho* et *theta* doivent calculer respectivement le rayon vecteur et l'angle d'un point à partir de ses coordonnées cartésiennes.

Le calcul du rayon vecteur étant simple, nous l'avons laissé figurer dans les méthodes concernées (*rotation*, *rho* et *affichePol*). En revanche, le calcul d'angle a été réalisé par une méthode de service statique privée nommée *angle*. Nous y utilisons la méthode *Math.atan2* (qui reçoit en argument une abscisse *xx* et une ordonnée *yy*) plus pratique que *atan* (à laquelle il faudrait fournir le quotient *yy/xx*) car elle évite d'avoir à s'assurer que *xx* n'est pas nulle. Le résultat est un angle compris dans l'intervalle [-pi/2, pi/2] que l'on adapte en fonction des signes effectifs de *xx* et de *yy*.

Voici la définition de notre classe *Point* :

```
class Point
{ public Point (double x, double y)        { this.x = x ; this.y = y ; }
  public void deplace (double dx, double dy) { x += dx ;  y += dy ; }
  public double abscisse () { return x ; }
  public double ordonnee () { return y ; }
  public void homothetie (double coef) { x *= coef ; y *= coef ; }
```

```
        public void rotation (double th)
        { double r = Math.sqrt (x*x + y*y) ;
          double t = angle (x, y) ;
          t += th ;
          x = r * Math.cos(t) ;
          y = r = Math.sin(t) ;
        }
        public double rho()    { return Math.sqrt (x*x + y*y) ; }
        public double theta () { return angle (x, y) ; }
        public void afficheCart ()
        { System.out.println ("Coordonnees cartesiennes = " + x + " " + y ) ;
        }
        public void affichePol ()
        { System.out.println ("Coordonnees polaires = " + Math.sqrt (x*x + y*y)
                                                  + " " + angle (x, y) ) ;
        }
        private static double angle (double xx, double yy)
                // methode de service (on choisit une determination
                //  de l'angle entre -pi et +pi)
        { double a = Math.atan2 (yy, xx) ;
          if (yy<0) if (xx>=0) return a + Math.PI ;
                    else return a - Math.PI ;
          return a ;
        }
        private double x ;     // abscisse
        private double y ;     // ordonnee
    }
```

Voici à titre indicatif un petit programme d'essai, accompagné du résultat de son exécution :

```
    public class PntPol
    { public static void main (String args[])
      { Point a ;
        a = new Point(1, 1) ;        a.afficheCart() ; a.affichePol() ;
        a.deplace(-1, -1) ;          a.afficheCart() ; a.affichePol() ;
        Point b = new Point(1, 0) ; b.afficheCart() ; b.affichePol() ;
        b.homothetie (2) ;           b.afficheCart() ; b.affichePol() ;
        b.rotation (Math.PI) ;       b.afficheCart() ; b.affichePol() ;
      }
    }
```

```
Coordonnees cartesiennes = 1.0 1.0
Coordonnees polaires = 1.4142135623730951 0.7853981633974483
Coordonnees cartesiennes = 0.0 0.0
Coordonnees polaires = 0.0 0.0
Coordonnees cartesiennes = 1.0 0.0
Coordonnees polaires = 1.0 0.0
Coordonnees cartesiennes = 2.0 0.0
Coordonnees polaires = 2.0 0.0
Coordonnees cartesiennes = -2.0 1.2246467991473532E-16
Coordonnees polaires = 2.0 3.141592653589793
```

43   Synthèse : modification de l'implémentation d'une classe

> Modifier la classe *Point* réalisée dans l'exercice 42, de manière que les données (privées) soient maintenant les coordonnées polaires d'un point et non plus ses coordonnées cartésiennes. On fera en sorte que le "contrat" initial de la classe soit respecté en évitant de modifier les champs publics ou les en-têtes de méthodes publiques (l'utilisation de la classe devra continuer à se faire de la même manière).

Solution

Le constructeur reçoit toujours en argument les coordonnées cartésiennes d'un point. Il doit donc opérer les transformations appropriées.

Par ailleurs, la méthode *deplace* reçoit un déplacement exprimé en coordonnées cartésiennes. Il faut donc tout d'abord déterminer les coordonnées cartésiennes du point après déplacement, avant de repasser en coordonnées polaires.

En revanche, les méthodes *homothetie* et *rotation* s'expriment maintenant très simplement.

Voici la définition de notre nouvelle classe. Nous faisons appel à la même méthode de service *angle* que dans l'exercice précédent.

```
class Point
{ public Point (double x, double y)
  { rho = Math.sqrt (x*x + y*y) ;
    theta = Math.atan (y/x) ;
  }
  public void deplace (double dx, double dy)
  { double x = rho * Math.cos(theta) + dx ;
    double y = rho * Math.sin(theta) + dy ;
    rho = Math.sqrt (x*x + y*y) ;
    theta = angle (x, y) ;
  }
  public double abscisse () { return rho * Math.cos(theta) ; }
  public double ordonnee () { return rho * Math.sin(theta) ; }
  public void homothetie (double coef) { rho *= coef ; }
  public void rotation (double th)
  { theta += th ;
  }
  public double rho()    { return rho ; }
  public double theta () { return theta ; }
  public void afficheCart ()
  { System.out.println ("Coordonnees cartesiennes = " + rho*Math.cos(theta)
                   + " " + rho*Math.sin(theta) ) ;
  }
```

```
      public void affichePol ()
      { System.out.println ("Coordonnees polaires = " + rho + " " + theta) ;
      }
      private static double angle (double xx, double yy)
              // methode de service (on choisit une determination
              //  de l'angle entre -pi et +pi)
      { double a = Math.atan2 (yy, xx) ;
        if (yy<0) if (xx>=0) return a + Math.PI ;
                  else return a - Math.PI ;
        return a ;
      }
      private double rho ;     // rayon vecteur
      private double theta ;   // angle polaire
    }
```

À titre indicatif, nous pouvons tester notre classe avec le même programme que dans l'exercice précédent. Il fournit les mêmes résultats, aux incertitudes de calcul près :

```
    public class PntPol2
    { public static void main (String args[])
      { Point a ;
        a = new Point(1, 1) ;        a.afficheCart() ; a.affichePol() ;
        a.deplace(-1, -1) ;          a.afficheCart() ; a.affichePol() ;
        Point b = new Point(1, 0) ; b.afficheCart() ; b.affichePol() ;
        b.homothetie (2) ;           b.afficheCart() ; b.affichePol() ;
        b.rotation (Math.PI) ;       b.afficheCart() ; b.affichePol() ;
      }
    }
    _____

    Coordonnees cartesiennes = 1.0000000000000002 1.0
    Coordonnees polaires = 1.4142135623730951 0.7853981633974483
    Coordonnees cartesiennes = 2.220446049250313E-16 0.0
    Coordonnees polaires = 2.220446049250313E-16 0.0
    Coordonnees cartesiennes = 1.0 0.0
    Coordonnees polaires = 1.0 0.0
    Coordonnees cartesiennes = 2.0 0.0
    Coordonnees polaires = 2.0 0.0
    Coordonnees cartesiennes = -2.0 2.4492127076447545E-16
    Coordonnees polaires = 2.0 3.141592653589793
```

44 Synthèse : vecteurs à trois composantes

Réaliser une classe *Vecteur3d* permettant de manipuler des vecteurs à trois composantes (de type *double*) et disposant :

• d'un constructeur à trois arguments,

• d'une méthode d'affichage des coordonnées du vecteur, sous la forme :

        < composante_1, composante_2, composante_3 >

- d'une méthode fournissant la norme d'un vecteur,
- d'une méthode (statique) fournissant la somme de deux vecteurs,
- d'une méthode (non statique) fournissant le produit scalaire de deux vecteurs.

Écrire un petit programme (*main*) utilisant cette classe.

Solution

```java
class Vecteur3d
{ public Vecteur3d (double x, double y, double z)
  { this.x = x ; this.y = y ; this.z = z ;
  }
  public void affiche ()
  { System.out.println ("< " + x + ", " + y + ", " + z + " >") ;
  }
  public double norme ()
  { return (Math.sqrt (x*x + y*y + z*z)) ;
  }
  public static Vecteur3d somme(Vecteur3d v, Vecteur3d w)
  { Vecteur3d s = new Vecteur3d (0, 0, 0) ;
    s.x = v.x + w.x ; s.y = v.y + w.y ; s.z = v.z + w.z ;
    return s ;
  }
  public double pScal (Vecteur3d v)
  { return (x*v.x + y*v.y + z*v.z) ;
  }
  private double x, y, z ;
}
public class TstV3d
{ public static void main (String args[])
  { Vecteur3d v1 = new Vecteur3d (3, 2, 5) ;
    Vecteur3d v2 = new Vecteur3d (1, 2, 3) ;
    Vecteur3d v3 ;
    System.out.print ("v1 = " ) ; v1.affiche() ;
    System.out.print ("v2 = " ) ; v2.affiche() ;
    v3 = Vecteur3d.somme (v1, v2) ;
    System.out.print ("v1 + v2 = " ) ; v3.affiche() ;
    System.out.println ("v1.v2 = " + v1.pScal(v2)) ;   // ou v2.pScal(v1)
  }
}
```

```
v1 = < 3.0, 2.0, 5.0 >
v2 = < 1.0, 2.0, 3.0 >
v1 + v2 = < 4.0, 4.0, 8.0 >
v1.v2 = 22.0
```

Remarque

1. Le corps de la méthode *somme* pourrait être écrit de façon plus concise :

```java
return new Vecteur3d (v.x+w.x, v.y+w.y, v.z+w.z) ;
```

Remarque

2. Les instructions suivantes de *main* :

```
v3 = Vecteur3d.somme (v1, v2) ;
System.out.print ("v1 + v2 = " ) ; v3.affiche() ;
```

pourraient être remplacées par :

```
System.out.print ("v1 + v2 = " ) ; (Vecteur3d.somme(v1, v2)).affiche() ;
```

3. Si la méthode *pScal* avait été prévue statique, son utilisation deviendrait symétrique. Par exemple, au lieu de *v1.pScal(v2)* ou *v2.pScal(v1)*, on écrirait *Vecteur3d.pScal(v1, v2)*.

45 Synthèse : nombres sexagésimaux

On souhaite disposer d'une classe permettant d'effectuer des conversions (dans les deux sens) entre nombre sexagésimaux (durée exprimée en heures, minutes, secondes) et des nombres décimaux (durée exprimée en heures décimales). Pour ce faire, on réalisera une classe permettant de représenter une durée. Elle comportera :

- un constructeur recevant trois arguments de type *int* représentant une valeurs sexagésimale (heures, minutes, secondes) qu'on supposera normalisée (secondes et minutes entre 0 et 59). Aucune limitation ne portera sur les heures ;
- un constructeur recevant un argument de type *double* représentant une durée en heures ;
- une méthode *getDec* fournissant la valeur en heures décimales associée à l'objet,
- des méthodes *getH*, *getM* et *getS* fournissant les trois composantes du nombre sexagésimal associé à l'objet.

On proposera deux solutions :

1. Avec un champ (privé) représentant la valeur décimale,
2. Avec des champs (privés) représentant la valeur sexagésimale.

Solution

En conservant la valeur décimale

Les deux constructeurs ne posent pas de problème particulier, le second devant simplement calculer la durée en heures correspondant à un nombre donné d'heures, de minutes et de secondes. Les méthodes *getH*, *getM* et *getS* utilisent le même principe : le nombre d'heures n'est rien d'autre que la partie entière de la durée décimale. En le soustrayant de cette durée décimale, on obtient un résidu d'au plus une heure qu'on convertit en minutes en le multipliant par 60. Sa partie entière fournit le nombre de minutes qui, soustrait du résidu horaire fournit un résidu d'au plus une minute...

```
class SexDec
{ public SexDec (double dec)
  { this.dec = dec ;
  }
  public SexDec (int h, int mn, int s)
  { dec = h + mn/60. + s/3600. ;
  }
  public double getDec()
  { return dec ;
  }
  public int getH()
  { int h = (int)dec ; return h ;
  }
  public int getM()
  { int h = (int)dec ;
    int mn = (int)(60*(dec-h)) ;
    return mn ;
  }
  public int getS()
  { int h = (int)dec ;
    double minDec = 60*(dec-h) ;
    int mn = (int)minDec ;
    int sec = (int)(60*(minDec-mn)) ;
    return sec ;
  }
  private double dec ;
}
```

Voici un petit programme de test, accompagné du résultat d'exécution :

```
public class TSexDec1
{ public static void main (String args[])
  { SexDec h1 = new SexDec(4.51) ;
    System.out.println ("h1 - decimal = " + h1.getDec()
       +" Sexa = " + h1.getH() + " " + h1.getM() + " " + h1.getS()) ;
    SexDec h2 = new SexDec (2, 32, 15) ;
    System.out.println ("h2 - decimal = " + h2.getDec()
       +" Sexa = " + h2.getH() + " " + h2.getM() + " " + h2.getS()) ;
  }
```
―――――――――――――
```
h1 - decimal = 4.51  Sexa = 4 30 35
h2 - decimal = 2.5375  Sexa = 2 32 15
```

En conservant la valeur sexagésimale

Cette fois, le constructeur recevant une valeur en heures décimales doit opérer des conversions analogues à celles opérées précédemment par les méthodes d'accès *getH*, *getM* et *getS*. En revanche, les autres méthodes sont très simples.

```
class SexDec
{ public SexDec (double dec)
  { h =  (int)dec ;
    int minDec = (int)(60*(dec-h)) ;
    mn = (int)minDec ;
    s = (int)(60*(minDec-mn)) ;
  }
  public SexDec (int h, int mn, int s)
  { this.h = h ; this.mn = mn ; this.s = s ;
    }
  public double getDec()
  { return (3600*h+60*mn+s)/3600. ;
  }
  public int getH()
  { return h ;
  }
  public int getM()
  { return mn ;
  }
  public int getS()
  { return s ;
  }
  private int h, mn, s ;
}
```

Voici le même programme de test que précédemment, accompagné de son exécution :

```
public class TSexDec2
{ public static void main (String args[])
  { SexDec h1 = new SexDec(4.51) ;
    System.out.println ("h1 - decimal = " + h1.getDec()
       +" Sexa = " + h1.getH() + " " + h1.getM() + " " + h1.getS()) ;
   SexDec h2 = new SexDec (2, 32, 15) ;
    System.out.println ("h2 - decimal = " + h2.getDec()
       +" Sexa = " + h2.getH() + " " + h2.getM() + " " + h2.getS()) ;
  }
}
```

```
h1 - decimal = 4.5  Sexa = 4 30 0
h2 - decimal = 2.5375  Sexa = 2 32 15
```

Remarque

On notera que la première démarche permet de conserver une durée décimale atteignant la précision du type *double*, quitte à ce que la valeur sexagésimale correspondante soit arrondie à la seconde la plus proche. La deuxième démarche, en revanche, en imposant d'emblée un nombre entier de secondes, entraîne une erreur d'arrondi définitive (entre 0 et 1 seconde) dès la création de l'objet. Bien entendu, on pourrait régler le problème en conservant un nombre de secondes décimal ou encore, en gérant un résidu de secondes.

Les tableaux

Connaissances requises

- Déclaration d'un tableau ; utilisation éventuelle d'un initialiseur
- Création d'un tableau avec l'opérateur *new*
- Accès aux éléments d'un tableau
- Affectation de tableaux
- Le champ *length*
- Transmission de tableaux en argument d'une méthode
- Tableaux de tableaux ; leur utilisation pour "simuler" les tableaux à plusieurs indices

46 Déclaration et initialisation de tableau

Quelles erreurs ont été commises dans le début de programme suivant ?

```
public static void main (String args[])
{ int n=10 ;
  final int p=5 ;
  int t1[] = {1, 3, 5} ;
  int t2[] = {n-1, n, n+1} ;
  int t3[] = {p-1, p, p+1} ;
  int t4[] ;
  t4 = {1, 3, 5} ;
  float x1[] = {1, 2, p, p+1} ;
  float x2[] = {1.25, 2.5, 5} ;
  double x3[] = {1, 2.5, 5.25, 2*p} ;
     .....
```

Solution

```
int t1[] = {1, 3, 5} ;          // OK
int t2[] = {n-1, n, n+1} ;      // OK
int t3[] = {p-1, p, p+1} ;      // OK
```

Notez que les expressions utilisées dans un initialiseur de tableau n'ont pas besoin d'être des expressions constantes. Il suffit qu'elles soient calculables au moment où l'on exécute la déclaration correspondante, ce qui est le cas ici.

```
int t4[] ;
t4 = {1, 3, 5} ;                // erreur
```

La notation {...} n'est utilisable que dans la déclaration d'un tableau. Ici, il faut soit déclarer :

```
int t4 = {1, 3, 5} ;
```

soit affecter des valeurs à chacun des éléments de *t4*, après sa déclaration.

```
float x1[] = {1, 2, p, p+1} ;     // OK
```

Il n'est pas obligatoire que les valeurs figurant dans un initialiseur de tableau soient du type des éléments du tableau, mais seulement d'un type compatible par affectation, ce qui est le cas ici.

```
float x2[] = {1.25, 2.5, 5} ;     // erreur
```

Ici, en revanche, les constantes 1.25 et 2.5 sont d'un type *double*, non compatible par affectation avec le type *float* du tableau.

```
double x3[] = {1, 2.5, 5.25, 2*p} ;  // OK
```

Ici, toutes les valeurs de l'initialiseur sont compatibles par affectation avec le type *double*.

47 Utilisation usuelle d'un tableau (1)

Écrire un programme qui crée un tableau comportant les valeurs des carrés des n premiers nombres impairs, la valeur de n étant lue au clavier[a] et qui en affiche les valeurs sous la forme suivante :

```
combien de valeurs : 5
1 a pour carre 1
3 a pour carre 9
5 a pour carre 25
7 a pour carre 49
9 a pour carre 81
```

a. On pourra utiliser la méthode *lireInt* de la classe *Clavier* fournie sur le site Web d'accompagnement.

Solution

En Java, la taille d'un tableau n'est définie qu'au moment de sa création, ce qui nous permet ici de la lire au clavier :

```java
public class CarrImp
{ public static void main (String args[])
  { int car[] ;
    int n ;
    System.out.print ("combien de valeurs : ") ;
    n = Clavier.lireInt() ;
    car = new int[n] ;
    for (int i=0 ; i<n ; i++)
      car[i] = (2*i+1)*(2*i+1) ;
    for (int i=0 ; i<n ; i++)
      System.out.println ((2*i+1) + " a pour carre " + car[i]) ;
  }
}
```

Remarque Si l'énoncé ne l'avait pas imposé, il aurait été possible de se passer d'un tableau.

48 Utilisation usuelle d'un tableau (2)

Écrire un programme qui :

• lit dans un tableau 5 valeurs flottantes fournies au clavier[a],

• en calcule et en affiche la moyenne, la plus grande et la plus petite valeur.

a. On pourra utiliser la méthode *lireInt* de la classe *Clavier* fournie sur le site Web d'accompagnement.

Solution

```
public class UtilTab1
{ public static void main (String args[])
  { final int N = 5 ;
    double val [] = new double[N] ;
    int i ;
    System.out.println ("donnez " + N +  " valeurs flottantes") ;

    for (i=0 ; i<N ; i++)
      val[i] = Clavier.lireDouble() ;

    double valMax = val[0], valMin = val[0], somme=0 ;
    for (i=0 ; i<N ; i++)
      { if (val[i] > valMax) valMax = val[i] ;
        if (val[i] < valMin) valMin = val[i] ;
        somme += val[i] ;
          }

    System.out.println ("valeur maximale = " + valMax) ;
    System.out.println ("valeur minimale = " + valMin) ;
    double vMoyenne = somme/N ;   // on suppose que N est strictement positif
    System.out.println ("moyenne " + vMoyenne) ;
  }
}
```

Remarque

Ici encore, si l'énoncé ne l'avait pas imposé, il aurait été possible de se passer d'un tableau.

49 Affectation de tableaux (1)

Que se passera-t-il si l'on exécute le programme suivant ?

```
public class Affec1
{ public static void main (String args[])
  { int t1[] = {1, 2, 3} ;
    int t2[] = new int[4] ;
    for (int i=0 ; i<4 ; i++ ) t2[i] = 2*i ;
    t2 = t1 ;
    for (int i=0 ; i<4 ; i++) System.out.println (t2[i]) ;
  }
}
```

Solution Ce programme crée tout d'abord deux tableaux d'entiers de dimension 3 et 4. Leurs références figurent respectivement dans les variables *t1* et *t2*.

Après l'instruction *for*, la situation se présente comme ci-après :

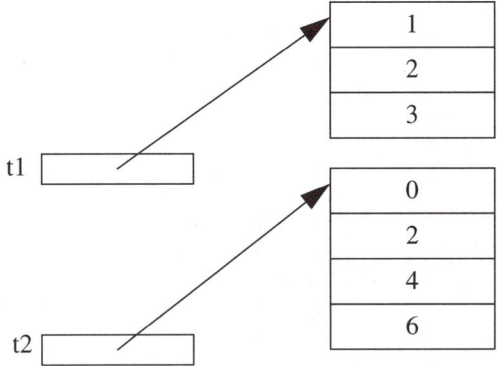

Après l'affectation *t2=t1*, les deux variables *t1* et *t2* contiennent dorénavant la référence au premier tableau, tandis que le second n'est plus référencé (il sera candidat au ramasse-miettes). La situation est la suivante :

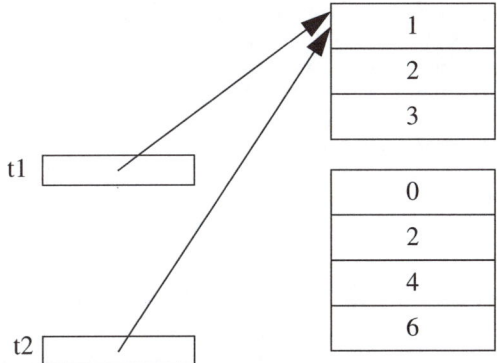

Dans ces conditions, la dernière boucle affichera tout d'abord les valeurs 1, 2 et 3 puis provoquera une erreur d'exécution pour *i=3* (exception *ArrayIndexOutOfBoundsException*), étant donné que l'on cherche à accéder à un élément n'appartenant pas au tableau concerné.

50 Affectation de tableaux (2)

Quels résultats fournit le programme suivant ?

```java
public class Affec
{ public static void main (String args[])
  { final int N = 4 ;
    int t1[] = new int [N] ;
    int t2[] = new int [N] ;
    for (int i=0 ; i<N ; i++) t1[i] = i+1 ;
    for (int i=0 ; i<N ; i++) t2[i] = 2*i+1 ;
        // affichage des valeurs de t1 et de t2
    System.out.print ("t1 = ") ;
    for (int i=0 ; i<N ; i++) System.out.print (t1[i] + " ") ;
    System.out.println () ;
    System.out.print ("t2 = ") ;
    for (int i=0 ; i<N ; i++) System.out.print (t2[i] + " ") ;
    System.out.println () ;

    t1 = t2 ;
    t1[0] = 10 ; t2[1] = 20 ; t1[2] = 30 ; t2[3] = 40 ;

        // affichage des valeurs de t1 et de t2
    System.out.print ("t1 = ") ;
    for (int i=0 ; i<N ; i++) System.out.print (t1[i] + " ") ;
    System.out.println () ;
    System.out.print ("t2 = ") ;
    for (int i=0 ; i<N ; i++) System.out.print (t2[i] + " ") ;
    System.out.println () ;
  }
}
```

Solution

Ce programme crée tout d'abord deux tableaux en plaçant leurs références dans *t1* et *t2*. Mais après l'affectation *t1=t2*, *t1* et *t2* contiennent la même référence (celle du premier tableau, le second devenant candidat au ramasse-miettes). Dans ces conditions, une instruction telle que *t2[1]=20* a le même effet que *t1[1]=20*. En définitive, le programme fournit les résultats suivants :

```
t1 = 1 2 3 4
t2 = 1 3 5 7
t1 = 10 20 30 40
t2 = 10 20 30 40
```

51 | Affectation de tableaux (3)

Quels résultats fournit le programme suivant ?

```java
public class Affec2
{ public static void main (String args[])
  { char t1[] = {'b', 'o', 'n', 'j', 'o', 'u', 'r'} ;
    char t2[] = {'h', 'e', 'l', 'l', 'o'} ;
    char t3[] = {'x', 'x', 'x', 'x'} ;
    t3 = t1 ; t1 = t2 ; t2 = t3 ;

    System.out.print ("t1 = ") ;
    for (int i=0 ; i<t1.length ; i++) System.out.print (t1[i]) ;
    System.out.println () ;
    System.out.print ("t2 = ") ;
    for (int i=0 ; i<t2.length ; i++) System.out.print (t2[i]) ;
    System.out.println () ;
    System.out.print ("t3 = ") ;
    for (int i=0 ; i<t3.length ; i++) System.out.print (t3[i]) ;
    System.out.println () ;
  }
}
```

Solution

Ce programme crée trois tableaux de caractères, les initialise et place leurs références respectives dans *t1*, *t2* et *t3*. Après exécution des trois affectations, le troisième tableau n'est plus référencé, tandis que le premier l'est deux fois (par *t2* et par *t3*). En définitive, nous obtenons les résultats suivants :

```
t1 = hello
t2 = bonjour
t3 = bonjour
```

52 | Tableau en argument (1)

Récrire le programme de l'exercice numéro 50, en prévoyant une méthode statique destinée à afficher les valeurs d'un tableau reçu en argument.

Solution

La méthode d'affichage doit recevoir en argument la référence à un tableau d'entiers. Il n'est pas nécessaire de prévoir un argument supplémentaire pour le nombre d'éléments du tableau ; celui-ci pourra être obtenu à l'aide du champ *length*.

Ici, nous plaçons la méthode d'affichage nommée *affiche* dans la même classe que la méthode *main*, ce qui nous conduit au programme suivant :

```java
public class TabArg1
{ public static void main (String args[])
  { final int N = 4 ;
    int t1[] = new int [N] ;
    int t2[] = new int [N] ;
    for (int i=0 ; i<N ; i++) t1[i] = i+1 ;
    for (int i=0 ; i<N ; i++) t2[i] = 2*i+1 ;

        // affichage des valeurs de t1 et de t2
    System.out.print ("t1 = ") ; affiche (t1) ;
    System.out.print ("t2 = ") ; affiche (t2) ;

    t1 = t2 ;
    t1[0] = 10 ; t2[1] = 20 ; t1[2] = 30 ; t2[3] = 40 ;

        // affichage des valeurs de t1 et de t2
    System.out.print ("t1 = ") ; affiche (t1) ;
    System.out.print ("t2 = ") ; affiche (t2) ;
  }
  static void affiche (int [] t)
  { for (int i=0 ; i<t.length ; i++)
      System.out.print (t[i] + " ") ;
    System.out.println () ;
  }
}
```

Remarque

Ici, comme la méthode *affiche* figure dans la classe *TabArg1*, il n'est pas nécessaire (bien que cela ne soit pas interdit) d'en préfixer les appels par *TabArg1* en écrivant par exemple *TabArg1.affiche (t1)*. En revanche, cela deviendrait indispensable si la méthode *affiche* figurait dans une autre classe que celle où elle est utilisée.

53 Tableau en argument (2)

Écrire une classe utilitaire *UtilTab* disposant des méthodes statiques suivantes :

- *somme* qui fournit la somme des valeurs d'un tableau de réels (*double*) de taille quelconque,

- *incre* qui incrémente d'une valeur donnée toutes les valeurs d'un tableau de réels (*double*).

Écrire un petit programme d'essai. Pour faciliter les choses, on pourra également doter la classe *UtilTab* d'une méthode d'affichage des valeurs d'un tableau de réels.

Solution

Pour réaliser la méthode *incre*, on exploite le fait que lorsqu'un tableau est transmis en argument d'une méthode, celle-ci reçoit une copie de la référence correspondante, par le biais de laquelle elle peut modifier les valeurs du tableau. On retrouve là le même mécanisme que pour les objets. L'écriture des autres méthodes ne pose pas de problème particulier.

```java
class UtilTab
{ static double somme (double[] t)
  { double s=0. ;
    for (int i=0 ; i<t.length ; i++) s+= t[i] ;
    return s ;
  }

  static void incre (double[] t, double a)
  { for (int i=0 ; i<t.length ; i++) t[i] += a ;
  }

  static void affiche (double[] t)
  { for (int i=0 ; i<t.length ; i++) System.out.print (t[i] + " ") ;
    System.out.println () ;
  }
}

public class TstUtil1
{ public static void main (String args[])
  { double t1[] = {1.25, 2.5, 3.5, 5.} ;
    System.out.print ("t1 initial    = ") ; UtilTab.affiche(t1) ;
    System.out.println ("  somme = " +UtilTab.somme(t1)) ;
    UtilTab.incre (t1, 1.25) ;
    System.out.print ("t1 incremente = ") ; UtilTab.affiche(t1) ;
    System.out.println ("  somme = " +UtilTab.somme(t1)) ;
  }
}
```

```
t1 initial    = 1.25 2.5 3.5 5.0
  somme = 12.25
t1 incremente = 2.5 3.75 4.75 6.25
  somme = 17.25
```

54 Tableau en valeur de retour

Écrire une classe utilitaire *UtilTab* disposant des méthodes statiques suivantes :

- *genere* qui fournit en retour un tableau des *n* premiers nombres impairs, la valeur de *n* étant fournie en argument

- *somme* qui reçoit en argument deux vecteurs d'entiers de même taille et qui fournit en retour un tableau représentant la somme de ces deux vecteurs.

Écrire un petit programme d'essai. Pour faciliter les choses, on pourra également doter la classe *UtilTab* d'une méthode d'affichage des valeurs d'un tableau de réels.

Solution Les méthodes de la classe *UtilTab* recevront tout naturellement en argument la référence à un ou deux tableaux. En ce qui concerne leur résultat (tableau), celui-ci sera créé et rempli au sein de la méthode qui se contentera d'en renvoyer la référence.

```java
class UtilTab
{ public static int[] genere (int n)
  { int [] res = new int[n] ;
    for (int i=0, j=1 ; i<n ; i++, j+=2) res[i] = j ;
    return res ;
  }

  public static int[] somme (int t1[], int t2[])
  { int n = t1.length ;
    if (n != t2.length) return null ;
    int res[] = new int[n] ;
    for (int i=0 ; i<n ; i++) res [i] = t1[i] + t2[i] ;
    return res ;
  }

  public static void affiche (int [] t)
  { for (int i=0 ; i<t.length ; i++)
      System.out.print (t[i] + " ") ;
    System.out.println () ;
  }
}

public class TabValR
{ public static void main (String args[])
  { int ta[] = {1, 5, 9} ;
      System.out.print ("ta = ") ; UtilTab.affiche(ta) ;
    int tb[] = UtilTab.genere (3) ;
      System.out.print ("tb = ") ; UtilTab.affiche(tb) ;
```

```
        int tc[] = UtilTab.somme (ta, tb) ;
          System.out.print ("tc = ") ; UtilTab.affiche(tc) ;
    }
}
```

```
ta = 1 5 9
tb = 1 3 5
tc = 2 8 14
```

Remarque Il ne faut pas perdre de vue qu'en Java, les emplacements alloués à des objets ou à des tableaux ne sont libérés que lorsqu'ils ne sont plus référencés. C'est ce qui permet à une méthode de renvoyer la référence à un emplacement qu'elle a elle-même créé. Il n'en va pas de même dans un langage comme C++ qui gère de tels emplacements de manière "automatique", en les libérant dès la sortie de la méthode.

55 Tableaux de tableaux

Quels résultats fournit le programme suivant ?

```
public class Tab2Ind1
{ public static void main (String args[])
  { int [] [] t = new int [3][] ;
    for (int i=0 ; i<3 ; i++)
    { t[i] = new int [i+1] ;
      for (int j=0 ; j<t[i].length ; j++)
        t[i][j] = i+j ;
    }

    for (int i=0 ; i<3 ; i++)
    { System.out.print ("tableau numero " + i + " = ") ;
      for (int j=0 ; j<t[i].length ; j++)
        System.out.print (t[i][j] + " ") ;
      System.out.println () ;
    }
  }
}
```

Solution L'instruction :

```
int [] [] t = new int [3][] ;
```

crée un tableau de trois références à des tableaux d'entiers et place sa référence dans *t*. Pour l'instant, les références aux tableaux d'entiers sont initialisées à la valeur *null*.

Pour chaque valeur de *i* :

*   l'instruction :

```
t[i] = new int [i+1] ;
```

crée un tableau d'entiers de taille *i+1* et en place la référence dans *t[i]*.

*   l'instruction :

```
t[i][j] = i+j ;
```

place des valeurs dans chacun des *i+1* éléments de ce tableau.

En définitive, la situation peut être schématisée comme ci-après :

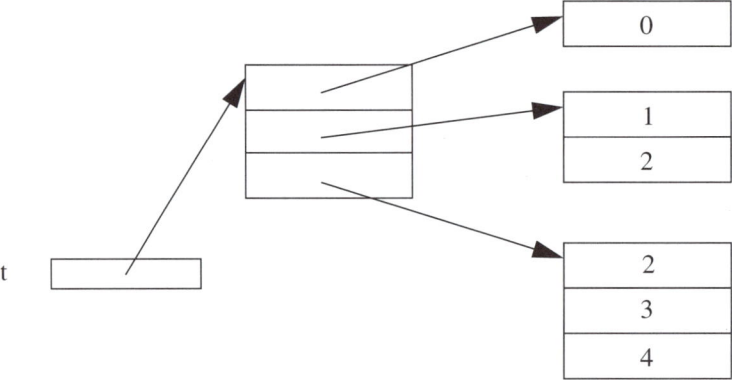

D'où les résultats :

```
tableau numero 0 = 0
tableau numero 1 = 1 2
tableau numero 2 = 2 3 4
```

56 Synthèse : nombres aléatoires et histogramme

Réaliser une classe nommée *Aleat* permettant de disposer de suites de nombres entiers aléatoires. On y prévoira les méthodes suivantes

*   constructeur *Aleat (int n, int lim)*, *n* représentant le nombre de valeurs souhaitées, appartenant à l'intervalle [0, lim] ;

- *getValeur (int n)* qui fournit la valeur de rang *n* de la suite ;
- *getValeurs ()* qui fournit un tableau contenant toutes les valeurs de la suite,
- *histo()* qui fournit un histogramme des valeurs de la suite, c'est-à-dire un tableau de *lim+1* valeurs dans lequel un élément de rang *i* représente le nombre de fois où la valeur *i* est présente dans la suite.

Écrire un petit programme d'utilisation.

Solution

Ici, les valeurs aléatoires seront déterminées par le constructeur et conservées dans un tableau privé nommé *val*.

La méthode *Math.random* fournit un nombre aléatoire réel dans l'intervalle [0, 1[. Il faut donc le multiplier par *lim+1* et en prendre la partie entière pour obtenir un entier appartenant à l'intervalle [0, *lim*].

Dans *getValeurs,* nous évitons de renvoyer directement la référence au tableau privé *val* car sinon la méthode appelante pourrait en modifier la valeur. En fait, nous renvoyons la référence à une copie du tableau (copie qui, quant à elle, reste modifiable !). Enfin, dans *histo*, nous sommes amenés à créer un nouveau tableau pour y calculer l'histogramme.

```java
class Aleat
{ public Aleat (int n, int l)
  { nVal = n ; limite = l ;
    val = new int[n] ;
    for (int i=0 ; i<nVal ; i++)
      val[i] = (int)((l+1)*Math.random()) ;
  }
  public int getValeur (int num)
  { return val[num] ; }
  public int[] getValeurs ()
  { int[] res = new int[nVal] ;
    for (int i=0 ; i<nVal ; i++)
      res[i] = val[i] ;
    return res ;
  }
  public int[] histo ()
  { int[] res = new int[limite+1] ;  // pour aller de 0 à limite
    for (int i=0 ; i<nVal ; i++) res[val[i]]++ ;
    return res ;
  }
  private int[] val ;
  private int nVal, limite ;
}
public class TstAleat
{ public static void main (String args[])
  { final int NS1=8, MAX1=5, NS2=10000, MAX2=9 ;
    Aleat suite1 = new Aleat (NS1, 10) ;
    System.out.print ("suite1, valeur par valeur = ") ;
```

```
      for (int i=0 ; i<NS1 ; i++)
        System.out.print (suite1.getValeur(i) + " ") ;
      System.out.println () ;
      System.out.print ("suite1, globale          = ") ;
      int[] valeurs = suite1.getValeurs() ;
      for (int i=0 ; i<NS1 ; i++)
        System.out.print (valeurs[i] + " ") ;
      System.out.println() ;
      int [] hist = suite1.histo() ;
      System.out.print ("histogramme de suite1 = " ) ;
      for (int i=0 ; i<=MAX1 ; i++) System.out.print (hist[i] + " ") ;
      System.out.println() ;
      Aleat suite2 = new Aleat (NS2, MAX2) ;
      hist = suite2.histo() ;
      System.out.print ("histogramme de suite2 = " ) ;
      for (int i=0 ; i<=MAX2 ; i++) System.out.print (hist[i] + " ") ;
  }
}
```

```
suite1, valeur par valeur = 3 7 9 4 10 7 10 1
suite1, globale           = 3 7 9 4 10 7 10 1
histogramme de suite1 = 0 1 0 1 1 0
histogramme de suite2 = 1057 1008 1010 1012 1050 940 976 963 963 1021
```

57   Synthèse : calcul vectoriel

Réaliser une classe *Vecteur* permettant de manipuler des vecteurs ayant un nombre quelconque de composantes de type *double*. On y prévoira :

- un constructeur *Vecteur (int n)*, *n* représentant le nombre de composantes qui seront alors initialisées à zéro,

- un constructeur *Vecteur (int n, double x)*, *n* représentant le nombre de composantes qui seront alors toutes initialisées à la valeur *x*,

- un constructeur *Vecteur (double [ ] v)* qui créera un vecteur par recopie du tableau *v*,

- une méthode (non statique) *prod_scal* fournissant le produit scalaire de deux vecteurs (ici, si les deux vecteurs ne sont pas de même taille, on se contentera de fournir la valeur zéro),

- une méthode (statique) *somme* fournissant la somme de deux vecteurs ; s'ils n'ont pas la même taille, on renverra une référence "nulle",

- une méthode *affiche* affichant les composantes d'un vecteur.

Écrire un petit programme d'utilisation.

Solution Nous exploitons la possibilité d'appeler un constructeur au sein d'un autre ; rappelons que cet appel doit obligatoirement être la première instruction du constructeur.

La méthode *somme* doit créer un nouvel objet de type *Vecteur* pour y placer la somme des deux vecteurs reçus en argument.

```java
class Vecteur
{ public Vecteur(int n)
  { this (n, 0.) ;
  }
  public Vecteur (int n, double x)
  { vect = new double[n] ;
    for (int i=0 ; i<n ; i++) vect[i] = x ;
  }
  public Vecteur (double [] v)
  { int n = v.length ;
    vect = new double [n] ;
    for (int i=0 ; i<n ; i++) vect[i] = v[i] ;
  }
  public double prodScal (Vecteur w)
  { if (vect.length != w.vect.length) return 0. ;
    double ps = 0. ;
    for (int i=0 ; i<vect.length ; i++)
      ps += vect[i]*w.vect[i] ;
    return ps ;
  }
  public static Vecteur somme (Vecteur v1, Vecteur v2)
  { if (v1.vect.length != v2.vect.length) return null ;
    int n = v1.vect.length ;
    Vecteur res = new Vecteur (n) ;
    for (int i=0 ; i<n ; i++)
      res.vect[i] = v1.vect[i] + v2.vect[i] ;
    return res ;
  }
  public void affiche ()
  { for (int i=0 ; i<vect.length ; i++)
      System.out.print (vect[i] + " ") ;
    System.out.println() ;
  }
  private double[] vect ;
}

public class TstVect
{ public static void main (String args[])
  { Vecteur a = new Vecteur (5) ;        a.affiche();
    Vecteur b = new Vecteur (5, 0.5) ;  b.affiche() ;
    System.out.println ("a.b = " + a.prodScal(b)) ;
    double [] valeurs = {1.25, 2.5, 5.25, 3, 1} ;
    Vecteur c = new Vecteur (valeurs) ; c.affiche()  ;
    System.out.println ("b.c = " + b.prodScal(c)) ;
```

```
        a = Vecteur.somme (b, c) ;
        System.out.print ("b+c = ") ; a.affiche() ;
    }
}
```

```
0.0 0.0 0.0 0.0 0.0
0.5 0.5 0.5 0.5 0.5
a.b = 0.0
1.25 2.5 5.25 3.0 1.0
b.c = 6.5
b+c = 1.75 3.0 5.75 3.5 1.5
```

Remarque Dans un programme réel, on serait amené à prendre plus de précautions, notamment :

– s'assurer dans le premier constructeur que la valeur de *n* est positive ou nulle (une valeur nulle conduisant simplement à un tableau de taille nulle, ce qui n'est pas incorrect) ou traiter correctement l'exception *NegativeArraySizeIndexException* correspondante ;

– vérifier dans les méthodes recevant un tableau en argument que les références correspondantes ne sont pas nulles ou traiter l'exception *NullPointerException* risquant d'apparaître.

On pourrait également déclencher des exceptions créées spécifiquement pour la classe *Vecteur*.

58 Synthèse : utilitaires pour des tableaux de tableaux

Réaliser une classe utilitaire concernant des tableaux de tableaux de valeurs de type *double* et contenant les méthodes statiques suivantes :

- *affiche (double t [ ] [ ])* : affiche les valeurs de *t*, à raison d'une ligne d'écran pour une ligne du tableau,

- *boolean regulier (double t [ ] [ ])* : teste si le tableau *t* est régulier, c'est-à-dire si toutes ses lignes ont la même taille,

- *double [ ] sommeLignes (double t [ ] [ ])* : fournit un tableau de *double* correspondant aux sommes des différentes lignes de *t*,

- *double [ ] [ ] somme (double [ ] [ ] t1, double [ ] [ ] t2)* : s'assure que les tableaux *t1* et *t2* sont réguliers et de mêmes dimensions et fournit dans ce cas leur somme en résultat ; dans le cas contraire, elle fournit une référence nulle.

Écrire un petit programme de test.

Solution   Rappelons que la notion de tableau à plusieurs indices n'existe pas en Java qui ne dispose en fait que de la composition des tableaux : les éléments d'un tableau peuvent être à leur tour des tableaux. Dans ce cas, il n'est pas nécessaire que les "tableaux éléments" soient de même taille. S'ils le sont, on dit que le tableau est "régulier" ; il permet alors de simuler le tableau à plusieurs indices de la plupart des autres langages.

```java
class Util2D
{ public static boolean regulier (double[][] t)
  { int n = t[0].length ;    // longueur premiere ligne
    for (int i=1 ; i<t.length ; i++)   // parcourt les lignes a partir
                                       // de la seconde
      if (t[i].length != n) return false ;
    return true ;
  }

  public static double[] sommeLignes (double[][] t)
  { int nLignes = t.length ;
    double[] res = new double[nLignes] ;
    for (int i=0 ; i<nLignes ; i++)
    { res[i] = 0. ;
      for (int j=0 ; j<t[i].length ; j++) res[i] += t[i][j] ;
    }
    return res ;
  }
  public static double[][] somme (double[][] t1, double[][] t2)
  { if (!regulier(t1) || !regulier(t2)) return null ;
    if (t1.length != t2.length)         return null ;
    if (t1[0].length != t2[0].length)   return null ;
    int nLig = t1.length ; int nCol=t1[0].length ;
    double[][] som = new double[nLig][nCol] ;
    for (int i=0 ; i<nLig ; i++)
      for (int j=0 ; j<nCol ; j++)
        som[i][j] = t1[i][j] + t2[i][j] ;
    return som ;
  }
  public static void affiche (double[][] t)
  { for (int i=0 ; i<t.length ; i++)
     { for (int j=0 ; j<t[i].length ; j++)
         System.out.print (t[i][j] + " ") ;
       System.out.println () ;
     }
  }
}

public class TUtil2D
{ public static void main (String args[])
  { double[][] a = { {1, 2, 3}, {4, 5, 6}} ;
    double[][] b = { {6, 5, 4}, {3, 2, 1}} ;
    double[][] c = Util2D.somme (a, b) ;
```

```
        System.out.println ("a = ") ; Util2D.affiche(a) ;
        System.out.println ("b = ") ; Util2D.affiche(b) ;
        System.out.println ("c = ") ; Util2D.affiche(c) ;

        double[][] d = { { 1, 2}, {1, 2, 3}, {1}, {1, 2, 3, 4, 5}} ;
        double [] sLig = Util2D.sommeLignes(d) ;
        System.out.println ("d = ") ; Util2D.affiche(d) ;
        System.out.print ("somme lignes de d = ") ;
        for (int i=0 ; i<sLig.length ; i++) System.out.print (sLig[i] + " ") ;
    }
}
```

_____

```
a =
1.0 2.0 3.0
4.0 5.0 6.0
b =
6.0 5.0 4.0
3.0 2.0 1.0
c =
7.0 7.0 7.0
7.0 7.0 7.0
d =
1.0 2.0
1.0 2.0 3.0
1.0
1.0 2.0 3.0 4.0 5.0
somme lignes de d = 3.0 6.0 1.0 15.0
```

Remarque   Comme dans l'exercice , nous n'avons pas prévu de protections contre les références nulles fournies en argument. Celles-ci pourraient s'avérer nécessaires dans un programme réel.

59 Synthèse : crible d'Eratosthène

Il existe une méthode de détermination de tous les nombres premiers compris entre 1 et *n*, connue sous le nom de "crible d'Eratosthène". Elle consiste à dresser une liste de tous les nombres entiers considérés et à y "rayer" tous les multiples d'autres entiers. Plus précisément, on procéde ainsi :

- on raye le 1 (qui, par définition, n'est pas un nombre premier),

- on recherche, à partir du dernier nombre premier considéré (la première fois, on convient qu'il s'agit du 1), le premier nombre non rayé (on peut montrer qu'il est premier). Il devient, à son tour, le dernier nombre premier considéré et on raye tous ses multiples.

> • On répète le traitement précédent jusqu'à ce que le nombre premier considéré soit
>   supérieur à la racine carrée de *n*. On peut alors démontrer que tous les nombres non
>   premiers ont été rayés de la liste.
>
> Écrire un programme exploitant cette méthode pour rechercher tous les nombres premiers
> compris entre 1 et une valeur fournie en donnée.

Solution

Nous représentons le "crible" par un tableau de *n* booléens nommé *raye*. Pour faciliter les
choses, nous convenons que *raye[i]* correspond au nombre *i*, ce qui nous impose de donner au
tableau *raye* la dimension *nMax+1*. La variable *nombre* sert à représenter le dernier nombre
premier considéré (dont on raye tous les multiples).

Pour faciliter la lecture des résultats, nous les affichons à raison de *nParLigne* (10) valeurs par
ligne.

```java
public class Erato
{ public static void main (String[] args)
  { final int nParLigne = 10 ;
    boolean raye [] ;                          // tableau servant de "crible"
    int nombre ;                               // dernier nombre entier raye
    int nMax ;                                 // le plus grand entier a examiner
    int i ;

        /* preparation du crible */
    System.out.print("Donnez le plus grand nombre entier a examiner : ") ;
    nMax = Clavier.lireInt() ;
    raye = new boolean [nMax+1] ;
    for (i=1 ; i<=nMax ; i++) raye[i] = false ;
        /* on raye le nombre 1 */
    raye[1] = false ; nombre = 1 ;
    while (nombre*nombre <= nMax)
    {   /* recherche, a partir de nombre, du premier nombre non raye */
      while ( (raye[++nombre]) && (nombre<=nMax)) {}
        /* on raye tous ses multiples */
      for (i=2*nombre ; i<=nMax ; i+=nombre) raye[i] = true ;
    }
      /* affichage des resultats */
    System.out.println ("entre 1 et " + nMax + " les nombres premiers sont : ") ;
    int nAff = 0 ;  // nombre de valeurs affichees
    for (i=1 ; i<=nMax ; i++)
    { if (!raye[i]) { System.out.print (i + " ") ;
                      nAff++ ;
                      if (nAff == nParLigne) { nAff = 0 ;
                                               System.out.println () ;
                                             }
                    }
    }
  }
}
```

Voici un exemple d'exécution de ce programme :

```
Donnez le plus grand nombre entier a examiner : 1000
entre 1 et 1000 les nombres premiers sont :
1 2 3 5 7 11 13 17 19 23
29 31 37 41 43 47 53 59 61 67
71 73 79 83 89 97 101 103 107 109
113 127 131 137 139 149 151 157 163 167
173 179 181 191 193 197 199 211 223 227
229 233 239 241 251 257 263 269 271 277
281 283 293 307 311 313 317 331 337 347
349 353 359 367 373 379 383 389 397 401
409 419 421 431 433 439 443 449 457 461
463 467 479 487 491 499 503 509 521 523
541 547 557 563 569 571 577 587 593 599
601 607 613 617 619 631 641 643 647 653
659 661 673 677 683 691 701 709 719 727
733 739 743 751 757 761 769 773 787 797
809 811 821 823 827 829 839 853 857 859
863 877 881 883 887 907 911 919 929 937
941 947 953 967 971 977 983 991 997
```

Remarque

Dans la boucle de recherche du premier nombre non rayé, nous avons conservé le "garde-fou" *nombre < nMax*. On pourrait toutefois démontrer que, dès que *nMax* est supérieur ou égal à 2, on est toujours assuré de trouver au moins un nombre non rayé avant la fin du tableau (compte tenu de ce que l'on commence l'exploration avec un nombre inférieur ou égal à la racine carrée de *nMax*).

L'héritage et le polymorphisme

Connaissances requises

- Définition d'une classe dérivée ; le mot clé *extends*
- Droits d'accès d'une classe dérivée aux membres de sa classe de base
- Construction et initialisation des objets dérivés ; règles d'appel des constructeurs ; appel du constructeur de la classe de base depuis le constructeur de la classe dérivée : le mot clé *super*
- Dérivations successives
- Redéfinition de méthodes ou de champs ; la surdéfinition à travers l'héritage ; utilisation simultanée des possibilités de surdéfinition et de redéfinition ; contraintes relatives à la surdéfinition
- Le polymorphisme : ses fondements sur la redéfinition ; polymorphisme et surdéfinition ; conversion d'arguments effectifs de type classe ; conversions explicites de références ; la référence *super* (en dehors d'un constructeur)
- La super classe *Object* ; références de type *Object* ; la méthode *equals*
- Les membres protégés (*protected*)
- Classes et méthodes finales
- Classes abstraites
- Interfaces ; définition, implémentation ; variables de type interface ; constantes d'une interface ; dérivation d'une interface
- Classes enveloppes : *Boolean*, *Byte*, *Character*, *Short*, *Integer*, *Long*, *Float* et *Double*
- Classes anonymes

60 Définition d'une classe dérivée, droits d'accès (1)

On dispose de la classe suivante :

```
class Point
{ public void initialise (int x, int y) { this.x = x ; this.y = y ; }
  public void deplace (int dx, int dy)  { x += dx ; y += dy ; }
  public int getX() { return x ; }
  public int getY() { return y ; }
  private int x, y ;
}
```

Réaliser une classe *PointA*, dérivée de *Point* disposant d'une méthode *affiche* affichant (en fenêtre console) les coordonnées d'un point. Ecrire un petit programme utilisant les deux classes *Point* et *PointA*.

Que se passerait-il si la classe *Point* ne disposait pas des méthodes *getX* et *getY* ?

Solution

Il suffit de définir une classe dérivée en utilisant le mot clé *extends*. La méthode *affiche*, comme toute méthode d'une classe dérivée a accès à tous les membres publics de la classe de base, donc en particulier à *getX* et *getY*.

```
class PointA extends Point
{ void affiche()
  { System.out.println ("Coordonnees : " + getX() + " " + getY()) ;
  }
}
```

On peut alors créer des objets de type *PointA* et leur appliquer aussi bien les méthodes publiques de *PointA* que celles de *Point* comme dans ce programme accompagné d'un exemple d'exécution :

```
public class TsPointA
{ public static void main (String args[])
  { Point p = new Point () ;
    p.initialise (2, 5) ;
    System.out.println ("Coordonnees : " + p.getX() + " " + p.getY() ) ;
    PointA pa = new PointA () ;
    pa.initialise (1, 8) ;  // on utilise la methode initialise de Point
    pa.affiche() ;          // et la methode affiche de PointA
  }
}
```

```
Coordonnees : 2 5
Coordonnees : 2 5
```

Notez bien qu'un appel tel que *p.affiche()* conduirait à une erreur de compilation puisque la classe de *p* (*Point*) ne possède pas de méthode *affiche*.

Si la classe *Point* n'avait pas disposé des méthodes d'accès *getX* et *getY*, il n'aurait pas été possible d'accéder à ses champs privés *x* et *y* depuis la classe *PointA*. Il n'aurait donc pas été possible de la doter de la méthode *affiche*. L'héritage ne permet pas de contourner le principe d'encapsulation.

Remarque

Comme nos classes ne disposent pas de constructeur, il est possible de créer des objets sans les initialiser. Dans ce cas, leurs champs auront simplement une valeur "nulle", c'est-à-dire ici la valeur entière 0.

61 Définition d'une classe dérivée, droits d'accès (2)

On dispose de la classe suivante :

```
class Point
{ public void setPoint (int x, int y)  { this.x = x ; this.y = y ; }
  public void deplace (int dx, int dy) { x += dx ; y += dy ; }
  public void affCoord ()
  { System.out.println ("Coordonnees : " + x + " " + y) ;
  }
  private int x, y ;
}
```

Réaliser une classe *PointNom*, dérivée de *Point* permettant de manipuler des points définis par deux coordonnées (*int*) et un nom (caractère). On y prévoira les méthodes suivantes :

- *setPointNom* pour définir les coordonnées et le nom d'un objet de type *PointNom*,
- *setNom* pour définir seulement le nom d'un tel objet,
- *affCoordNom* pour afficher les coordonnées et le nom d'un objet de type *PointNom*.

Écrire un petit programme utilisant la classe *PointNom*.

Solution

Nous définissons une classe dérivée en utilisant le mot clé *extends* :

```
class PointNom extends Point
```

Dans cette classe *PointNom*, nous introduisons un champ (de préférence privé) destiné à contenir le nom du point :

```
private char nom ;
```

La méthode *setNom* est triviale. Compte tenu de l'encapsulation des données de *Point*, nos deux autres méthodes doivent absolument recourir aux méthodes publiques de *Point*.

En définitive, voici la définition de notre classe *PoitnNom* :

```
class PointNom extends Point
{ public void setPointNom (int x, int y, char nom)
  { setPoint (x, y) ;
    this.nom = nom ;
  }
  public void setNom(char nom)
  { this.nom = nom ;
  }
  public void affCoordNom()
  { System.out.print ("Point de nom " + nom + " ") ;
    affCoord() ;
  }
  private char nom ;
}
```

Voici un programme d'utilisation de *PointNom* :

```
public class TsPointN
{ public static void main (String args[])
  { Point p = new Point () ;
    p.setPoint (2, 5) ;
    p.affCoord() ;
    PointNom pn1 = new PointNom() ;
    pn1.setPointNom (1, 7, 'A') ;        // methode de PointNom
    pn1.affCoordNom() ;                  // methode de PointNom
    pn1.deplace (9, 3) ;                 // methode de Point
    pn1.affCoordNom() ;                  // methode de PointNom

    PointNom pn2 = new PointNom() ;
    pn2.setPoint (4, 3) ;                // methode de Point
    pn2.setNom ('B') ;                   // methode de PointNom
    pn2.affCoordNom() ;                  // methode de PointNom
    pn2.affCoord() ;                     // methode de Point
  }
}
```

```
Coordonnees : 2 5
Point de nom A Coordonnees : 1 7
Point de nom A Coordonnees : 10 10
Point de nom B Coordonnees : 4 3
Coordonnees : 4 3
```

Remarque

1. Ici encore, comme nos classes ne disposent pas de constructeur, il est possible de créer des objets sans les initialiser. Dans ce cas, leurs champs auront simplement une valeur "nulle", c'est-à-dire ici la valeur entière 0 pour les coordonées et le caractère de code nul pour le nom.

2. Comme la classe *Point* ne dispose pas de méthodes d'accès aux coordonnées, on voit que la méthode *affCoordNom* n'a pas d'autre possibilité que de recourir à la méthode *affCoord* de *Point*, ce qui impose des contraintes sur la présentation des résultats. En particulier, il serait impossible d'afficher sur une même ligne le nom du point avant les coordonnées.

62   Héritage et appels de constructeurs

On dispose de la classe suivante (disposant cette fois d'un constructeur) :

```
class Point
{ public Point (int x, int y)  { this.x = x ; this.y = y ; }
  public void affCoord()
  { System.out.println ("Coordonnees : " + x + " " + y) ;
  }
  private int x, y ;
}
```

Réaliser une classe *PointNom*, dérivée de *Point* permettant de manipuler des points définis par leurs coordonnées (entières) et un nom (caractère). On y prévoira les méthodes suivantes :

• constructeur pour définir les coordonnées et le nom d'un objet de type *PointNom*,

• *affCoordNom* pour afficher les coordonnées et le nom d'un objet de type *PointNom*.

Écrire un petit programme utilisant la classe *PointNom*.

Solution

Cet exercice est voisin de l'exercice 61 mais, cette fois, les deux classes disposent d'un constructeur. Celui de la classe dérivée *PointNom* doit prendre en charge la construction de l'intégralité de l'objet correspondant, quitte à s'appuyer pour cela sur le constructeur de la classe de base (ce qui est indispensable ici puisque la classe *Point* ne dispose pas de méthodes d'accès). Rappelons que l'appel du constructeur de la classe de base (fait à l'aide du mot clé *super*) doit constituer la première instruction du constructeur de la classe dérivée.

En définitive, voici ce que pourrait être la définition de notre classe *PointNom* :

```
class PointNom extends Point
{ public PointNom (int x, int y, char nom)
  { super (x, y) ;
    this.nom = nom ;
  }
  public void affCoordNom()
  { System.out.print ("Point de nom " + nom + " ") ;
    affCoord() ;
  }
  private char nom ;
}
```

Voici un petit programme d'utilisation de *PointNom* :

```
public class TsPointC
{ public static void main (String args[])
  { PointNom pn1 = new PointNom(1, 7, 'A') ;
    pn1.affCoordNom() ;              // methode de PointNom
    PointNom pn2 = new PointNom(4, 3, 'B') ;
    pn2.affCoordNom() ;              // methode de PointNom
    pn2.affCoord() ;                 // methode de Point
  }
}
```

```
Point de nom A Coordonnees : 1 7
Point de nom B Coordonnees : 4 3
Coordonnees : 4 3
```

63 Redéfinition

On dispose de la classe suivante :

```
class Point
{ public Point (int x, int y)  { this.x = x ; this.y = y ; }
  public void affiche()
  { System.out.println ("Coordonnees : " + x + " " + y) ;
  }
  private int x, y ;
}
```

Réaliser une classe *PointNom*, dérivée de *Point* permettant de manipuler des points définis par leurs coordonnées et un nom (caractère). On y prévoira les méthodes suivantes :

- constructeur pour définir les coordonnées et le nom d'un objet de type *PointNom*,
- *affiche* pour afficher les coordonnées et le nom d'un objet de type *PointNom*.

Solution   Cet exercice est voisin de l'exercice 62. L'écriture du constructeur reste la même. Mais, cette fois, on doit redéfinir la méthode *affiche* dans la classe dérivée. L'affichage du nom n'y pose aucun problème :

```
System.out.print ("Point de nom " + nom + " ") ;
```

En revanche, il nous faut faire appel à la méthode *affiche* de la classe de base. Pour ce faire, nous employons le mot clé *super* :

```
super.affiche() ;
```

En définitive, voici la définition de notre classe, accompagnée d'un petit programme d'utilisation :

```
class PointNom extends Point
{ public PointNom (int x, int y, char Nom)
  { super (x, y) ;
    this.Nom = Nom ;
  }
  public void affiche()
  { System.out.print ("Point de nom " + Nom + " ") ;
    super.affiche() ;
  }
  private char Nom ;
}
public class TsPointR
{ public static void main (String args[])
  { Point p = new Point (3, 7) ;
    p.affiche() ;               // methode de Point
    PointNom pn = new PointNom(1, 7, 'A') ;
    pn.affiche() ;              // methode de PointNom
  }
}

——————————————————————————————

Coordonnees : 3 7
Point de nom A Coordonnees : 1 7
```

Remarque   Ici, la redéfinition de la méthode *affiche* dans *PointNom* utilise la méthode *affiche* de la classe ascendante *Point*, ce qui impose de recourir au mot clé *super*. Bien entendu, il n'en ira pas toujours ainsi : rien n'empêche de redéfinir entièrement une méthode sans chercher à exploiter celle de la classe ascendante.

64 Construction et initialisation d'une classe dérivée

Quels résultats fournit ce programme ?

```
class A
{
  public A (int nn)
  { System.out.println ("Entree Constr A - n=" + n + " p=" + p) ;
    n = nn ;
    System.out.println ("Sortie Constr A - n=" + n + " p=" + p) ;
  }
  public int n ;    // ici, exceptionnellement, pas d'encapsulation
  public int p=10 ;
}
class B extends A
{ public B (int n, int pp)
  { super (n) ;
    System.out.println ("Entree Constr B - n=" + n + " p=" + p + " q=" + q) ;
    p = pp ;
    q = 2*n ;
    System.out.println ("Sortie Constr B - n=" + n + " p=" + p + " q=" + q) ;
  }
  public int q=25 ;
}
public class TstInit
{ public static void main (String args[])
  { A a = new A(5) ;
    B b = new B(5, 3) ;
  }
}
```

Solution

Il faut tenir compte de l'ordre dans lequel ont lieu les initialisations des champs (explicite et implicite) et les appels des constructeurs, à savoir :

- initialisation par défaut des champs de l'objet dérivé (y compris ceux hérités),

- initialisation explicite des champs hérités,

- exécution du constructeur de la classe de base,

- initialisation explicite des champs spécifiques à l'objet dérivé,

- exécution du constructeur de la classe dérivée.

Cela nous conduit aux résultats suivants :

```
Entree Constr A - n=0 p=10
Sortie Constr A - n=5 p=10
Entree Constr A - n=0 p=10
Sortie Constr A - n=5 p=10
Entree Constr B - n=5 p=10 q=25
Sortie Constr B - n=5 p=3 q=10
```

65   Dérivations successives et redéfinition

Quels résultats fournit le programme suivant ?

```
class A
{ public void affiche()
  { System.out.println ("Je suis un A") ;
  }
}

class B extends A { }
class C extends A
{ public void affiche()
  { System.out.println ("Je suis un C") ;
  }
}
class D extends C
{ public void affiche()
  { System.out.println ("Je suis un D") ;
  }
}
class E extends B {}
class F extends C {}
public class DiagHeri
{ public static void main (String arg[])
  { A a = new A() ; a.affiche() ;
    B b = new B() ; b.affiche() ;
    C c = new C() ; c.affiche() ;
    D d = new D() ; d.affiche() ;
    E e = new E() ; e.affiche() ;
    F f = new F() ; f.affiche() ;
  }
}
```

Lors d'un appel tel que *o.affiche()* (*o* étant un objet de l'une des classes concernées), on recherche tout d'abord la méthode *affiche* dans la classe de *o*. Si aucune méthode n'est trouvée, on poursuit la recherche dans la classe ascendante et ainsi de suite jusqu'à ce que la méthode soit trouvée[1] (si l'on arrive à la classe *Object*, racine de toutes les classes, sans que la méthode ne soit trouvée, on obtient une erreur de compilation).

Ici, le programme fournit ces résultats :

```
Je suis un A
Je suis un A
Je suis un C
Je suis un D
Je suis un A
Je suis un C
```

66 Dérivations successives et surdéfinition

Quels résultats fournit le programme suivant ?

```
class A
{ public void f(double x) { System.out.print ("A.f(double=" + x +") ") ; }
}
class B extends A {}
class C extends A
{ public void f(long q)    { System.out.print ("C.f(long="   + q + ") ") ; }
}
class D extends C
{ public void f(int n)     { System.out.print ("D.f(int="    + n + ") ") ; }
}
class E extends B {}
class F extends C
{ public void f(float x)   { System.out.print ("F.f(float="  + x + ") ") ; }
  public void f(int n)     { System.out.print ("F.f(int="    + n + ") ") ; }
}
```

---

1. Notez bien qu'ici aucune possibilité de surdéfinition n'existe puisque *affiche* ne possède aucun argument. En revanche, nous verrons dans les exercices suivants des situations dans lesquelles il peut être nécessaire de considérer plusieurs méthodes appartenant à la fois à la classe et à ses ascendantes.

```
public class Surdf
{ public static void main (String arg[])
  { byte bb=1 ; short p=2 ; int n=3 ; long q=4 ;
    float x=5.f ; double y=6. ;
    A a = new A() ; a.f(bb) ; a.f(x) ;              System.out.println() ;
    B b = new B() ; b.f(bb) ; a.f(x) ;              System.out.println() ;
    C c = new C() ; c.f(bb) ; c.f(q) ; c.f(x) ;     System.out.println() ;
    D d = new D() ; d.f(bb) ; c.f(q) ; c.f(y) ;     System.out.println() ;
    E e = new E() ; e.f(bb) ; e.f(q) ; e.f(y) ;     System.out.println() ;
    F f = new F() ; f.f(bb) ; f.f(n) ; f.f(x) ; f.f(y) ;
  }
}
```

Que se passerait-il si l'appel *f.f(q)* figurait dans ce programme ?

Solution

Ici, on fait intervenir à la fois la redéfinition d'une méthode et sa surdéfinition. Pour résoudre un appel de la forme *o.f(v)* (*o* étant un objet et *v* une expression), on recherche toutes les méthodes *acceptables*, à la fois dans la classe de *o* et dans toutes ses ascendantes. On utilise ensuite les règles habituelles de recherche de la meilleure (et unique) méthode. En définitive, le programme fournit les résultats suivants (notez que certaines conversions peuvent apparaître) :

```
A.f(double=1.0) A.f(double=5.0)
A.f(double=1.0) A.f(double=5.0)
C.f(long=1) C.f(long=4) A.f(double=5.0)
D.f(int=1) C.f(long=4) A.f(double=6.0)
A.f(double=1.0) A.f(double=4.0) A.f(double=6.0)
F.f(int=1) F.f(int=3) F.f(float=5.0) A.f(double=6.0)
```

Un appel tel que *f.f(q)* conduirait à une erreur de compilation, compte tenu de son ambiguïté ; en effet, deux méthodes sont acceptables (*C.f(long)* et *F.f(float)*) et aucune n'est meilleure que l'autre.

67   Les bases du polymorphisme

Quels résultats fournit le programme suivant ?

```
class A
{ public void affiche() { System.out.print ("Je suis un A "); }
}
class B extends A {}
class C extends A
{ public void affiche() { System.out.print ("Je suis un C "); }
}
```

```
class D extends C
{ public void affiche() { System.out.print ("Je suis un D  ") ; }
}
class E extends B {}
class F extends C {}
public class Poly
{ public static void main (String arg[])
  { A a = new A() ; a.affiche() ; System.out.println() ;

    B b = new B() ; b.affiche() ;
    a = b ;          a.affiche() ; System.out.println() ;

    C c = new C() ; c.affiche() ;
    a = c ;          a.affiche() ; System.out.println() ;

    D d = new D() ; d.affiche() ;
    a = d ;          a.affiche() ;
    c = d ;          c.affiche() ; System.out.println() ;

    E e = new E() ; e.affiche() ;
    a = e ;          a.affiche() ;
    b = e ;          b.affiche() ; System.out.println() ;

    F f = new F() ; f.affiche() ;
    a = f ;          a.affiche() ;
    c = f ;          c.affiche() ;
  }
}
```

Certaines possibilités d'affectation entre objets des types classes *A*, *B*, *C*, *D*, *E* et *F* ne figurent pas dans le programme ci-dessus. Pourquoi ?

Solution

En Java, l'une des propriétés du "polymorphisme" est que l'appel d'une méthode est déterminé au moment de l'exécution, suivant la nature de l'objet effectivement référencé (et non seulement suivant le type de la référence). C'est pourquoi ici tous les appels de *affiche* concernant un même objet fournissent le même message, quel que soit le type de référence utilisé :

```
Je suis un A
Je suis un A  Je suis un A
Je suis un C  Je suis un C
Je suis un D  Je suis un D  Je suis un D
Je suis un A  Je suis un A  Je suis un A
Je suis un C  Je suis un C  Je suis un C
```

Néanmoins, une référence de type *T* ne peut se voir affecter qu'une référence d'un type *T* ou dérivé de *T*. C'est ce qui se passait effectivement dans notre programme. Mais (en supposant les mêmes déclarations), ces affectations seraient incorrectes :

```
b=a ; e=a ; e=b ; c=a ; d=c ; d=a ; f=c ; f=a ;
b=c ; b=d ; b=f ; e=c ; e=d ; e=f ; c=b ; c=e ; d=b ; d=e ; f=b ; f=e ;
```

68   Polymorphisme et surdéfinition

Quels résultats fournit le programme suivant ?

```
class A
{ public void f(double x) { System.out.print ("A.f(double=" + x +") ") ; }
}
class B extends A {}
class C extends A
{ public void f(long q)    { System.out.print ("C.f(long="   + q + ") ") ; }
}
class D extends C
{ public void f(int n)     { System.out.print ("D.f(int="    + n + ") ") ; }
}
class F extends C
{ public void f(float x)   { System.out.print ("F.f(float=" + x + ") ") ; }
  public void f(int n)     { System.out.print ("F.f(int="    + n + ") ") ; }
}

public class PolySur
{ public static void main (String arg[])
  { byte bb=1 ; short p=2 ; int n=3 ; long q=4 ;
    float x=5.f ; double y=6. ;

    System.out.println ("** A ** ") ;
    A a = new A() ; a.f(bb) ; a.f(x) ;                    System.out.println() ;

    System.out.println ("** B ** ") ;
    B b = new B() ; b.f(bb) ; b.f(x) ;                    System.out.println() ;
    a = b ;          a.f(bb) ; a.f(x) ;                    System.out.println() ;

    System.out.println ("** C ** ") ;
    C c = new C() ; c.f(bb) ; c.f(q) ; c.f(x) ;           System.out.println() ;
    a = c ;          a.f(bb) ; a.f(q) ; a.f(x) ;           System.out.println() ;

    System.out.println ("** D ** ") ;
    D d = new D() ; d.f(bb) ; c.f(q) ; c.f(y) ;           System.out.println() ;
    a = c ;          a.f(bb) ; a.f(q) ; a.f(y) ;           System.out.println() ;

    System.out.println ("** F ** ") ;
    F f = new F() ; f.f(bb) ; f.f(n) ; f.f(x) ; f.f(y) ;
                                                          System.out.println() ;
    a = f ;     a.f(bb) ; a.f(n) ; a.f(x) ; a.f(y) ;      System.out.println() ;
    c = f ;     c.f(bb) ; c.f(n) ; c.f(x) ; c.f(y) ;
  }
}
```

Solution   Ici, on combine :

- les possibilités qu'offre le polymorphisme de choisir une méthode suivant la nature de l'objet effectivement référencé,

- les possibilités de surdéfinition qui permettent de déterminer une méthode suivant le type de ses arguments.

Mais il faut bien voir que le choix d'une méthode surdéfinie est réalisé par le compilateur, alors que la ligature dynamique induite par le polymorphisme ne s'effectue qu'à l'exécution.

Plus précisément, lors d'un appel du type *o.f(...)*, la signature de la méthode *f* est définie à la compilation au vu de son appel, en utilisant le type de la variable *o* (et non le type de l'objet référencé, non encore connu) et en appliquant éventuellement les règles de choix d'une méthode surdéfinie. Ce choix ne peut alors se faire que dans la classe de *o* ou ses ascendantes (et en aucun cas dans ses descendantes éventuelles, comme le permettra la ligature dynamique).

Au moment de l'exécution, on cherchera parmi la classe de l'objet effectivement référencé par *o* (qui peut donc éventuellement être une classe descendante de celle de *o*), une méthode ayant la signature précédemment déterminée. Mais, on ne reviendra plus sur le choix de la meilleure méthode.

Par exemple, dans le troisième groupe d'instructions (** C **), les appels de la forme *c.f(...)* sont traités en considérant les méthodes *f* de *C* et de son ascendante *A*. En revanche, malgré l'affectation *a=c*, ceux de la forme *a.f(...)* sont traités en ne considérant que les méthodes *f* de *A*. Ainsi, l'appel *c.f(bb)* utilise *C.f(long)* tandis que l'appel *a.f(bb)* utilise *A.f(double)*.

Finalement, le programme fournit les résultats suivants :

```
** A **
A.f(double=1.0) A.f(double=5.0)
** B **
A.f(double=1.0) A.f(double=5.0)
A.f(double=1.0) A.f(double=5.0)
** C **
C.f(long=1) C.f(long=4) A.f(double=5.0)
A.f(double=1.0) A.f(double=4.0) A.f(double=5.0)
** D **
D.f(int=1) C.f(long=4) A.f(double=6.0)
A.f(double=1.0) A.f(double=4.0) A.f(double=6.0)
** F **
F.f(int=1) F.f(int=3) F.f(float=5.0) A.f(double=6.0)
A.f(double=1.0) A.f(double=3.0) A.f(double=5.0) A.f(double=6.0)
C.f(long=1) C.f(long=3) A.f(double=5.0) A.f(double=6.0)
```

69   Les limites du polymorphisme

Soit les classes *Point* et *PointNom* ainsi définies :

```
class Point
{ public Point (int x, int y) { this.x = x ; this.y = y ; }
  public static boolean identiques (Point a, Point b)
  { return ( (a.x==b.x) && (a.y==b.y) ) ; }
  public boolean identique (Point a)
  { return ( (a.x==x) && (a.y==y) ) ; }
  private int x, y ;
}
class PointNom extends Point
{ PointNom (int x, int y, char nom)
  { super (x, y) ; this.nom = nom ; }
  private char nom ;
}
```

1. Quels résultats fournit ce programme ? Expliciter les conversions mises en jeu et les règles utilisées pour traiter les différents appels de méthodes :

```
public class LimPoly
{ public static void main (String args[])
  { Point p = new Point (2, 4) ;
    PointNom pn1 = new PointNom (2, 4, 'A') ;
    PointNom pn2 = new PointNom (2, 4, 'B') ;
    System.out.println (pn1.identique(pn2)) ;
    System.out.println (p.identique(pn1)) ;
    System.out.println (pn1.identique(p)) ;
    System.out.println (Point.identiques(pn1, pn2)) ;
  }
}
```

2. Doter la classe *PointNom* d'une méthode statique *identiques* et d'une méthode *identique* fournisant toutes les deux la valeur *true* lorsque les deux points concernés ont à la fois mêmes coordonnées et même nom. Quels résultats fournira alors le programme précédent ? Quelles seront les conversions mises en jeu et les règles utilisées ?

Solution

Question 1

pn1.identique(pn2)

Lors de la compilation, on recherche une méthode *identique* dans la classe de *pn1* (*PointNom*) ou ses ascendantes. On en trouve une seule dans *Point* avec un argument de type *Point*, ce qui fige sa signature sous la forme *identique(Point)*, en imposant une conversion implicite de *pn2* en *Point*. Lors de l'exécution, on cherche une telle méthode d'abord dans *PointNom* (ligature dynamique) puis, comme on n'en trouve pas, dans *Point*. En définitive, on exécute bien la méthode *identique* de *Point*.

p.identique(pn1)

Lors de la compilation, on trouve la méthode *identique* dans la classe de *p* (*Point*), ce qui fige sa signature sous la forme *identique(Point)*, en imposant une conversion implicite de *pn1* en *Point*. Lors de l'exécution, on cherche une telle méthode dans la classe de *p* (*Point*). En définitive, on exécute bien la méthode *identique* de *Point*.

pn1.identique(p)

Lors de la compilation, on recherche une méthode *identique* dans la classe de *pn1* (*PointNom*) ou ses ascendantes. On en trouve une seule dans *Point* avec un argument de type *Point*, ce qui fige sa signature sous la forme *identique(Point)* (cette fois aucune conversion d'argument n'est prévue). Lors de l'exécution, on cherche une telle méthode d'abord dans *PointNom* (ligature dynamique) puis dans *Point*. En définitive, on exécute bien la méthode *identique* de *Point*.

Point.identiques(pn1, pn2)

Ici, l'appel est résolu dès la compilation (les méthodes statiques ne peuvent pas être concernées par le polymorphisme). Il fait intervenir la conversion de *pn1* et de *pn2* en *Point*.

Comme on peut s'y attendre, le programme fournit ces résultats :

```
true
true
true
true
```

Question 2

Comme les champs *x* et *y* de *Point* ne sont pas publics et comme l'on ne dispose d'aucune méthode d'accès, il est nécessaire, au sein des méthodes voulues dans *PointNom*, de recourir aux méthodes correspondantes de *Point* :

```
public static boolean identiques (PointNom a, PointNom b)
{
  return (Point.identiques (a, b) && (a.nom==b.nom) ) ;
}
public boolean identique (PointNom a)
{
  return (super.identique(a) && (nom==a.nom) ) ;
}
```

On notera la notation *super.identique* qui force l'utilisation de la méthode *identique* de la classe ascendante *Point*.

pn1.identique(pn2)

Lors de la compilation, on recherche une méthode *identique* dans la classe de *pn1* (*PointNom*) ou ses ascendantes. Cette fois, les méthodes de *PointNom* et de *Point* sont acceptables. Mais, la première est meilleure, ce qui fige la signature de la méthode appelée sous la forme *identique(PointNom)*. Lors de l'exécution, on cherche d'abord une telle méthode dans *PointNom* et on la trouve. En définitive, on exécute bien la méthode *identique* de *PointNom*, contrairement à ce que se passait dans la question 1.

p.identique(pn1)

Lors de la compilation, cette fois, on recherche une méthode *identique* dans la classe de *p* (*Point*), ce qui fige sa signature sous la forme *identique(Point)*, en imposant une conversion implicite de *pn1* en *Point*. Lors de l'exécution, on cherche une telle méthode dans la classe de *p* (*Point*). En définitive, on exécute (comme dans la première question) la méthode *identique* de *Point*. Notez que l'application de la méthode de *PointNom* n'aurait, de toutes façons, aucune signification, l'objet *p* n'ayant pas de champ nom !

pn1.identique(p)

Lors de la compilation, on recherche, comme avec le premier appel, une méthode *identique* dans la classe de *pn1* (*PointNom*) ou ses ascendantes. Mais, cette fois, seule celle de *Point* est acceptable car on ne peut pas convertir implicitement le type *Point* en *PointNom* (seul l'inverse est possible). On fige donc la signature de la méthode appelée sous la forme *identique(Point)* (cette fois aucune conversion d'argument n'est prévue). Lors de l'exécution, on cherche une telle méthode d'abord dans *PointNom* (ligature dynamique) puis dans *Point*. En définitive, on exécute bien la méthode *identique* de *Point*.

Point.identiques(pn1, pn2)

Ici, comme précédemment, l'appel est résolu dès la compilation et il fait toujours intervenir la conversion de *pn1* et de *pn2* en *Point*. Comme on peut s'y attendre, le programme fournit ces résultats :

```
false
true
true
true
```

Notez que l'on pourrait forcer l'emploi de *identiques* de *PointNom* en écrivant *PointNom.identiques(pn1, pn2)* ; dans ce cas, il n'y aurait plus de conversion et l'on obtiendrait le résultat *false*.

70   Classe abstraite

On souhaite disposer d'une hiérarchie de classes permettant de manipuler des figures géométriques. On veut qu'il soit toujours possible d'étendre la hiérarchie en dérivant de nouvelles classes mais on souhaite pouvoir imposer que ces dernières disposent toujours des méthodes suivantes :

- *void affiche ()*
- *void homothetie (double coeff)*
- *void rotation (double angle)*

Écrire la classe abstraite *Figure* qui pourra servir de classe de base à toutes ces classes.

Solution

Il suffit d'appliquer les règles de définition d'une classe abstraite. On y place les en-têtes des méthodes qu'on souhaite voir redéfinies dans les classes dérivées, en leur associant le mot clé *abstract* :

```
abstract class Figure
{ abstract public void affiche() ;
  abstract public void homothetie (double coef) ;
  abstract public void rotation (double angle) ;
}
```

Le mot clé *abstract* figurant devant *class* peut être omis (toute classe disposant au moins d'une méthode abstraite est abstraite). Il est cependant conseillé de le conserver. Quant aux noms d'arguments accompagnant les en-têtes de méthodes, ils sont syntaxiquement nécessaires (bien que n'ayant aucune signification).

Les classes de la hiérarchie de figures seront alors simplement définies comme classes dérivées de *Figure* et elles devront définir les trois méthodes *affiche*, *homothetie* et *rotation*, par exemple :

```
class Point extends Figure
{ public void affiche() { ..... }
  public void homothetie (double coef) { ..... }
  public void rotation (double angle) { ..... }
  .....
}
```

71 Classe abstraite et polymorphisme

Compléter la classe abstraite *Figure* de l'exercice précédent, de façon qu'elle implémente :

- une méthode *homoRot (double coef, double angle)* qui applique à la fois une homo-thétie et une rotation à la figure,
- de méthodes statiques *afficheFigures*, *homothetieFigures* et *rotationFigures* appliquant une même opération (affichage, homothétie ou rotation) à un tableau de figures (objets d'une classe dérivée de *Figure*).

Solution

Une classe abstraite peut comporter des définitions de méthodes (non abstraites) qui pourront alors être utilisées par les classes dérivées sans qu'il ne soit nécessaire de les redéfinir (mais on peut toujours le faire !). D'autre part, une classe abstraite peut comporter des méthodes statiques, pour peu que celles-ci ne soient pas abstraites (ce qui n'aurait aucune signification).

En définitive, voici la définition de notre nouvelle classe *Figure* :

```
abstract class Figure
{ abstract public void affiche() ;
  abstract public void homothetie (double coef) ;
  abstract public void rotation (double angle) ;
  public void HomoRot (double coef, double angle)
  { homothetie (coef) ; rotation (angle) ;
  }
  public static void afficheFigures (Figure [] f)
  { for (int i=0 ; i<f.length ; i++) f[i].affiche() ;
  }
  public static void homothetieFigures (double coef, Figure[] f)
  { for (int i=0 ; i<f.length ; i++) f[i].homothetie(coef) ;
  }
  public static void rotationFigures (double angle, Figure[] f)
  { for (int i=0 ; i<f.length ; i++) f[i].rotation(angle) ;
  }
}
```

On notera que, au sein de la méthode *homoRot*, il est possible d'appeler les méthodes *homote-thie* et *rotation*, et ceci bien qu'elles soient abstraites. En effet, d'après les règles du polymor-phisme, la méthode effectivement appelée sera celle correspondant au type effectif de l'objet ayant appelé la méthode *homoRot* ; grâce aux contraintes portant sur les dérivées de classes abstraittes, on est certain qu'elle existera.

Des réflexions analogues s'appliquent à l'appel des méthodes *homothetie* et *rotation* dans les méthodes statiques *homothetieFigures* et *rotationFigures*.

72 Interface

On souhaite disposer de classes permettant de manipuler des figures géométriques. On souhaite pouvoir caractériser celles qui possèdent certaines fonctionnalités en leur demandant d'implémenter des interfaces, à savoir :

- *Affichable* pour celles qui disposeront d'une méthode *void affiche ()*,

- *Tranformable* pour celles qui disposeront des deux méthodes suivantes :

    void homothetie (double coeff)

    void rotation (double angle)

Écrire les deux interfaces *Affichable* et *Transformable*.

Solution Il suffit d'appliquer les règles de définition d'une interface, ce qui nous conduit à :

```
interface Affichable
{ abstract public void affiche() ;
}
interface Transformable
{ abstract public void homothetie (double coef) ;
  abstract public void rotation (double angle) ;
}
```

Ici, nos interfaces disposent d'un droit d'accès de paquetage. Comme les classes, elles pourraient être déclarées *public* Les mots clés *abstract* et *public* figurant dans les en-têtes de méthodes peuvent être omis puisque, par essence, les méthodes d'une interface sont publiques et abstraites.

Une classe représentant une figure pourra implémenter aucune, une ou les deux interfaces précédentes. Par exemple

```
class Point implements Affichable
{ public void affiche() { ..... }
}
class Rectangle implements Affichable, Transformable
{ public void affiche() { ..... }
  public void homothetie (double coef) { ..... }
  public void rotation (double angle) { .....}
}
```

73   Synthèse : comparaison entre héritage et objet membre

On dispose de la classe suivante :

```
class Point
{ public Point (double x, double y) { this.x=x ; this.y=y ; }
  public void deplace (double dx, double dy) { x+=dx ; y+=dy ; }
  public void affiche ()
  { System.out.println ("Point de coordonnees " + x + " " + y) ;
  }
  public double getX() { return x ; }
  public double getY() { return y ; }
  private double x, y ;
}
```

On souhaite réaliser une classe *Cercle* disposant des méthodes suivantes :

- constructeur recevant en argument les coordonnées du centre du cercle et son rayon,
- *deplaceCentre* pour modifier les coordonnées du centre du cercle,
- *changeRayon* pour modifier le rayon du cercle,
- *getCentre* qui fournit en résultat un objet de type *Point* correspondant au centre du cercle,
- *affiche* qui affiche les coordonnées du centre du cercle et son rayon.

1. Définir la classe *Cercle* comme classe dérivée de *Point*.
2. Définir la classe *Cercle* comme possédant un membre de type *Point*.

Dans les deux cas, on écrira un petit programme mettant en jeu les différentes fonctionnalités de la classe *Cercle*.

Solution

Classe dérivée de *Point*

```
class Cercle extends Point
{ public Cercle (double x, double y, double r)
  { super (x, y) ;
    this.r = r ;
  }
  public void deplaceCentre (double dx, double dy)
  { super.deplace (dx, dy) ;
  }
  public void changeRayon (double r)
  { this.r = r ;
  }
  public Point getCentre()
  { Point centre = new Point (getX(), getY()) ;
    return centre ;
  }
```

```
    public void affiche ()
    { System.out.println ("Cercle de centre " + super.getX() + " " + super.getY()
                          + " et de rayon " + r) ;
    }
    private double r ;
}
```

Voici un petit programme d'utilisation de *Cercle*, accompagné du résultat de son exécution :

```
public class TstCerD
{ public static void main (String args[])
  { Cercle c = new Cercle (3, 8, 2.5) ;
    c.affiche() ;
    c.deplaceCentre (1, 0.5) ;
    c.changeRayon (5.25) ;
    c.affiche() ;
    Point a = c.getCentre() ;
    a.affiche() ;
  }
}
```

```
Cercle de centre 3.0 8.0 et de rayon 2.5
Cercle de centre 4.0 8.5 et de rayon 5.25
Point de coordonnees 4.0 8.5
```

Avec un objet membre

```
class Cercle
{ public Cercle (double x, double y, double r)
  { centre = new Point (x, y) ;
    this.r = r ;
  }
  public void deplaceCentre (double dx, double dy)
  { centre.deplace (dx, dy) ;
  }
  public void changeRayon (double r)
  { this.r = r ;
  }
  public Point getCentre()
  { return centre ;
  }
  public void affiche ()
  { System.out.println ("Cercle de centre " + centre.getX() + " " + centre.getY()
                        + " et de rayon " + r) ;
  }
  private Point centre ;
  private double r ;
}
```

Le précédent programme d'utilisation de *Cercle* peut encore être employé ici sans modifications. Il fournit les mêmes résultats.

                    © Éditions Eyrolles

6

La classe String
et les chaînes de caractères

Connaissances requises

- La classe *String* : constructeurs, propriétés des objets de type *String*, affectation
- Affichage d'une chaîne par *print* ou *println*
- Longueur d'une chaîne : méthode *length*
- Accès aux caractères d'une chaîne : méthode *charAt*
- Concaténation de chaînes avec l'opérateur + ; conversions des opérandes ; l'opérateur +=
- Recherche dans une chaîne : méthodes *indexOf* et *lastIndexOf*
- Comparaisons de chaînes : méthodes *equals* et *compareTo*
- Création d'une chaîne par modification d'une autre : méthodes *replace*, *substring*, *toLowerCase*, *toUpperCase* et *trim*
- Conversion d'un type primitif en type chaîne : méthode *valueOf*
- Conversion d'une chaîne en un type primitif à l'aide des méthodes des classes enveloppes des types primitifs
- La méthode *toString* de la classe *Object*
- Conversions entre chaînes et tableaux de caractères
- Arguments de la ligne de commande

Note : on suppose qu'on dispose d'une classe nommée *Clavier*, disposant (entre autres) de méthodes (statiques) de lecture au clavier d'informations de type *int* (*lireInt*), *float* (*lireFloat*), *double* (*lireDouble*), *char* (*lireChar*) et *String* (*lireString*). Cette classe est présente sur le site Web d'accompagnement et sa liste est fournie en Annexe D.

74   Construction et affectation de chaînes

Quels résultats fournit le programme suivant ?

```
public class Chaine
{ public static void main (String args[])
  { String ch1 = new String();
    System.out.println ("A - ch1 =:" + ch1 + ":") ;
    String ch2 = "hello" ;
    System.out.println ("B - ch2 =:" + ch2 + ":") ;
    String ch3 = new String ("bonjour") ;
    System.out.println ("C - ch3 =:" + ch3 + ":") ;

    String ch4 = new String (ch3) ;
    System.out.println ("D - ch4 =:" + ch4 + ":") ;
    ch3 = "bonsoir" ;
    System.out.println ("E - ch4 =:" + ch4 + ": ch3 =:" + ch3 + ":") ;

    ch4 = ch3 ;
    ch3 = "au revoir" ;
    System.out.println ("F - ch4 =:" + ch4 + ": ch3 =:" + ch3 + ":") ;
  }
}
```

Solution   L'instruction

```
String ch1 = new String();
```

crée une chaîne vide et place sa référence dans *ch1*. L'instruction

```
String ch2 = "hello" ;
```

crée une chaîne formée des cinq caractères *h*, *e*, *l*, *l* et *o* et place sa référence dans *ch2*. De même

```
String ch3 = new String ("bonjour") ;
```

crée une chaîne contenant les sept caractères *b*, *o*, *n*, *j*, *o*, *u* et *r* et place sa référence dans *ch3*. L'instruction

```
String ch4 = new String (ch3) ;
```

crée une chaîne par recopie de la valeur de la chaîne de référence *ch3* et place sa référence dans *ch4*.

On notera bien que dorénavant, il existe deux chaînes de même contenu, comme l'illustre ce schéma :

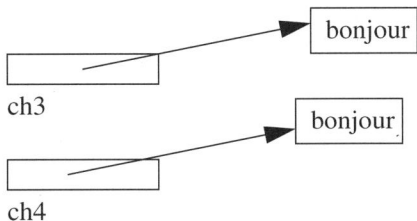

L'affectation

```
ch3 = "bonsoir" ;
```

crée la chaîne *bonsoir* et place sa référence dans *ch3*. L'ancienne chaîne (contenant *bonjour*) désignée par *ch3* n'étant plus référencée, elle devient candidate au ramasse-miettes. La situation se présente ainsi :

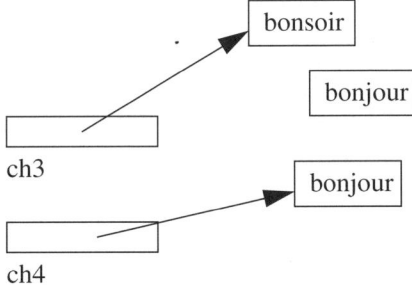

Après l'affectation

```
ch4 = ch3 ;
```

La situation se présente ainsi :

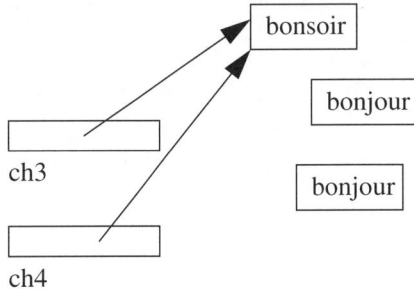

Enfin, après

```
ch3 = "au revoir" ;
```

On obtient :

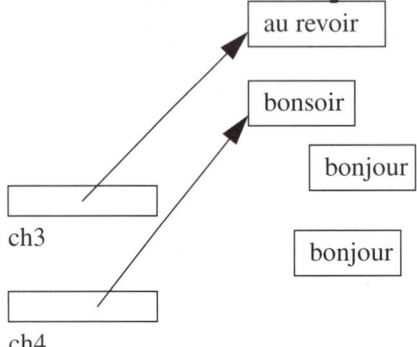

En définitive, le programme affiche les résultats suivants :

```
A - ch1 =::
B - ch2 =:hello:
C - ch3 =:bonjour:
D - ch4 =:bonjour:
E - ch4 =:bonjour: ch3 =:bonsoir:
F - ch4 =:bonsoir: ch3 =:au revoir:
```

75 Accès aux caractères d'une chaîne

Écrire un programme qui lit une chaîne au clavier[a] et qui en affiche :

- un caractère sur deux (le premier étant affiché),
- le premier et le dernier caractère.

a. On pourra utiliser la classe *Clavier* (voir note en début de chapitre).

Solution Il suffit d'utiliser les méthodes *length* et *charAt* de la classe *String*.

```
public class CarCh
{ public static void main (String args[])
  { System.out.print ("donnez une chaine : ") ;
    String ch = Clavier.lireString() ;
    System.out.print ("un caractere sur deux : ") ;
```

```
        for (int i = 0 ; i<ch.length() ; i+=2)
          System.out.print (ch.charAt(i)) ;
        System.out.println () ;
        System.out.println ("Premier caractere = " + ch.charAt(0)) ;
        System.out.println ("Dernier caractere = " + ch.charAt(ch.length()-1)) ;
    }
}
```

```
donnez une chaine : java est plus portable que C++
un caractere sur deux : jv s lspral u +
Premier caractere = j
Dernier caractere = +
```

Remarque Notez bien que le dernier caractère de la chaîne *ch* possède le rang *ch.length-1*. Une tentative d'accès au caractère de rang *ch.length* conduirait à une exception *StringIndexOutOfBoundsException*.

76 Conversion d'un entier en chaîne

Écrire un programme qui lit un entier au clavier[a] et qui l'affiche verticalement comme dans cet exemple :

```
donnez un nombre entier : 785412
7
8
5
4
1
2
```

a. On pourra utiliser la classe *Clavier* (voir note en début de chapitre).

Solution On peut convertir un entier en une chaîne à l'aide de la méthode *valueOf* de la classe *String*. L'accès aux caractères de la chaîne se fait avec la méthode *charAt*, d'où le programme :

```
public class Conver
{ public static void main (String args[])
  { System.out.print ("donnez un nombre entier : ") ;
    int n = Clavier.lireInt() ;
    String ch = String.valueOf(n) ;
    for (int i=0 ; i<ch.length() ; i++)
      System.out.println (ch.charAt(i)) ;
  }
}
```

Remarque

Ici, nous avons utilisé la méthode *valueOf* pour convertir un entier en chaîne. Nous aurions pu également exploiter la propriété de l'opérateur + qui, lorsque l'un de ses deux opérandes est de type *String*, convertit l'autre dans ce même type. C'est ainsi que nous aurions pu écrire (un peu artificiellement) *ch = "" + n*. Notez cependant que l'affectation directe *ch = n* ne serait pas correcte puisque le type *int* n'est pas compatible par affectation avec le type *String*.

77 Comptage des voyelles d'un mot

Écrire un programme qui lit un mot au clavier[a] et qui indique combien de fois sont présentes chacune des voyelles *a, e, i, o, u* ou *y*, que celles-ci soient écrites en majuscules ou en minuscules, comme dans cet exemple :

```
donnez un mot : Anticonstitutionnellement
il comporte
1 fois la lettre a
3 fois la lettre e
3 fois la lettre i
2 fois la lettre o
1 fois la lettre u
0 fois la lettre y
```

a. On pourra utiliser la classe *Clavier* (voir note en début de chapitre).

Solution

On commence par convertir tous les caractères du mot en minuscules (par exemple). Puis on compare chaque caractère (obtenu par *charAt*) avec chacune des six voyelles que l'on a placées dans un tableau de caractères. Un tableau de six entiers sert au comptage.

```java
public class Voyelles
{ public static void main (String args[])
  { char voy[] = {'a', 'e', 'i', 'o', 'u', 'y'} ;
    System.out.print ("donnez un mot : ") ;
    String mot = Clavier.lireString() ;
    int nVoy = 0 ;
    for (int i=0 ; i<mot.length() ; i++)
      for (int j=0 ; j<voy.length ; j++)
        if (mot.charAt(i) == voy[j]) nVoy++ ;
    System.out.println ("il comporte " + nVoy + " voyelles") ;
  }
}
```

Notez que lorsqu'une voyelle est détectée, le programme poursuit inutilement la comparaison du caractère concerné avec les éventuelles voyelles suivantes. On pourrait l'éviter en utilisant une instruction *break* dans la boucle la plus interne.

78 Arguments de la ligne de commande

Écrire un programme qui récupère deux entiers sur la "ligne de commande" et qui en affiche la somme en fenêtre console, comme dans cet exemple :

12 + 25 = 37

On vérifiera que les arguments fournis sont formés uniquement de chiffres (sans aucun signe) ; dans le cas contraire, le programme s'interrompra.

Solution

Les arguments de la ligne de commande sont transmis à la méthode *main*, par le biais de son unique argument qui se trouve être un tableau de références sur des chaînes.

Nous vérifions tout d'abord que ce tableau est de taille 2. Si ce n'est pas le cas, nous interrompons le programme en appelant la méthode *System.exit*.

Puis nous nous assurons que tous les caractères des deux chaînes sont bien des chiffres (caractères de 0 à 9). Pour ce faire, nous utilisons ici la méthode *substring* pour extraire chaque caractère de l'argument sous forme d'une chaîne de longueur un ; celle-ci est alors comparée (par *equals*[1]) avec chacune des chaînes obtenues en convertissant chacun des nombres 0 à 9 en une chaîne (notez que l'on ne peut pas comparer directement une chaîne de longueur 1 avec un caractère). Là encore, si les conditions voulues ne sont pas remplies, nous interrompons le programme.

Enfin, nous convertissons les deux arguments (ainsi contrôlés) à l'aide de la méthode *parseInt* de la classe enveloppe *Integer*.

```
public class ArgLC2
{ public static void main (String args[])
  {
    int nbArgs = args.length ;
    if (nbArgs != 2) { System.out.println ("nombre arguments incorrect") ;
                       System.exit(-1) ;
                     }

    // on verifie que les caracteres de args[0] et args[1]
    //    sont bien des chiffres
    for (int i=0 ; i<2 ; i++)

comp :  for (int j=0 ; j<args[i].length() ; j++)
        { for (int k=0 ; k<=9 ; k++)
          if (args[i].substring(j,j+1).equals(String.valueOf(k))) break comp ;
          System.out.println ("arguments pas tous numeriques") ;
          System.exit(-1) ;
        }
```

---

1. Attention à ne pas utiliser l'opérateur == qui comparerait, non pas les valeurs des chaînes, mais simplement leurs références !

```
        int n1 = Integer.parseInt (args[0]) ;
        int n2 = Integer.parseInt (args[1]) ;
        System.out.println (n1 + " + " + n2 + " = " + (n1+n2)) ;
    }
}
```

```
12 + 25 = 37
```

Remarque La ligne :

```
        if (args[i].substring(j,j+1).equals(String.valueOf(k))) break comp ;
```

pourrait être remplacée par :

```
        if (args[i].charAt(j)==chif[k]) break comp ;
```

avec, par exemple :

```
        char[] chif = {'0', '1', '2', '3', '4', '5', '6', '7', '8', '9'} ;
```

79   Redéfinition de toString

1. Réaliser une classe *PointN* permettant de manipuler des points d'un plan à coordonnées entières et repérés par un nom de type chaîne. On se limitera à un constructeur et à une méthode *affiche* affichant le nom du point et ses coordonnées, de manière que les instructions suivantes :

```
        PointN a = new PointN (2, 5, "orig") ;
        System.out.print ("a = ") ; a.affiche() ;
```

fournissent les résultats suivants :

```
        a = Point nomme orig et de coordonnees 2 5
```

2. Modifier la classe précédente, de manière que les résultats suivants puissent maintenant s'obtenir ainsi (on pourra supprimer la méthode *affiche*) :

```
        PointN a = new PointN (2, 5, "orig") ;
        System.out.println ("a = " + a) ;
```

Solution   **Question 1**

La définition de la classe *PointN* ne présente pas de difficultés :

```
class PointN
{ public PointN (int x, int y, String nom)
  { this.x=x ; this.y=y ; this.nom =nom ;
  }
  public void affiche()
  { System.out.println ("Point nomme " + nom
          + " et de coordonnees " + x + " " + y) ;
  }
  private int x, y ;
  private String nom ;
}
```

Notez qu'il n'est pas nécessaire de recopier au sein de l'objet la valeur de la chaîne représentant le nom du point. On peut se contenter d'en recopier la référence car les objets de type *String* ne sont pas modifiables.

Question 2

La classe *Object*, dont dérive toute classe, dispose d'une méthode *toString* qui, par défaut, affiche le nom de la classe et l'adresse de l'objet concerné. Si nous ne modifions pas notre classe *PointN*, une instruction telle que :

```
System.out.println ("a = " + a) ;
```

appellera cette méthode *toString* pour permettre à l'opérateur + de convertir *a* en *String* ; elle affichera quelque chose comme :

```
a = PointN@fd7a8b04
```

Pour obtenir les résultats voulus, il nous suffit en fait de redéfinir de façon appropriée la méthode *toString* dans notre classe *PointN* :

```
class PointN
{ public PointN (int x, int y, String nom)
  { this.x=x ; this.y=y ; this.nom = new String(nom) ;
  }
  public String toString()
  { String ch = "Je suis un point nomme " + nom
          + " et de coordonnees " + x + " " + y ;
    return ch ;
  }
  private int x, y ;
  private String nom ;
}
```

80   Synthèse : conjugaison d'un verbe

Écrire un programme qui lit au clavier[a] un verbe du premier groupe (il s'assurera qu'il est bien terminé par *er*) et qui en affiche la conjugaison au présent de l'indicatif. On supposera qu'il s'agit d'un verbe régulier. Autrement dit, on admettra que l'utilisateur ne fournit pas un verbe tel que *manger* (dans ce cas, le programme affichera *nous mangons* !). Les résultats se présenteront ainsi :

```
donnez un verbe regulier du premier groupe : dire
*** il ne se termine pas par er - donnez-en un autre : chanter
je chante
tu chantes
il/elle chante
nous chantons
vous chantez
ils/elles chantent
```

a. On pourra utiliser la classe *Clavier* (voir note en début de chapitre).

Solution

On lira bien sûr le verbe sous la forme d'une chaîne de caractères. À l'aide de la méthode *substring*, on en extrait la fin qu'on compare avec la chaîne "er".

Les différentes personnes de la conjugaison s'obtiennent en ajoutant au verbe, privé de ses deux derniers caractères, l'une des terminaisons voulues fournies ici par un tableau de chaînes *terminaisons*. On les fait précéder d'un sujet extrait, lui aussi, d'un tableau de chaînes *sujets*.

```java
public class Conjug
{ public static void main (String args[])
  { final String sujets[] =
                       { "je", "tu", "il/elle", "nous", "vous", "ils/elles"} ;
    final String terminaisons [] =
                       { "e",  "es", "e",       "ons", "ez",   "ent" } ;
    String verbe ;
    int nbLettres ;

    System.out.print ("donnez un verbe regulier du premier groupe : ") ;
    while (true)
    { verbe = Clavier.lireString() ;
      nbLettres = verbe.length() ;
      String fin = verbe.substring (nbLettres-2, nbLettres) ;
      if (fin.equals("er")) break ;
      System.out.print
              ("*** il ne se termine pas par er - donnez-en un autre : ") ;
    }

    String rad = verbe.substring(0, nbLettres-2) ;
    int n = terminaisons.length ;
```

```
        for (int i=0 ; i<n ; i++)
          System.out.println (sujets[i] + " " + rad + terminaisons[i]) ;
      }
    }
```

81   Synthèse : tri de mots

Écrire un programme qui lit une suite de mots au clavier[a] et qui les affiche triés par ordre alphabétique. On supposera que ces mots ne contiennent que des lettres non accentuées (majuscules ou minuscules). Le nombre de mots sera fourni en données et l'exécution se présentera ainsi :

```
Combien de mots ? 5
donnez vos mots
javaScript
Pascal
BaSiC
Java
ADA
Liste par ordre alphabetique :
ADA
BaSiC
Java
javaScript
Pascal
```

Notez bien que les mots sont affichés avec leur "casse" d'origine mais que celle-ci n'influe pas sur le tri qui respecte l'ordre alphabétique traditionnel (qui ne distingue pas les majuscules des minuscules).

a. On pourra utiliser la classe *Clavier* (voir note en début de chapitre).

Solution

Les différentes chaînes constituant les mots sont lues dans un tableau d'objets de type *String* dont la dimension nous est fournie en donnée. Pour en effectuer le tri, nous recourons à la méthode simple du "tri à bulle" qui consiste à comparer chaque élément à tous ses suivants, en procédant à un échange chaque fois qu'ils ne sont pas dans le bon ordre. On notera bien qu'ici, on peut se contenter de trier uniquement les références et non pas les chaînes elles-mêmes, ce qui se fait très simplement en Java.

Pour les comparaisons de chaînes, nous pouvons recourir à la méthode *compareTo*. Cependant, celle-ci utilise comme ordre des caractères celui induit par la valeur de leur code. Cela signifie que les majuscules sont séparées des minuscules. Il nous faut donc faire porter le tri sur les (références des) chaînes converties (par exemple) en majuscules (à l'aide de la méthode *toUpperCase*). Mais comme l'énoncé nous impose d'afficher les mots triés suivant leur casse d'origine, nous devons conserver à la fois le tableaux des références des mots tels qu'ils ont été fournis et un tableau des références sur ces mêmes mots convertis en majuscules. De plus, les deux tableaux doivent être triés en parrallèle.

```java
public class TrisMots
{
  public static void main (String args[])
  { // lecture des donnees
    System.out.print ("Combien de mots ? ") ;
    int nMots = Clavier.lireInt() ;
    String [] mots = new String[nMots] ;
    System.out.println ("donnez vos mots") ;
    for (int i=0 ; i<nMots ; i++)
      mots[i] = Clavier.lireString() ;

    // conversion de chaque mot en minuscules
    String [] motsMin = new String[nMots] ;
    for (int i=0 ; i<nMots ; i++)
      motsMin[i] = mots[i].toLowerCase() ;

    //  tri par reorganisation des references (mots d'origine et en minuscules)
    // (on compare chaque mot (minuscule) a tous ses suivants)
    String temp ;
    for (int i=0 ; i<nMots-1 ; i++)
      for (int j=i+1 ; j<nMots ; j++)
        if (motsMin[i].compareTo(motsMin[j]) >= 0)
          { temp = motsMin[i] ; motsMin[i] = motsMin[j] ; motsMin[j] = temp ;
            temp = mots[i] ;    mots[i] = mots[j] ;        mots[j] = temp ;
          }

    // affichage des chaines triees
    System.out.println ("Liste par ordre alphabetique :") ;
    for (int i=0 ; i<nMots ; i++)
      System.out.println (mots[i]) ;
  }
}
```

82 Synthèse : gestion d'un répertoire

Réaliser une classe *Repertoire* permettant de gérer un répertoire téléphonique associant un numéro de téléphone (chaîne de caractères) à un nom. Pour faciliter les choses, on prévoira une classe *Abonne* destinée à représenter un abonné et disposant des fonctionnalités indispensables.

La classe *Repertoire* devra disposer des fonctionnalités suivantes :

- constructeur recevant un argument de type entier précisant le nombre maximum d'abonnés que pourra contenir le répertoire (cette particularité évite d'avoir à se soucier d'une gestion dynamique du répertoire),

- méthode *addAbonne* permettant d'ajouter un nouvel abonné ; elle renverra la valeur *false* si le répertoire est plein, la valeur *true* sinon,

- méthode *getNumero* fournissant le numéro associé à un nom d'abonné fourni en argument,

- méthode *getNAbonnes* qui fournit le nombre d'abonnés figurant dans le répertoire,

- méthode *getAbonne* fournissant l'abonné dont le rang est fourni en argument,

- méthode *getAbonnesTries* fournissant un tableau des références des différents abonnés, rangés par ordre alphabétique (pour simplifier, on supposera que les noms sont écrits en minuscules, sans caractères accentués).

Écrire un petit programme de test.

Solution

La classe *Abonne* ne présente pas de difficultés particulières. Si, comme il est conseillé, on y encapsule les champs de données, il faut simplement prévoir les méthodes d'accès correspondantes :

```
class Abonne
{ public Abonne (String nom, String numero)
  { this.nom = nom ; this.numero = numero ;
  }
  public String getNom()    { return nom ; }
  public String getNumero() { return numero ; }
  private String nom, numero ;
}
```

En ce qui concerne la classe *Repertoire*, nous pouvons nous permettre, dans la méthode *getAbonne*, de fournir en résultat une copie de la référence à l'abonné correspondant. En effet, ici l'objet correspondant n'est pas modifiable (champs privés, pas de méthodes d'altération).

Dans la méthode *getAbonnesTries*, nous faisons porter le tri sur une copie du tableau des références aux différents abonnés, afin de ne pas modifier l'ordre initial du répertoire.

Voici ce que pourrait être la définition de notre classe *Repert* :

```
class Repert
{ public Repert (int nMax)
  { this.nMax = nMax ;
    rep = new Abonne [nMax] ;
    nAbon = 0 ;
  }
```

```
public boolean addAbonne (Abonne a)
  { if (nAbon >= nMax) return false ;
    rep[nAbon] = a ;
    nAbon++ ;
    return true ;
  }
  public int getNAbonnes () { return nAbon ; }
  public Abonne getAbonne (int num)
  { if (num < nAbon) return rep[num] ;
    return null ;
  }
  public String getNumero (String nom)
  { for (int i=0 ; i<=nAbon ; i++)
      if (nom.equals(rep[i].getNom())) return rep[i].getNumero() ;
    return null ;
  }
  public Abonne[] getAbonnesTries ()
  { Abonne[] repTrie = new Abonne[nAbon] ;
    for (int i=0 ; i<nAbon ; i++)
      repTrie[i] = rep[i] ;
    for (int i=0 ; i<nAbon-1 ; i++)
      for (int j=i+1 ; j<nAbon ; j++)
        if ((repTrie[i].getNom()).compareTo(repTrie[j].getNom()) > 0)
          { Abonne temp = repTrie[i] ;
            repTrie[i] = repTrie[j] ;
            repTrie[j] = temp ;
          }
      return repTrie ;
  }
  private int nMax, nAbon ;
  private Abonne[] rep ;
}
```

Voici un petit programme de test, accompagné de ses résultats :

```
public class TstRep
{ public static void main (String args[])
  { Repert rep = new Repert(10) ;
    System.out.println ("il y a " + rep.getNAbonnes () + " abonnes") ;
    Abonne a = new Abonne("Dupont", "02-38-25-88-99") ;
    Abonne b = new Abonne("Duval",  "04-55-66-77-99") ;
    rep.addAbonne (a) ;
    rep.addAbonne (b) ;
    rep.addAbonne (new Abonne ("Duchene", "02-11-22-33-44")) ;
    rep.addAbonne (new Abonne ("Dubois", "01-11-22-33-44")) ;

    System.out.println ("il y a " + rep.getNAbonnes () + " abonnes") ;
    System.out.println ("qui sont : ") ;
    for (int i=0 ; i<rep.getNAbonnes() ; i++)
      System.out.println (rep.getAbonne(i).getNom() + " "
                        + rep.getAbonne(i).getNumero()) ;
```

```
      System.out.println ("ou encore, par ordre alphabetique") ;
      Abonne[] abonnes = rep.getAbonnesTries () ;
      for (int i=0 ; i<abonnes.length ; i++)
         System.out.println (abonnes[i].getNom() + " " + abonnes[i].getNumero()) ;
   }
}
```

```
il y a 0 abonnes
il y a 4 abonnes
qui sont :
Dupont 02-38-25-88-99
Duval 04-55-66-77-99
Duchene 02-11-22-33-44
Dubois 01-11-22-33-44
ou encore, par ordre alphabetique
Dubois 01-11-22-33-44
Duchene 02-11-22-33-44
Dupont 02-38-25-88-99
Duval 04-55-66-77-99
```

Remarque

1. Dans la méthode *getAbonnesTries*, nous avons pu nous contenter de recopier seulement les références des chaînes et non les chaînes elles-mêmes. En effet, l'utilisateur de cette méthode pourra toujours modifier les valeurs du tableau de références dont il reçoit la référence en retour mais il ne pourra pas modifier les chaînes ainsi référencées.

2. Dans un programme réel, les objets de type *Abonne* pourraient comporter d'autres informations (adresse...). Il pourrait également être judicieux de vérifier lors de la construction d'un tel objet que la chaîne correspondant au numéro répond à certains critères.

Les exceptions

Connaissances requises

- Déclenchement d'une exception avec *throw*
- Bloc *try* , écriture d'un gestionnaire d'exception
- Transmission d'informations au gestionnaire d'exception
- Règles de choix du gestionnaire d'exception
- Cheminement d'une exception
- Clause *throws*
- Bloc *finally*
- Redéclenchement d'une exception
- Exceptions standard

83 Déclenchement et traitement d'une exception

Réaliser une classe *EntNat* permettant de manipuler des entiers naturels (positifs ou nuls). Pour l'instant, cette classe disposera simplement :

- d'un constructeur à un argument de type *int* qui générera une exception de type *ErrConst* (type classe à définir) lorsque la valeur reçue ne conviendra pas,
- d'une méthode *getN* fournissant sous forme d'un *int*, la valeur encapsulée dans un objet de type *EntNat*.

Écrire un petit programme d'utilisation qui traite l'exception *ErrConst* en affichant un message et en interrompant l'exécution.

Solution

Le constructeur de la classe *EntNat* doit donc déclencher une exception de type *ErrConst* lorsque la valeur reçue par son constructeur est négative. Ici, la classe *ErrConst* peut être réduite à sa plus simple expression, à savoir ne comporter ni champs ni méthodes. La définition de *EntNat* pourrait se présenter ainsi :

```
class EntNat
{ public EntNat (int n) throws ErrConst
  { if (n<0) throw new ErrConst() ;
    this.n = n ;
  }
  public int getN () { return n ; }
  private int n ;
}
class ErrConst extends Exception
{}
```

On notera qu'en l'absence de la clause *throws ErrConst* dans l'en-tête du constructeur de *EntNat*, on obtiendrait une erreur de compilation. D'autre part, il est indispensable que la classe *ErrConst* dérive de la classe *Exception* (le compilateur s'assure bien que l'objet mentionné à *throw* est d'un type compatible avec *Exception*).

Voici un programme d'utilisation dans lequel nous traitons l'exception *ErrConst* en incluant les instructions concernées dans un bloc *try* que nous faisons suivre d'un gestionnaire introduit par *catch(ErrConst e)*. Comme demandé, nous y affichons un message (**** erreur construction ****) et nous mettons fin à l'exécution par l'appel de *System.exit*.

```
public class TstEntNat
{ public static void main (String args[])
  { try
    { EntNat n1 = new EntNat(20) ;
      System.out.println ("n1 = " + n1.getN()) ;
      EntNat n2 = new EntNat(-12) ;
      System.out.println ("n2 = " + n2.getN()) ;
    }
    catch (ErrConst e)
    { System.out.println ("*** erreur construction ***") ;
      System.exit (-1) ;
    }
  }
}
```

```
n1 = 20
*** erreur construction ***
```

84 Transmission d'information au gestionnaire

Adapter la classe *EntNat* de l'exercice et le programme d'utilisation de manière à disposer dans le gestionnaire d'exception du type *ErrConst* de la valeur fournie à tort au constructeur.

Solution

Cette fois, nous prévoyons, dans la classe *ErrConst*, un champ *valeur* destiné à conserver la valeur avec laquelle on a tenté de construire à tort un entier naturel. La façon la plus simple d'attribuer une valeur à ce champ consiste à le faire lors de la création de l'objet de type *ErrConst*, en la transmettant au constructeur. Ici, nous avons fait de *valeur* un champ privé, de sorte que nous dotons notre classe *ErrConst* d'une méthode d'accès *getValeur*. Voici la nouvelle définition de nos classes *EntNat* et *ErrConst* :

```
class EntNat
{ public EntNat (int n) throws ErrConst
  { if (n<0)  throw new ErrConst(n) ;
    this.n = n ;
  }
  public int getN () { return n ; }
  private int n ;
}
class ErrConst extends Exception
{ public ErrConst (int valeur) { this.valeur = valeur ; }
  public int getValeur() { return valeur ; }
  private int valeur ;
}
```

Dans notre programme d'utilisation, nous devons récupérer la valeur coupable dans le gestionnaire d'exception. Il nous suffit pour cela de recourir à la méthode *getValeur* :

```
public class TstEntN1
{ public static void main (String args[])
  { try
    { EntNat n1 = new EntNat(20) ;
      System.out.println ("n1 = " + n1.getN()) ;
      EntNat n2 = new EntNat(-12) ;
      System.out.println ("n2 = " + n2.getN()) ;
    }
    catch (ErrConst e)
    { System.out.println ("*** tentative construction naturel avec "
                       + e.getValeur() + " ***") ;
      System.exit (-1) ;
    }
  }
}
```

```
n1 = 20
*** tentative construction naturel avec -12 ***
```

Remarque En pratique, on se permettra souvent de ne pas appliquer le principe d'encapsulation à des champs tels que *valeur*. Ainsi, en le déclarant *public*, on pourra se passer de la méthode *getValeur* et écrire directement dans le gestionnaire :

```
System.out.println ("*** tentative construction naturel avec "
                  + e.valeur + " ***") ;
```

85 Cheminement des exceptions

Que produit le programme suivant lorsqu'on lui fournit en donnée[a] :

- la valeur 0,
- la valeur 1,
- la valeur 2.

```
class Except extends Exception
{ public Except (int n) { this.n = n ; }
  public int n ;
}
```

a. Pour lire un entier au clavier, il utilise la méthode *lireInt* de la classe *Clavier* fournie sur le site Web.

```
public class Chemin
{ public static void main (String args[])
  { int n ;
    System.out.print ("donnez un entier : ") ; n = Clavier.lireInt() ;
    try
    { System.out.println ("debut premier bloc try") ;
      if (n!=0) throw new Except (n) ;
      System.out.println ("fin premier bloc try") ;
    }
    catch (Except e)
    { System.out.println ("catch 1 - n = " + e.n) ;
    }
    System.out.println ("suite du programme") ;
    try
    { System.out.println ("debut second bloc try") ;
      if (n!=1) throw new Except (n) ;
      System.out.println ("fin second bloc try") ;
    }
    catch (Except e)
    { System.out.println ("catch 2 - n = " + e.n) ; System.exit(-1) ;
    }
    System.out.println ("fin programme") ;
  }
}
```

Solution   Ici, il faut simplement savoir que lorsque le gestionnaire d'exception ne comporte pas d'arrêt de l'exécution (ou d'instruction *return*), l'exécution se poursuit à l'instruction suivant le dernier gestionnaire associé au bloc *try*.

En définitive, voici quels seront les trois exemples d'exécution correspondant aux trois réponses proposées :

```
donnez un entier : 0
debut premier bloc try
fin premier bloc try
suite du programme
debut second bloc try
catch 2 - n = 0

donnez un entier : 1
debut premier bloc try
catch 1 - n = 1
suite du programme
debut second bloc try
fin second bloc try
fin programme

donnez un entier : 2
debut premier bloc try
```

```
catch 1 - n = 2
suite du programme
debut second bloc try
catch 2 - n = 2
```

86   Cheminement des exceptions et choix du gestionnaire

Quels résultats fournit ce programme ?

```
class Erreur extends Exception
{ public int num ;
}
class Erreur_d extends Erreur
{ public int code ;
}
class A
{ public A(int n) throws Erreur_d
  { if (n==1) { Erreur_d e = new Erreur_d() ; e.num = 999 ; e.code = 12 ;
              throw e ;
            }
  }
}

public class Chemin1
{
  public static void main (String args[])
  { try
    { A a = new A(1) ;
      System.out.println ("apres creation a(1)") ;
    }
    catch (Erreur e)
    { System.out.println ("** exception Erreur " + e.num) ;
    }
    System.out.println ("suite main") ;
    try
    { A b = new A(1) ;
      System.out.println ("apres creation b(1)") ;
    }
    catch (Erreur_d e)
    { System.out.println ("** exception Erreur_d " + e.num + " " + e.code) ;
    }
```

```
        catch (Erreur e)
        { System.out.println ("** exception Erreur " + e.num) ;
        }
    }
}
```

Que se passe-t-il si l'on inverse l'ordre des deux gestionnaires dans le second bloc *try* ?

Solution   Dans le premier bloc *try*, l'appel du constructeur de *A* déclenche une exception de type *Erreur_d*. Celle-ci est traitée par l'unique gestionnaire relatif au type *Erreur*, lequel convient effectivement puisque *Erreur_d* dérive de *Erreur*. Dans le second bloc *try*, on déclenche la même exception mais, cette fois, deux gestionnaires lui sont associés. Le premier trouvé convient et c'est donc lui qui est exécuté. En définitive, on obtient les résultats suivants :

```
** exception Erreur 999
suite main
** exception Erreur_d 999 12
```

Notez bien qu'ici, les messages *apres creation...* ne sont pas affichés puisque les deux blocs *try* sont interrompus auparavant.

Si l'on inverse l'ordre des deux gestionnaires dans le second bloc *try*, on obtient une erreur de compilation car le second n'a aucune chance d'être sélectionné.

87   Cheminement des exceptions

Que fait ce programme[a] ?

```
class Positif
{ public Positif (int n) throws ErrConst
  { if (n<=0) throw new ErrConst() ;
  }
}
class ErrConst extends Exception
{}
public class TstPos
{ public static void main (String args[])
  { System.out.println ("debut main") ;
    boolean ok = false ;
```

a. Pour lire un entier au clavier, il utilise la méthode *lireInt* de la classe *Clavier* fournie sur le site Web.

```
      while (!ok)
      { try
        { System.out.print ("donnez un entier positif : ") ;
          int n = Clavier.lireInt() ;
          Positif ep = new Positif (n) ;
          ok = true ;
        }
        catch (ErrConst e)
        { System.out.println ("*** erreur construction ***") ;
        }
      }
      System.out.println ("fin main") ;
  }
}
```

Solution

Dans la boucle *while* de la méthode *main*, on lit un nombre entier qu'on transmet au constructeur de *Positif*. Si la valeur qu'il reçoit n'est pas strictement positive, il déclenche une exception de type *ErrConst*. Celle-ci est traitée dans le gestionnaire associé au bloc *try*, lequel se contente d'afficher un message (*** erreur construction ***). Après l'exécution de ce gestionnaire, on passe à l'instruction suivant le bloc *try*, c'est-à-dire ici au test de poursuite de la boucle *while*, basée sur la valeur de *ok*. On constate que la boucle se poursuit jusqu'à ce que la valeur de *n* soit effectivement positive. Dans ce cas, en effet, la construction de *ep* se déroule normalement et l'on exécute l'instruction *ok=true*.

Voici un exemple d'exécution de ce programme, dans lequel on déclenche à deux reprises l'exception *ErrConst* :

```
debut main
donnez un entier positif : -5
*** erreur construction ***
donnez un entier positif : 0
*** erreur construction ***
donnez un entier positif : 4
fin main
```

Voici un autre exemple dans lequel aucune exception n'a été déclenchée :

```
debut main
donnez un entier positif : 5
fin main
```

Remarque

En général, il n'est pas conseillé d'employer le mécanisme de gestion des exceptions pour contrôler le déroulement d'une boucle comme nous le faisons ici. Cependant, cette démarche pourra s'avérer utile dans quelques rares circonstances, notamment pour lire un fichier séquentiel ; dans ce cas, on se basera sur l'exception *EOFException*.

88 Instruction return dans un gestionnaire

Que fournit le programme suivant ?

```
class Erreur extends Exception
{}
class A
{ public A(int n) throws Erreur
  { if (n==1) throw new Erreur() ;
  }
}
public class Chemin2
{ public static void main (String args[])
  { f(true) ;  System.out.println ("apres f(true)") ;
    f(false) ; System.out.println ("apres f(false)") ;
  }
  public static void f(boolean ret)
  { try
    { A a = new A(1) ;
    }
    catch (Erreur e)
    { System.out.println ("** Dans f - exception Erreur " ) ;
      if (ret) return ;
    }
    System.out.println ("suite f") ;
  }
}
```

Solution

Les deux appels de *f* déclenchent une exception à la construction de *a*. Toutefois, dans le premier cas, le gestionnaire est amené à exécuter une instruction *return*, ce qui met fin à l'exécution de *f*, sans que l'instruction suivant le bloc *try* (affichage de *suite f*) ne soit exécutée. En revanche, elle l'est bien dans le second cas où le gestionnaire se termine naturellement, sans qu'aucune instruction *return* ou *exit* n'ait été exécutée.

En définitive, le programme fournit les résultats suivants :

```
** Dans f - exception Erreur
apres f(true)
** Dans f - exception Erreur
suite f
apres f(false)
```

89 Redéclenchement d'une exception et choix du gestionnaire

Que fournit ce programme ?

```
class Erreur   extends Exception {}
class Erreur1 extends Erreur    {}
class Erreur2 extends Erreur    {}
class A
{ public A(int n) throws Erreur
  { try
    { if (n==1) throw new Erreur1() ;
      if (n==2) throw new Erreur2() ;
      if (n==3) throw new Erreur() ;
    }
    catch (Erreur1 e)
    { System.out.println ("** Exception Erreur1 dans constructeur A") ;
    }
    catch (Erreur e)
    { System.out.println ("** Exception Erreur dans constructeur A") ;
      throw (e) ;
    }
  }
}
public class Redecl
{ public static void main (String args[])
  { int n ;
    for (n=1 ; n<=3 ; n++)
    { try
      { A a = new A(n) ;
      }
      catch (Erreur1 e)
      { System.out.println ("*** Exception Erreur1 dans main") ;
      }
      catch (Erreur2 e)
      { System.out.println ("*** Exception Erreur2 dans main") ;
      }
      catch (Erreur e)
      { System.out.println ("*** Exception Erreur dans main") ;
      }
      System.out.println ("--------------") ;
    }
    System.out.println ("fin main") ;
  }
}
```

Solution

Ici, on exécute à trois reprises le même bloc *try*, *n* prenant successivement les valeurs 1, 2 et 3.

Dans le premier cas (*n=1*), la construction de l'objet *a* déclenche une erreur *Erreur1* qui se trouve traitée par le gestionnaire correspondant (*catch(Erreur1 e)*) du constructeur de *A*.

Dans le second cas (*n=2*), la construction de *a* déclenche une erreur *Erreur2*. Elle est alors traitée par le gestionnaire relatif au type *Erreur* du constructeur de *A* (il s'agit du premier des gestionnaires ayant un type compatible avec *Erreur2*). Mais celui-ci redéclenche à son tour une exception de même type *Erreur2* ; transmise au bloc *try* englogant, elle est traitée par le gestionnaire *catch(Erreur2)*.

Enfin, dans le dernier cas (*n=3*), la construction de *a* déclenche une erreur *Erreur* qui se trouve traitée par le gestionnaire correspondant du constructeur de *A* lequel, là encore, redéclenche à son tour une exception de même type ; transmise au bloc *try* englobant, elle sera traitée par le gestionnaire *catch(Erreur)*.

En définitive, le programme fournit ces résultats :

```
** Exception Erreur1 dans constructeur A
--------------
** Exception Erreur dans constructeur A
*** Exception Erreur2 dans main
--------------
** Exception Erreur dans constructeur A
*** Exception Erreur dans main
--------------
fin main
```

Remarque

Notez bien qu'ici le type de l'exception redéclenchée par le second gestionnaire du constructeur de *A* (instruction *throw e*) est identique à celui reçu en argument. Il peut varier d'un appel à un autre. Ici, il s'agit soit de *Erreur2*, soit de *Erreur*.

90   Bloc finally

Quels résultats fournit ce programme ?

```
class Except extends Exception
{}
public class Finally
{ public static void f(int n)
  { try
    { if (n!=1) throw new Except () ;
    }
```

```
      catch (Except e)
      { System.out.println ("catch dans f - n = " + n) ;
        return ;
      }
      finally
      { System.out.println ("dans finally - n = " + n) ;
      }
   }
   public static void main (String args[])
   { f(1) ;
     f(2) ;
   }
}
```

Solution

Les instructions d'un floc *finally* associé à un bloc *try* sont toujours exécutées qu'il y ait eu ou non déclenchement d'une exception (sauf si le gestionnaire met fin à l'exécution). Ceci s'applique notamment au cas où un gestionnaire comporte une instruction *return* : le bloc *finally* est quand même exécuté auparavant.

En définitive, le programme fournit ceci :

```
dans finally - n = 1
catch dans f - n = 2
dans finally - n = 2
```

91   Redéclenchement et finally

Quels résultats fournit ce programme ?

```
class Except extends Exception {}
public class FinReth
{ public static void f(int n) throws Except
  { try
    { if (n!=1) throw new Except () ;
    }
    catch (Except e)
    { System.out.println ("catch dans f - n = " + n) ;
      throw e ;
    }
    finally
    { System.out.println ("dans finally de f - n = " + n) ;
    }
  }
```

```
        public static void main (String args[])
        { int n=0 ;
          try
          { for (n=1 ; n<5 ; n++) f(n) ;
          }
          catch (Except e)
          { System.out.println ("catch dans main - n = " + n) ;
          }
          finally
          { System.out.println ("dans finally de main - n = " + n) ;
          }
        }
    }
```

Solution   La boucle *for* de la méthode *main* effectue théoriquement cinq appels de *f*. Le premier (*n=1*) ne provoque aucune exception dans *f*, et il conduit à l'exécution du bloc *finally* associé au bloc *try* de *f*. Le deuxième (*n=2*) provoque une exception dans *f* qui est traitée par le bloc *catch* correspondant, lequel relance à nouveau une exception ; avant qu'on ne lui cherche un gestionnaire, on exécute le bloc *finally* associé au bloc *try*. Puis on cherche un gestionnaire approprié dans un bloc *try* englobant, c'est-à-dire ici celui du *main*. On exécute donc le bloc *catch* correspondant, puis le bloc *finally* associé. Comme cette exception met fin à l'exécution du bloc *try* de *main*, le programme s'interrompt.

En définitive, on obtient ces résultats :

```
dans finally de f - n = 1
catch dans f - n = 2
dans finally de f - n = 2
catch dans main - n = 2
dans finally de main - n = 2
```

92 Synthèse : entiers naturels

Réaliser une classe permettant de manipuler des entiers naturels (positifs ou nuls) et disposant :

- d'un constructeur à un argument de type *int* ; il générera une exception *ErrConst* si la valeur de son argument est négative ;

- de méthodes statiques de somme, de différence et de produit de deux naturels ; elles génèreront respectivement des exceptions *ErrSom*, *ErrDiff* et *ErrProd* lorsque le résultat ne sera pas représentable ; la limite des valeurs des naturels sera fixée à la plus grande valeur du type *int* ;

- une méthode d'accès *getN* fournissant sous forme d'un *int* la valeur de l'entier naturel.

On s'arrangera pour que toutes les classes exception dérivent d'une classe *ErrNat* et pour qu'elles permettent à un éventuel gestionnaire de récupérer les valeurs ayant provoqué l'exception.

Écrire deux exemples d'utilisation de la classe :

- l'un se contentant d'intercepter sans discernement les exceptions de type dérivé de *ErrNat*,
- l'autre qui explicite la nature de l'exception en affichant les informations disponibles.

Les deux exemples pourront figurer dans deux blocs *try* d'un même programme.

Solution

L'énoncé nous impose de respecter une certaine hiérarchie pour les classes exception. Ici, pour faciliter la tâche, nous prévoyons une classe intermédiaire supplémentaire nommée *ErrOp* qui servira de base aux exceptions liées à des opérations arithmétiques (somme, différence ou produit) ; elle possèdera tout naturellement deux champs de type *int* (on aurait pu choisir aussi *EntNat*) représentant les valeurs des deux opérandes de l'opération.

La hiérarchie des classes d'exception se présentera donc ainsi :

```
Exception
      ErrNat
            ErrConst
            ErrOp
                  ErrSom
                  ErrDif
                  ErrProd
```

Voici la définition de notre classe *EntNat* et des classes exception correspondantes :

```
class EntNat
{ public EntNat (int n) throws ErrConst
   { if (n<0) throw new ErrConst(n) ;
     this.n = n ;
   }
  public static EntNat somme (EntNat n1, EntNat n2) throws ErrSom, ErrConst
  { int op1 = n1.n, op2 = n2.n ;
    long s = op1 + op2 ;
    if (s > Integer.MAX_VALUE) throw new ErrSom (op1, op2) ;
    return new EntNat (op1+op2) ;
  }
  public static EntNat diff (EntNat n1, EntNat n2) throws ErrDiff, ErrConst
  { int op1 = n1.n, op2 = n2.n ;
    int d = op1 - op2 ; if (d<0) throw new ErrDiff(op1, op2) ;
    EntNat res = new EntNat (d) ;
    return res ;
  }
```

```
      public static EntNat prod (EntNat n1, EntNat n2) throws ErrProd, ErrConst
      { int op1 = n1.n, op2 = n2.n ;
        long p = (long)op1 * (long)op2 ;
        if (p > Integer.MAX_VALUE) throw new ErrProd(op1, op2) ;
        return new EntNat ((int)p) ;
      }
    public int getN() { return n ; }
    private int n ;
  }
class ErrNat extends Exception {}
class ErrConst extends ErrNat
{ public ErrConst (int n) { this.n = n ; }
  public int n ;
}
class ErrOp extends ErrNat
{ public ErrOp (int n1, int n2)
  { this.n1 = n1 ; this.n2 = n2 ;
  }
  public int n1, n2 ;
}
class ErrSom extends ErrOp
{ public ErrSom (int n1, int n2)
  { super(n1, n2) ;
  }
}
class ErrDiff extends ErrOp
{ public ErrDiff (int n1, int n2)
  { super(n1, n2) ;
  }
}
class ErrProd extends ErrOp
{ public ErrProd (int n1, int n2)
  { super (n1, n2) ;
  }
}
```

Il faut bien prendre garde à mentionner *ErrConst* dans la clause *throws* des méthodes *somme*, *diff* et *prod* puisque l'appel du constructeur de *EntNat* est une source potentielle d'une telle exception. Si on ne le fait pas, on obtiendra une erreur de compilation.

Notez que, dans la méthode *prod*, il a fallu prendre la précaution d'effectuer le calcul du produit en *long*. Pour cela, il ne faut surtout pas se contenter d'écrire :

```
long p = op1 * op2 ;
```

car le produit *op1*op2* serait effectué dans le type *int*. Le résultat ne serait jamais supérieur à *Integer.MAX_VALUE* ; de plus, il pourrait être négatif, ce qui déclencherait une exception lors de la construction de *EntNat ((int)p)*.

Voici deux exemples d'utilisation répondant aux conditions imposées par l'énoncé :

```
public class TstEntN2
{ public static void main (String args[])
  { try
    { EntNat n1 = new EntNat(20), n2 = new EntNat(12) ;
      EntNat d ;
      d = EntNat.diff (n1, n2) ;
      d = EntNat.diff (n2, n1) ;
    }
    catch (ErrNat e)
    { System.out.println ("*** erreur Entier naturel ****") ;
    }
    try
    { EntNat n3 = new EntNat (50000), n4 = new EntNat (45000) ;
      EntNat d = EntNat.diff (n3, n4) ;
      EntNat s = EntNat.somme (n3, n4) ;
      EntNat p = EntNat.prod (n3, n4) ;
    }
    catch (ErrConst e)
    { System.out.println ("*** erreur construction EntNat avec argument "
                            + e.n) ;
    }
    catch (ErrDiff e)
    { System.out.println ("*** erreur difference EntNat - valeurs "
                            + e.n1 + " " + e.n2) ;
    }
    catch (ErrSom e)
    { System.out.println ("*** erreur somme EntNat - valeurs "
                            + e.n1 + " " + e.n2) ;
    }
    catch (ErrProd e)
    { System.out.println ("*** erreur produit EntNat - valeurs "
                            + e.n1 + " " + e.n2) ;
    }
  }
}
```

```
*** erreur Entier naturel ****
*** erreur produit EntNat - valeurs 50000 45000
```

Remarque

1. Si notre deuxième bloc *try* ne comportait pas l'appel des trois méthodes *somme*, *diff* et *prod*, le compilateur n'accepterait pas qu'il soit suivi d'un ou de plusieurs gestionnaires non utiles (par exemple, *catch(ErrProd e)* sans appel de *EntNat.prod*).

2. Nous pourrions exploiter l'existence de la classe *ErrOp* pour simplifier la gestion des exceptions en nous contentant de distinguer les exceptions de construction de celles de calcul. Dans ce dernier cas, on pourrait afficher les valeurs des deux opérandes mais on ne pourrait plus préciser l'opération concernée.

Les bases de la programmation événementielle

Connaissances requises

- La classe *JFrame* : méthodes *setSize*, *setTitle*, *setBounds*, *setVisible*

- Notion d'événement, de catégorie d'événements, de source et d'écouteur

- Gestion des événements de la catégorie *MouseEvent* avec un écouteur implémentant l'interface *Mouse-Listener* ou avec un écouteur dérivé de la classe adaptateur *MouseAdapter* (éventuellement avec une classe anonyme)

- Utilisation de l'information associée à un événement de type *MouseEvent* : méthodes *getX* et *getY*

- Création d'un objet bouton (*JButton*), ajout à une fenêtre (méthodes *getContentPane* et *add*)

- Notion de gestionnaire de mise en forme ; remplacement du gestionnaire par défaut de *JFrame* par un gestionnaire de type *FlowLayout*

- Evénement de type *Action Event* ; méthodes *actionPerformed* et *getSource* ; notion de chaîne de commande ; méthode *getActionCommand*

- Suppression d'un composant par la méthode *remove* de son conteneur ; méthodes *validate* et *revalidate*

- Activation ou désactivation d'un composant : méthode *setEnabled* ; test d'activation par *isEnabled*

- Notion de panneau (*JPanel*) ; gestionnaire de mise en forme par défaut

- Dessin permanent dans un panneau par redéfinition de *paintComponent* ; notion de contexte graphique (classe *Graphics*) ; forçage du dessin avec *repaint* ; tracé de lignes avec *drawLine*

- Dessin "à la volée"

> • Quelques constantes usuelles de la classe *Color* (*yellow*, *green*, *red*...)
>
> • Gestion des dimensions : obtention des dimensions de l'écran (méthode *getScreenSize* de la classe *Toolkit*), obtention des dimensions d'un composant (méthode *getSize*), choix des dimensions préférentielles d'un composant (méthode *getPreferredSize*)

Note : En général, on s'arrange pour que la fermeture de la fenêtre graphique principale mette fin au programme correspondant. Pour obtenir ce résultat, il faut traiter de façon appropriée l'événement "fermeture de la fenêtre". Ici, il n'est pas demandé de le faire (nous y reviendrons au chapitre 12) ; nous supposerons que c'est l'utilisateur lui-même qui met fin au programme (sous Unix ou Linux, il frappera Ctrl/C en fenêtre console, sous Windows, il fermera la fenêtre console).

On trouvera la liste des composants graphiques et de leurs méthodes en Annexe B, la liste des événements et de leurs méthodes en Annexe C.

93 Écouteurs de clics d'une fenêtre

> Écrire un programme qui crée une fenêtre (de type *JFrame*) et qui détecte les événements "appui" et "relâchement" associés à la souris et ayant la fenêtre comme source. On se contentera de signaler chacun de ces deux événements en affichant en fenêtre console un message précisant sa nature (appui ou relâchement), ainsi que les coordonnées correspondantes.
>
> On proposera quatre solutions :
>
> 1. la fenêtre est son propre écouteur de souris et elle implémente l'interface *MouseListener*,
>
> 2. on utilise un écouteur différent de la fenêtre, objet d'une classe implémentant l'interface *MouseListener*,
>
> 3. on utilise un objet écouteur différent de la fenêtre en recourant à l'adaptateur *MouseAdapter*,
>
> 4. on utilise un écouteur différent de la fenêtre, objet d'une classe anonyme dérivée de *MouseAdapter*.

Solution 1 On crée une classe fenêtre nommée *MaFenetre* dérivée de *JFrame*. Ici, son titre et ses dimensions seront fixés dans son constructeur à l'aide des méthodes *setTitle* et *setBounds*. On lui associera un écouteur des événements souris à l'aide de la méthode *addMouseListener* à laquelle on spécifiera l'objet écouteur voulu, à savoir ici la fenêtre elle-même (*this*). Ici, cet appel peut se faire dans le constructeur (mais ce n'est pas une obligation).

Un objet écouteur doit implémenter une interface donnée (ici *MouseListener*). On devra donc mentionner la clause *implements MouseListener* dans la définition de la classe *MaFenetre* et définir de manière appropriée les méthodes qui nous intéressent. Ici, il s'agit de *mousePressed* (appui sur une touche quelconque) et de *mouseReleased* (relâchement). Notez bien que les autres méthodes de l'interface *MouseListener* (*mouseClicked*, *mouseEntered* et *mouseExited*) doivent être présentes (nous leur prévoyons simplement un corps vide). Les coordonnées de la souris sont obtenues à l'aide des méthodes *getX* et *getY* qu'on applique à l'objet de type *MouseEvent* reçu en argument de chacune des méthodes de l'écouteur.

Le programme se contente de créer un objet de type *MaFenetre* et de l'afficher en le rendant visible par appel de sa méthode *setVisible*.

```java
import javax.swing.* ;        // pour JFrame
import java.awt.event.* ;     // pour MouseEvent et MouseListener
class MaFenetre extends JFrame implements MouseListener
{ public MaFenetre ()     // constructeur
  { setTitle ("Gestion de clics") ;
    setBounds (10, 20, 300, 200) ;
    addMouseListener (this) ;     // la fenetre sera son propre écouteur
                                  // d'événements souris
  }
  public void mousePressed (MouseEvent ev)
  { System.out.println ("appui en " + ev.getX() + " " + ev.getY()) ;
  }
  public void mouseReleased(MouseEvent ev)
  { System.out.println ("relachement en " + ev.getX() + " " + ev.getY()) ;
  }
  public void mouseClicked(MouseEvent ev)  {}
  public void mouseEntered (MouseEvent ev) {}
  public void mouseExited  (MouseEvent ev) {}
}
public class Clic1
{ public static void main (String args[])
  { MaFenetre fen = new MaFenetre() ;
    fen.setVisible(true) ;
  }
}
```

```
appui en 172 74
relachement en 172 74
appui en 166 126
relachement en 166 126
appui en 72 75
relachement en 239 131
appui en 49 85
relachement en -57 100
```

Remarque

1. Ici, la méthode *setVisible* a été appelée dans la méthode *main*. Rien n'empêcherait de l'appeler dans le constructeur de *MaFenetre*.

2. On constate qu'un clic génère deux évènements : appui et relâchement. En définissant de façon appropriée la méthode *mouseClicked*, on pourrait constater qu'il conduit également à un événement clic (on dit aussi "clic complet").

3. Les clics opérés en dehors de la fenêtre ne sont pas pris en compte. Toutefois, si l'on déplace la souris après avoir appuyé sur un bouton alors qu'elle se trouvait dans la fenêtre, un événement relâchement sera généré même si le bouton est relâché en dehors de la fenêtre ; c'est ce qui se produit dans le dernier exemple, d'où une coordonnée négative. En revanche, si le déplacement de la souris se fait de l'extérieur vers l'intérieur de la fenêtre, aucun événement ne sera signalé (la "source" concernée par le relâchement étant celle concernée par l'appui).

Solution 2

Cette fois, il est nécessaire de définir une classe distincte de *MaFenetre* (ici *Ecout*) implémentant l'interface *MouseListener*. La définition des méthodes concernées peut cependant rester la même que précédemment. Dans le constructeur de *MaFenetre*, on associe à la fenêtre un objet écouteur de type *Ecout* par *add (new Ecout())*.

```java
import javax.swing.* ;       // pour JFrame
import java.awt.event.* ;    // pour MouseEvent et MouseListener
class MaFenetre extends JFrame
{ public MaFenetre ()    // constructeur
  { setTitle ("Gestion de clics") ;
    setBounds (10, 20, 300, 200) ;
    addMouseListener (new Ecout()) ;  // on ecoute avec un objet de type Ecout
  }
}
class Ecout implements MouseListener
{ public void mousePressed (MouseEvent ev)
  { System.out.println ("appui en " + ev.getX() + " " + ev.getY()) ;
  }
  public void mouseReleased(MouseEvent ev)
  { System.out.println ("relachement en " + ev.getX() + " " + ev.getY()) ;
  }
  public void mouseClicked(MouseEvent ev)  {}
  public void mouseEntered (MouseEvent ev) {}
  public void mouseExited  (MouseEvent ev) {}
}
public class Clic2
{ public static void main (String args[])
  { MaFenetre fen = new MaFenetre() ;
    fen.setVisible(true) ;
  }
}
```

Solution 3   Ici encore, on définit une classe *Ecout*, distincte de *MaFenetre*. Mais cette fois, il s'agit d'une classe dérivée de la classe adaptateur *MouseAdapter*. Il nous suffit alors d'y redéfinir les deux méthodes qui nous intéressent, à savoir ici *mousePressed* et *mouseReleased* ; contrairement à ce qui passait précédemment, nous n'avons plus besoin de nous préoccuper des autres (elles sont toutes définies dans *MouseAdapter* avec un corps vide).

```java
import javax.swing.* ;        // pour JFrame
import java.awt.event.* ;     // pour MouseEvent et MouseListener
class MaFenetre extends JFrame
{ public MaFenetre ()     // constructeur
  { setTitle ("Gestion de clics") ;
    setBounds (10, 20, 300, 200) ;
    addMouseListener (new Ecout()) ;  // on ecoute avec un objet de type Ecout
  }
}
class Ecout extends MouseAdapter
{ public void mousePressed (MouseEvent ev)
  { System.out.println ("appui en " + ev.getX() + " " + ev.getY()) ;
  }
  public void mouseReleased(MouseEvent ev)
  { System.out.println ("relachement en " + ev.getX() + " " + ev.getY()) ;
  }
}
public class Clic3
{ public static void main (String args[])
  { MaFenetre fen = new MaFenetre() ;
    fen.setVisible(true) ;
  }
}
```

Solution 4   Cette fois, on crée un objet d'une classe anonyme dérivée de *MouseAdapter* et on le transmet à la méthode *addMouseListener*. Rappelons que les classes anonymes ne peuvent être que des classes dérivées ou implémentant une interface. Ici, nous créons notre objet écouteur de cette façon :

```java
new MouseAdapter()
  { // redéfinition des méthodes mousePressed et mouseReleased   }
```

Nous y redéfinissons comme précédemment les méthodes *mousePressed* et *mouseReleased* et nous fournissons cet objet en argument de la méthode *addMouseListener*.

```java
import javax.swing.* ;        // pour JFrame
import java.awt.event.* ;     // pour MouseEvent et MouseListener
class MaFenetre extends JFrame
{ public MaFenetre ()     // constructeur
  { setTitle ("Gestion de clics") ;
    setBounds (10, 20, 300, 200) ;
```

```
        addMouseListener (new MouseAdapter()
          { public void mousePressed (MouseEvent ev)
            { System.out.println ("appui en " + ev.getX() + " " + ev.getY()) ;
            }
            public void mouseReleased(MouseEvent ev)
            { System.out.println ("relachement en " + ev.getX() + " " + ev.getY()) ;
            }
          }) ;
    }
}
public class Clic4
{ public static void main (String args[])
    { MaFenetre fen = new MaFenetre() ;
      fen.setVisible(true) ;
    }
}
```

94   Écouteurs de clics de plusieurs fenêtres

Écrire un programme qui crée plusieurs fenêtres (de type *JFrame*) repérées par un numéro et qui détecte les événements "appui" et "relâchement" de la souris associés à chacune de ces fenêtres. On signalera chaque événement en affichant en fenêtre console un message précisant sa nature (appui ou relâchement), le numéro de fenêtre et les coordonnées correspondantes.

On proposera deux solutions :

1. chaque fenêtre est son propre écouteur de souris,
2. chaque fenêtre dispose d'un objet écouteur d'une classe implémentant l'interface *Mouse-Adapter*.

Notez qu'il s'agit de la généralisation de l'exercice à plusieurs fenêtres.

Solution 1   On va donc être amené à créer une classe spécialisée (ici *MaFenetre*) dérivée de *JFrame*. Il est préférable que le nombre de fenêtres à créer ne soit pas imposé par la classe. Ici, il est fixé par une constante (*nFen=3*) définie dans la méthode *main*. En revanche, le constructeur de *MaFenetre* devra être en mesure d'attribuer un numéro différent à chaque fenêtre, numéro qui se retrouvera dans son titre et surtout dans le message correspondant aux événements signalés. Pour ce faire, nous comptons simplement les objets du type *MaFenetre* en employant une variable de classe (statique) *nbFen*, initialisée à zéro et incrémentée à chaque création d'un nouvel objet. Un champ *num* sert à conserver le numéro attribué à une fenêtre donnée.

Comme chaque fenêtre est son propre écouteur, les méthodes *mousePressed* et *mouseReleased* accèdent directement au champ *num* pour en afficher la valeur, en même temps que les coordonnées du clic.

```java
import javax.swing.* ;        // pour JFrame
import java.awt.event.* ;     // pour MouseEvent et MouseListener
class MaFenetre extends JFrame implements MouseListener
{ public MaFenetre ()
  { nbFen++ ;
    num = nbFen ;
    setTitle ("Fenetre numero " + num) ;
    setBounds (10, 20, 300, 200) ;
    addMouseListener (this) ;
  }
  public void mousePressed (MouseEvent ev)
  { System.out.println ("appui dans fen num " + num
                        + " en " + ev.getX() + " " + ev.getY()) ;
  }
  public void mouseReleased(MouseEvent ev)
  { System.out.println ("relachement dans fen num " + num
                        + " en " + ev.getX() + " " + ev.getY()) ;
  }
  public void mouseClicked(MouseEvent ev)  {}
  public void mouseEntered (MouseEvent ev) {}
  public void mouseExited  (MouseEvent ev) {}
  private static int nbFen=0 ;
  private int num ;
}
public class ClicI1
{ public static void main (String args[])
  { final int nFen = 3 ;
    for (int i=0 ; i<nFen ; i++)
    { MaFenetre fen = new MaFenetre() ;
      fen.setVisible(true) ;
    }
  }
}
```

```
appui dans fen num 1 en 121 82
relachement dans fen num 1 en 121 82
appui dans fen num 1 en 168 91
relachement dans fen num 1 en 456 155
appui dans fen num 2 en 228 137
relachement dans fen num 2 en 228 137
appui dans fen num 3 en 152 169
relachement dans fen num 3 en 152 169
appui dans fen num 3 en 112 121
relachement dans fen num 3 en -23 41
appui dans fen num 2 en 89 119
relachement dans fen num 2 en 89 119
```

Solution 2 Pour numéroter les fenêtres, nous employons la même démarche que dans la solution précédente (champ statique *nbFen* et champ *num* dans la classe *MaFenetre*).

En revanche, cette fois, les objets écouteurs sont d'une classe distincte de la fenêtre (nommée ici *Ecout*). Il faut donc que chaque objet écouteur dispose d'une information lui permettant d'identifier la fenêtre à laquelle il est associé. Une façon de faire consiste à fournir ce numéro au constructeur de l'objet écouteur et à le conserver dans un champ (ici *num*).

```
import javax.swing.* ;
import java.awt.event.* ;
class MaFenetre extends JFrame
{ public MaFenetre ()
  { nbFen++ ;
    num = nbFen ;
    setTitle ("Fenetre numero " + num) ;
    setBounds (10, 20, 300, 200) ;
    addMouseListener (new Ecout(num)) ;  // chaque fenetre a son propre ecouteur
  }
  private static int nbFen = 0 ;
  private int num ;
}
class Ecout extends MouseAdapter
{ public Ecout (int num)
  { this.num = num ;
  }
  public void mousePressed (MouseEvent ev)
  { System.out.println ("appui dans fen num " + num
                    + " en " + ev.getX() + " " + ev.getY()) ;
  }
  public void mouseReleased (MouseEvent ev)
  { System.out.println ("relachement dans fen num " + num
                    + " en " + ev.getX() + " " + ev.getY()) ;
  }
  private int num ;    // numero de la fenetre ecoutee  public void mousePressed
(MouseEvent ev)
}
public class ClicI2
{ public static void main (String args[])
  { final int nFen = 3 ;
    for (int i=0 ; i<nFen ; i++)
    { MaFenetre fen = new MaFenetre() ;
      fen.setVisible(true) ;
    }
  }
}
```

95   Écouteur commun à plusieurs fenêtres

Écrire un programme qui crée plusieurs fenêtres (de type *JFrame*) et qui détecte les événements "appui" et "relâchement" de la souris associés à chacune de ces fenêtres. On signalera chaque événement en affichant en fenêtre console un message précisant sa nature (appui ou relâchement) et les coordonnées correspondantes (notez bien qu'ici, on ne cherche plus à afficher un numéro de fenêtre).

On proposera une solution avec un seul objet écouteur pour toutes les fenêtres.

Solution

Pour numéroter les fenêtres, nous utiliserons la même démarche que dans l'exercice 94. Cette fois, contrairement à ce qui se passait dans la deuxième solution de l'exercice 94, on souhaite disposer d'un seul objet écouteur commun à toutes les fenêtres. Il doit donc être créé avant toute fenêtre. Pour y parvenir, nous pouvons utiliser dans la classe *MaFenetre* un bloc d'initialisation statique (bloc introduit par le mot clé *static*) dont on sait qu'il est exécuté avant toute création d'objet. Bien entendu, nous faisons alors de la référence à l'écouteur (*ec*) un champ de classe (*static*).

```java
import javax.swing.* ;
import java.awt.event.* ;
class MaFenetre extends JFrame
{
  public MaFenetre ()    // constructeur
  { nbFen++ ;
    num = nbFen ;
    setTitle ("Fenetre numero " + num) ;
    setBounds (10, 20, 300, 200) ;
    addMouseListener (ec) ;
  }
  private int num ;
  private static Ecout ec ;
  static   // bloc statique execute avant l'instanciation d'un objet du type
  { ec = new Ecout() ;
  }
  private static int nbFen = 0 ;
}
class Ecout extends MouseAdapter
{ public void mousePressed (MouseEvent ev)
  { System.out.println ("appui en " + ev.getX() + " " + ev.getY()) ;
  }
  public void mouseReleased (MouseEvent ev)
  { System.out.println ("relachement en " + ev.getX() + " " + ev.getY()) ;
  }
  private int num ;    // numero de la fenetre ecoutee
```

```
public class ClicI3
{ public static void main (String args[])
  { final int nFen = 3 ;
    for (int i=0 ; i<nFen ; i++)
    { MaFenetre fen = new MaFenetre() ;
      fen.setVisible(true) ;
    }
  }
}
```

Ici, on ne demandait pas d'afficher le numéro de fenêtre. Pour y parvenir, il faudrait tenir compte de ce que l'objet écouteur est commun à toutes les fenêtres. On pourrait par exemple identifier la source de l'événement avec la méthode *getSource* de la classe *mouseEvent*, ce qui nous fournirait la référence de la fenêtre correspondante. Il faudrait ensuite disposer d'un moyen permettant de lui faire correspondre le numéro de fenêtre, ce qui nécessiterait d'accéder à une liste des références de fenêtres.

96 Création de boutons et choix d'un gestionnaire FlowLayout

Écrire un programme qui crée une fenêtre (*JFrame*) et qui y affiche *n* boutons portant les étiquettes *BOUTON1*, *BOUTON2*... disposés comme dans cet exemple :

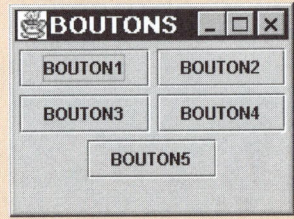

La valeur de *n* sera lue au clavier[a].

a. On pourra utiliser la méthode *lireInt* de la classe *Clavier* fournie sur le site Web d'accompagnement et dont la liste figure en Annexe D.

Pour créer les boutons, nous transmettons à leur constructeur l'étiquette qu'on souhaite y voir figurer ; ici, il s'agira de la concaténation de la chaîne "BOUTON" avec le numéro du bouton.

Rappelons qu'on ajoute un composant (tel un bouton), non pas directement à un objet fenêtre (type *JFrame* ou dérivé), mais à son contenu (objet de type *Container*) dont on obtient la référence à l'aide de la méthode *getContentPane* de la classe *JFrame*.

Par ailleurs, ici, on ne peut pas se contenter d'utiliser le gestionnaire par défaut de *JFrame* qui est de type *BorderLayout* (il ne permet de placer qu'au maximum 5 composants). Il faut utiliser un gestionnaire de type *FlowLayout*. Le choix d'un gestionnaire se fait à l'aide de la méthode *setLayout* qu'on applique là encore au contenu de la fenêtre, et à laquelle on transmet en argument la référence d'un objet du type voulu.

```java
import javax.swing.* ;
import java.awt.* ;

class FenBoutons extends JFrame
{
  public FenBoutons (int nBout)
  { setTitle ("BOUTONS") ;
    setSize (200, 150) ;
    Container contenu = getContentPane() ;
    contenu.setLayout (new FlowLayout()) ;
    for (int i=0 ; i<nBout ; i++)
    { unBouton = new JButton ("BOUTON"+(i+1)) ;
      contenu.add(unBouton) ;
    }
  }
  private JButton unBouton ;
}

public class Boutons
{ public static void main (String args[])
  { System.out.print ("Combien de boutons ? ") ;
    int nBoutons = Clavier.lireInt() ;
    FenBoutons fen = new FenBoutons(nBoutons) ;
    fen.setVisible(true) ;
  }
}
```

Remarque Ici, nous n'avons pas conservé la référence de chacun des boutons créés ; celle-ci n'aura figuré que temporairement dans la variable *unBouton*.

97 Gestion de plusieurs boutons d'une fenêtre avec un seul écouteur

Adapter le programme de l'exercice 96 pour qu'il détecte les actions sur les différents boutons.

On proposera deux solutions :

1. la fenêtre est l'écouteur de tous les boutons et on recourt à *getSource* pour identifier le bouton concerné ; chaque action sur un bouton affiche son numéro en fenêtre console comme dans cet exemple :

```
Combien de boutons ? 5
Action sur bouton 1
Action sur bouton 4
Action sur bouton 5
Action sur bouton 5
Action sur bouton 3
```

2. on utilise un objet écouteur (unique) différent de la fenêtre et on recourt à la méthode *getActionCommand* pour identifier le bouton concerné ; chaque action sur un bouton affiche en fenêtre console une ligne formée d'un nombre d'astérisques égal au numéro du bouton, comme dans cet exemple d'exécution :

```
Combien de boutons ? 5
*****
*
****
**
***
```

Dans la classe *FenBoutons*, nous devons donc implémenter l'interface *ActionListener* en définissant la méthode *actionPerformed*. Comme l'énoncé nous impose de recourir à la méthode *getSource* de la classe *ActionEvent* (elle fournit la référence à l'objet source de l'événement), il nous faut conserver les références des différents boutons dans l'objet fenêtre. Pour ce faire, nous y introduisons un tableau de références à des boutons (*boutons*).

```
import javax.swing.* ;
import java.awt.* ;
import java.awt.event.* ;
class FenBoutons extends JFrame implements ActionListener
{ public FenBoutons (int nBout)
  { this.nBout = nBout ;
    setTitle ("BOUTONS") ;
    setSize (200, 150) ;
    Container contenu = getContentPane() ;
    contenu.setLayout (new FlowLayout()) ;
```

```
            boutons = new JButton [nBout] ;
            for (int i=0 ; i<nBout ; i++)
            { boutons[i] = new JButton ("BOUTON"+(i+1)) ;
              contenu.add(boutons[i]) ;
              boutons[i].addActionListener (this) ;
            }
        }
        public void actionPerformed (ActionEvent e)
        { Object source = e.getSource() ;
          for (int i=0 ; i<nBout ; i++)
            if (source == boutons[i])
              System.out.println ("Action sur bouton " + (i+1)) ;
        }
        private int nBout ;
        private JButton[] boutons ;
    }

    public class Boutons1
    { public static void main (String args[])
      { System.out.print ("Combien de boutons ? ") ;
        int nBoutons = Clavier.lireInt() ;
        FenBoutons fen = new FenBoutons(nBoutons) ;
        fen.setVisible(true) ;
      }
    }
```

Remarque

1. Dans la méthode *actionPerformed*, la boucle de recherche de la source n'est pas optimisée puisqu'elle se poursuit lorsqu'on a identifié la source.

2. Notez la comparaison (légale) *source == boutons[i]* qui fait intervenir un opérande de type *Object* et un opérande de type *JButton*. Le second est simplement converti en *Object*, ce qui ne modifie pas la valeur de la référence correspondante. Comme ici nous sommes certains que la source est de type *JButton*, nous aurions pu également procéder ainsi :

```
JButton source = (JButton) e.getSource() ;
for (int i=0 ; i<nBout ; i++)
   if (source == boutons[i]) ...
```

Solution 2

Ici, nous faisons en sorte que le programme permette facilement la modification du préfixe (ici *BOUTON*) de l'étiquette associée aux boutons. Celui-ci est défini en un seul endroit du constructeur de la fenêtre (*prefixeBouton*).

Cette fois, l'écouteur est un objet d'une classe distincte de celle de la fenêtre, nommée *Ecout*. Elle définit la méthode *actionListener* en y retrouvant la "chaîne de commande" associée à l'action. Rappelons que, par défaut, celle-ci n'est rien d'autre que l'étiquette du bouton. En extrayant la fin de cette chaîne, nous obtenons une sous-chaîne correspondant au numéro et nous la convertissons en un entier par *Integer.parseInt*.

Notez qu'ici nous avons dû prévoir un constructeur pour la classe *Ecout* dans le seul but d'y récupérer le préfixe des étiquettes des boutons.

```java
import javax.swing.* ;
import java.awt.* ;
import java.awt.event.* ;
class FenBoutons extends JFrame
{ public FenBoutons (int nBout)
   { final String prefixeBouton = "BOUTON" ;
     this.nBout = nBout ;
     setTitle ("BOUTONS") ;
     setSize (200, 150) ;
     Container contenu = getContentPane() ;
     contenu.setLayout (new FlowLayout()) ;
     boutons = new JButton [nBout] ;
     Ecout ecouteur = new Ecout (prefixeBouton) ;
     for (int i=0 ; i<nBout ; i++)
     { boutons[i] = new JButton (prefixeBouton + (i+1)) ;
       contenu.add(boutons[i]) ;
       boutons[i].addActionListener (ecouteur) ;
     }
   }
   private int nBout ;
   private JButton[] boutons ;
}
class Ecout implements ActionListener
{ public Ecout (String prefixe)
   { this.prefixe = prefixe ;
   }
   public void actionPerformed (ActionEvent e)
   { String commande = e.getActionCommand () ;
     String chNum = commande.substring (prefixe.length()) ;
     int num = Integer.parseInt(chNum) ;
     for (int i=0 ; i<num ; i++)
       System.out.print("*") ;
     System.out.println () ;
   }
   private String prefixe ;
}
public class Boutons2
{ public static void main (String args[])
   { System.out.print ("Combien de boutons ? ") ;
     int nBoutons = Clavier.lireInt() ;
     FenBoutons fen = new FenBoutons(nBoutons) ;
     fen.setVisible(true) ;
   }
}
```

Au lieu de chercher à extraire un numéro de bouton de son étiquette, nous aurions également pu modifier la chaîne de commande de chacun des boutons, en utilisant la méthode *setActionCommand* :

```
boutons[i].setActionCommand (String.valueOf(i+1)) ;
```

La classe *Ecout* pourrait se présenter ainsi (elle n'aurait plus besoin de constructeur) :

```
class Ecout implements ActionListener
{ public void actionPerformed (ActionEvent e)
  { String commande = e.getActionCommand () ;
    int num = Integer.parseInt(commande) ;
    for (int i=0 ; i<num ; i++)
      System.out.print("*") ;
    System.out.println () ;
  }
}
```

Le programme complet ainsi modifié figure sur le site Web d'accompagnement sous le nom *Boutonsb.java*.

98 Synthèse : création et suppression de boutons (1)

Écrire un programme qui affiche une fenêtre comportant deux boutons d'étiquettes "CRÉATION" et "SUPPRESSION" placés respectivement en haut et en bas.

Chaque action sur le bouton CREATION conduira à la création d'un bouton jaune à l'intérieur de la fenêtre. Chaque action sur l'un des boutons de la fenêtre le "sélectionnera" (s'il ne l'est pas déjà) ou le "désélectionnera" (s'il l'est déjà). On visualisera un bouton sélectionné en le colorant en rouge. Chaque action sur le bouton SUPPRESSION supprimera tous les boutons sélectionnés (rouges).

Les boutons seront numérotés dans l'ordre de leur création. On ne réutilisera pas les numéros des boutons supprimés.

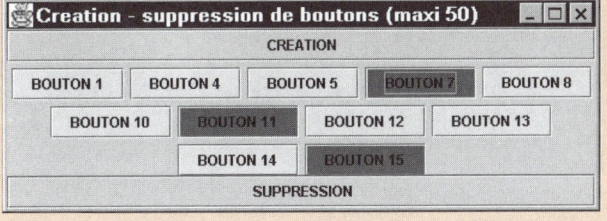

Par souci de simplicité, on fournira au constructeur de la fenêtre le nombre maximum de boutons susceptibles d'être créés.

Solution

Comme le suggère l'image fournie dans l'énoncé, les deux boutons CREATION et SUPPRESSION peuvent être disposés dans la fenêtre en utilisant son gestionnaire par défaut de type *BorderLayout*. Il suffira simplement de préciser les paramètres *"North"* et *"South"*. En revanche, les boutons gérés dynamiquement devront être placés dans un panneau distinct qu'on placera au centre de la fenêtre (option par défaut de la méthode *add*). Le gestionnaire par défaut d'un panneau est de type *FlowLayout*, ce qui nous conviendra ici.

Nous faisons de la fenêtre l'écouteur de tous les boutons. Comme il est nécessaire de conserver une information de couleur pour chacun des boutons dynamiques, nous prévoyons à cet effet un tableau *boutons* comportant les références des boutons dynamiques et un tableau *boutSelec* contenant une information booléenne de sélection. Ces deux tableaux auront une taille fournie lors de l'appel du constructeur de la fenêtre.

Chaque fois qu'on modifie le contenu du panneau, soit en ajoutant un nouveau bouton, soit en supprimant les boutons sélectionnés, on fait appel à sa méthode *validate*, afin de forcer son gestionnaire de mise en forme à recalculer les positions des différents composants. En revanche, cet appel n'est pas nécessaire lors de la modification de la couleur d'un bouton (par *setBackground*) car il est alors réalisé automatiquement.

Nous utilisons classiquement une variable statique *nBout* pour numéroter nos boutons. On notera que le premier bouton porte le numéro 1, alors qu'il correspond à l'indice 0 dans les tableaux *boutons* et *boutSelec*.

```
import javax.swing.* ;
import java.awt.* ;
import java.awt.event.* ;

class FenBoutDyn extends JFrame implements ActionListener
{ public FenBoutDyn (int nBoutMax)
  { setTitle ("Creation - suppression de boutons (maxi " + nBoutMax + ")") ;
    setSize (500, 180) ;
    Container contenu = getContentPane() ;

    creation = new JButton ("CREATION") ;
    contenu.add (creation, "North") ;
    creation.addActionListener (this) ;

    suppression = new JButton ("SUPPRESSION") ;
    contenu.add (suppression, "South") ;
    suppression.addActionListener (this) ;

    pan = new JPanel () ;
    contenu.add (pan) ;    // au centre par defaut
```

```
        boutons = new JButton [nBoutMax] ;
        boutSelec = new boolean [nBoutMax] ;
    }

  public void actionPerformed (ActionEvent e)
  { Object source = e.getSource() ;

    if (source == creation)
    { boutons[nBout] = new JButton ("BOUTON " + (nBout+1)) ;
      boutons[nBout].setBackground (Color.yellow) ;
      boutSelec[nBout] = false ;
      pan.add (boutons[nBout]) ;
      boutons[nBout].addActionListener (this) ;
      pan.validate(); // pour forcer le recalcul par le gestionnaire
      nBout++ ;
    }

    if (source == suppression)
    { for (int i=0 ; i<nBout ; i++)
        if (boutSelec[i]) pan.remove(boutons[i]); ;
      pan.validate() ;
    }

    for (int i=0 ; i<nBout ; i++)
    { if (source == boutons[i])
        if (boutSelec[i])
         { boutSelec[i] = false ;
           boutons[i].setBackground(Color.yellow) ;
         }
       else
         { boutSelec[i] = true ;
           boutons[i].setBackground (Color.red) ;
         }
    }
  }

  private JButton creation, suppression ;
  private JPanel pan ;
  private static int nBout = 0 ;
  private JButton [] boutons ;
  private boolean[] boutSelec ;
}

public class CrSuprB
{ public static void main (String args[])
  { FenBoutDyn fen = new FenBoutDyn(50) ;
    fen.setVisible(true) ;
  }
}
```

99 Synthèse : création et suppression de boutons (2)

Écrire un programme qui affiche une fenêtre comportant deux boutons placés respectivement en haut et en bas. Chaque action sur l'un de ces boutons conduira à la création d'un bouton à l'intérieur de la fenêtre. Le bouton du haut créera des "gros boutons" tandis que celui du bas créera des boutons plus petits.

Les gros boutons afficheront le nombre de fois où l'on a agit sur eux. Lorsque ce nombre atteindra 5, ils seront supprimés de la fenêtre.

Les petits boutons seront supprimés dès la première fois où l'on agit sur eux.

Les écouteurs des gros et des petits boutons devront être distincts de la fenêtre.

Solution

Comme le suggère l'image fournie dans l'énoncé, les deux boutons marqués GROS BOUTON et PETIT BOUTON peuvent être disposés dans la fenêtre en utilisant son gestionnaire par défaut de type *BorderLayout*. Il suffira simplement de préciser les paramètres *"North"* et *"South"*. En revanche, les boutons gérés dynamiquement devront être placés dans un panneau distinct qu'on placera au centre de la fenêtre (option par défaut de la méthode *add*). Le gestionnaire par défaut d'un panneau est de type *FlowLayout*, ce qui nous conviendra ici.

Comme l'énoncé ne nous impose pas de contraintes particulières, nous ferons de la fenêtre l'écouteur de ces deux boutons.

En ce qui concerne les boutons gérés dynamiquement, l'énoncé nous impose d'utiliser un écouteur distinct de la fenêtre. La solution la plus simple consiste alors à créer deux classes d'écouteurs différentes : *EcouteGrosBouton* et *EcoutePetitBouton*. Il est nécessaire d'associer à chaque gros bouton une information correspondant au nombre d'actions ; dans ces conditions, il est préférable d'utiliser un objet écouteur (de la classe *EcouteGrosBouton*) pour chacun. En revanche, aucune information n'est à mémoriser pour les petits boutons, de sorte qu'on pourra se contenter de les écouter tous avec le même objet écouteur (de type *EcoutePetitBouton*).

Notez qu'ici, contrairement à ce qui se produisait dans l'exercice , il n'est pas nécessaire de conserver les références des boutons du panneau. Par contre, il faudra que les écouteurs des boutons dynamiques disposent de la référence du panneau ; on pourra la fournir à leur constructeur.

La taille des gros boutons et celle des petits boutons sera imposée à l'aide de la méthode *setPreferredSize* de la classe *JButton*. Elle nécessite en argument un objet de type *Dimension* dont on fournit les valeurs en argument de son constructeur. Rappelons que cette information est exploitée correctement par un gestionnaire de type *FlowLayout*, mais qu'il n'en va pas de même pour tous les gestionnaires de mise en forme.

```java
import javax.swing.* ; import java.awt.* ; import java.awt.event.* ;
class FenBoutDyn extends JFrame implements ActionListener
{ public static Dimension dimPetitBouton = new Dimension (70, 30),
                          dimGrosBouton  = new Dimension (110, 50) ;
  public static String etiqCompt = "COMPTE = " ;
  public FenBoutDyn ()
  { setTitle ("Gros et Petits Boutons") ;
    setSize (500, 200) ;
    Container contenu = getContentPane() ;
    grosBouton = new JButton ("GROS BOUTON") ;
    contenu.add (grosBouton, "North") ;
    grosBouton.addActionListener (this) ;
    petitBouton = new JButton ("PETIT BOUTON") ;
    contenu.add (petitBouton, "South") ;
    petitBouton.addActionListener (this) ;
    pan = new JPanel () ;
    contenu.add (pan) ;    // au centre par defaut
  }
  public void actionPerformed (ActionEvent e)
  { Object source = e.getSource() ;
    if (source == grosBouton)
    { JButton bouton = new JButton (etiqCompt) ;
      pan.add (bouton) ;
      bouton.addActionListener (new EcoutGrosBouton (pan, etiqCompt)) ;
      bouton.setPreferredSize (dimGrosBouton) ;
      pan.validate() ;
    }
    if (source == petitBouton)
    { JButton bouton = new JButton ("Petit") ;
      pan.add (bouton) ;
      bouton.addActionListener (new EcoutePetitBouton (pan)) ;
      bouton.setPreferredSize (dimPetitBouton) ;
      pan.validate() ;
    }
  }
  private JButton petitBouton, grosBouton ;
  private JPanel pan ;
}
```

```
class EcoutGrosBouton implements ActionListener
{ static int nMaxClics = 5 ;
  public EcoutGrosBouton (JPanel pan, String etiqCompt)
  { nActions = 0 ;
    this.pan = pan ;
    this.etiqCompt = etiqCompt ;
  }
  public void actionPerformed (ActionEvent e)
  { JButton bouton = (JButton)e.getSource() ;
    nActions++ ;
    if (nActions >= nMaxClics)
    { pan.remove (bouton) ;
      pan.validate() ;
    }
    else
    { bouton.setText (etiqCompt+nActions) ;
    }
  }
  private int nActions ;
  private JPanel pan ;
  private String etiqCompt ;
}

class EcoutePetitBouton implements ActionListener
{ public EcoutePetitBouton (JPanel pan)
  { this.pan = pan ;
  }
  public void actionPerformed (ActionEvent e)
  { JButton bouton = (JButton)e.getSource() ;
    pan.remove (bouton) ;
    pan.validate() ;
  }
  private JPanel pan ;
}

public class GrosPetB
{ public static void main (String args[])
  { FenBoutDyn fen = new FenBoutDyn() ;
    fen.setVisible(true) ;
  }
}
```

Remarque Dans certaines des méthodes *actionPerformed*, nous avons utilisé des conversions explicites de *e.getSource()* en *JButton* car nous étions certains du type de la source. Dans un programme plus complexe, il faudrait parfois être plus prudent. Par exemple, on pourrait s'assurer que la source est bien de type *JButton* en utilisant :

```
if (source instanceof JButton) .....
```

100 Dessin permanent dans une fenêtre

Écrire un programme qui affiche en permanence dans une fenêtre un rectangle de taille donnée et ses deux diagonales, comme dans cet exemple :

Rappelons que lorsqu'on utilise les composants *Swing* de Java 2, la démarche la plus appropriée pour obtenir des dessins permanents dans une fenêtre (de type *JFrame*) consiste à dessiner, non pas directement dans la fenêtre elle-même, mais dans un panneau (objet de type *JPanel*) placé dans cette fenêtre. Nous créons donc ici un objet d'une classe *Panneau*, dérivée de *JPanel* et nous l'ajoutons à la fenêtre par *add*. Comme le gestionnaire par défaut de notre fenêtre est de type *BorderLayout*, nous n'avons pas à nous préoccuper de la taille du panneau[1].

Il suffit alors de redéfinir la méthode *paintComponent* du panneau en y plaçant les instructions de dessin voulues. Encore faut-il prendre soin d'appeler au préalable la méthode *paintComponent* de la classe de base *JPanel*, laquelle dessine le fond du panneau (ce qui efface donc l'ancien).

Nous employons la méthode *drawLine* pour tracer les 6 segments de droite qui constituent la figure voulue[2].

```
import javax.swing.* ; import java.awt.* ;
class MaFenetre extends JFrame
{ public MaFenetre ()
  { setTitle ("Dessin permanent") ;
    setSize (300, 150) ;
    pan = new Panneau () ; getContentPane ().add(pan) ;
  }
  private Panneau pan ;
}
```

---

1. En revanche, un gestionnaire de type *FlowLayout* exploiterait la taille de ce panneau qui, par défaut, est très petite. Il faudrait alors recourir à *setPreferredSize*.
2. Le tracé du rectangle pourrait s'effectuer plus facilement avec *drawRect*.

```
class Panneau extends JPanel
{ private static final int x = 30, y = 20, l = 120, h = 50 ;
  public void paintComponent (Graphics g)
  { super.paintComponent(g) ;  //
      // trace du rectangle
    g.drawLine (x,    y,    x+l, y) ;
    g.drawLine (x+l, y,    x+l, y+h) ;
    g.drawLine (x+l, y+h, x,   y+h) ;
    g.drawLine (x,    y+h, x,   y) ;
      // trace des diagonales
    g.drawLine (x,    y,    x+l, y+h) ;
    g.drawLine (x,    y+h, x+l, y) ;
  }
}

public class DesPer
{ public static void main (String args[])
  { MaFenetre fen = new MaFenetre() ;
    fen.setVisible (true) ;
  }
}
```

Vous pourrez constater que le dessin (de taille fixe) subsiste, quelles que soient les opérations que l'on fait subir à la fenêtre.

Il peut être intéressant de voir ce que fait ce programme lorsqu'on supprime l'appel *super.paintComponent* dans la méthode *paintComponent*.

101 Synthèse : dessin permanent et changement de couleur

Adapter le programme de l'exercice 100, de façon que chaque clic (complet) dans la fenêtre en modifie la couleur. On se fixera une liste de quelques couleurs qu'on parcourra de manière cyclique.

Solution Comme le panneau couvre toute la fenêtre, un clic dans la fenêtre a en fait le panneau comme source. Il faut donc écouter les événements de type *MouseEvent* ayant pour source le panneau. Ici, nous faisons du panneau son propre écouteur, ce qui facilite la définition de la méthode *mouseClicked*.

```
import javax.swing.* ;
import java.awt.* ;
import java.awt.event.* ;

class MaFenetre extends JFrame
{ public MaFenetre ()
  { setTitle ("Dessin permanent") ;
    setSize (300, 150) ;
    pan = new Panneau () ;
    pan.addMouseListener (pan) ;  // le panneau sera son propre ecouteur
    getContentPane().add(pan) ;
  }
  private Panneau pan ;
}

class Panneau extends JPanel implements MouseListener
{ private static final int x = 30, y = 20, l = 120, h = 50 ;
  private static final Color[] couleurs = {Color.yellow, Color.blue,
                                    Color.green,  Color.red } ;
  public void paintComponent (Graphics g)
  { super.paintComponent(g) ;
      // trace du rectangle
    g.drawLine (x,    y,    x+l, y) ;
    g.drawLine (x+l, y,    x+l, y+h) ;
    g.drawLine (x+l, y+h, x,    y+h) ;
    g.drawLine (x,    y+h, x,    y) ;
      // trace des diagonales
    g.drawLine (x,    y,    x+l, y+h) ;
    g.drawLine (x,    y+h, x+l, y) ;
  }
  public void mouseClicked (MouseEvent e)
  { setBackground (couleurs[numCoul]) ;
    numCoul++ ;
    if (numCoul >= couleurs.length) numCoul = 0 ;
  }
  public void mousePressed  (MouseEvent e) {}
  public void mouseReleased (MouseEvent e) {}
  public void mouseEntered  (MouseEvent e) {}
  public void mouseExited   (MouseEvent e) {}
  private int numCoul = 0 ;
}

public class DesCoul
{ public static void main (String args[])
  { MaFenetre fen = new MaFenetre() ;
    fen.setVisible (true) ;
  }
}
```

Remarque

1. Initialement le panneau est peint en gris, et non en jaune. Pour qu'il soit jaune dès le début, il faudrait fixer la couleur de fond à *couleur[0]* par exemple lors de la construction du panneau et fixer *numCoul* à 1 et non à 0.

2. Ici, il n'est pas nécessaire d'appeler la méthode *repaint* après avoir modifié la couleur de fond du panneau car cela est fait automatiquement par la méthode *setBackground*. Le programme modifié dans ce sens figure sur le site Web d'accompagnement sous le nom *DesCoul1.java*.

102   Synthèse : dessin permanent, coloration et adaptation à la taille d'une fenêtre

> Écrire un programme qui affiche en permanence dans une fenêtre un rectangle et ses deux diagonales ; les dimensions du rectangle seront déterminées de manière à ce qu'il soit toujours situé à 5 pixels de la bordure de la fenêtre. Un bouton placé en haut de la fenêtre permettra d'en modifier la couleur de fond ; un autre bouton placé en bas permettra de modifier la couleur des traits du dessin.
>
>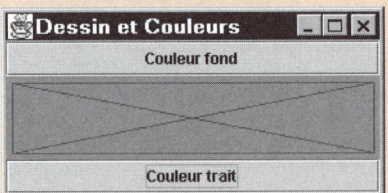
>
> On se fixera une (seule) liste de quelques couleurs qu'on parcourra de manière cyclique.

Solution

Nous conservons le gestionnaire par défaut de la fenêtre. Le dessin est fait dans un panneau placé au centre et les deux boutons sont placés respectivement avec les paramètres *"North"* et *"South"*.

Nous écoutons les deux boutons dans la fenêtre elle-même et nous dotons le panneau de deux méthodes publiques *changeCoulFond* et *changeCoulTrait* chargées de modifier les couleurs.

Dans *changeCoulTrait*, il ne suffit pas de modifier la couleur d'avant-plan du panneau (par *setForeground*). Il faut en outre forcer le dessin par appel de *repaint*.

Pour adapter la taille du dessin à la fenêtre (ou plutôt au panneau), nous utilisons la méthode *getSize* qui nous fournit les dimensions du panneau sous forme d'un objet de type *Dimension*.

```java
import javax.swing.* ;
import java.awt.event.* ;
import java.awt.* ;

class MaFenetre extends JFrame implements ActionListener
{
  public MaFenetre ()
  { setTitle ("Dessin et Couleurs") ;
    setSize (300, 150) ;
    Container contenu = getContentPane() ;
    pan = new Panneau() ;
    contenu.add(pan) ;
    coulFond = new JButton ("Couleur fond") ;
    contenu.add(coulFond, "North") ;
    coulFond.addActionListener (this);
    coulTrait = new JButton ("Couleur trait") ;
    contenu.add (coulTrait, "South") ;
    coulTrait.addActionListener (this) ;
  }

  public void actionPerformed  (ActionEvent e)
  { if (e.getSource() == coulFond)  pan.changeCoulFond() ;
    if (e.getSource() == coulTrait) pan.changeCoulTrait() ;
  }
  private int numCouleur ;
  private JButton coulFond, coulTrait ;
  private Panneau pan ;
}

class Panneau extends JPanel
{ final Color[] couleurs = { Color.red, Color.yellow, Color.blue, Color.green,
                            Color.gray, Color.pink,  Color.cyan, Color.white } ;
  public void paintComponent (Graphics g)
  { super.paintComponent (g) ;
    setBackground (couleurs[numCoulFond]) ;
    setForeground (couleurs[numCoulTrait]) ;
    Dimension dim = getSize() ;
    int x = 5, y = 5 ;
    int l = dim.width, h = dim.height ;
       // trace du rectangle
    g.drawLine (x,    y,    l-x, y) ;
    g.drawLine (l-x, y,    l-x, h-y) ;
    g.drawLine (l-x, h-y, x,   h-y) ;
    g.drawLine (x,   h-y, x,   y) ;
      // trace des diagonales
    g.drawLine (x,   y,    l-x, h-y) ;
    g.drawLine (x,   h-y, l-x, y) ;
  }
```

```
        public void changeCoulFond()
        { numCoulFond++ ;
          if (numCoulFond >= couleurs.length) numCoulFond = 0 ;
          repaint() ;
        }
        public void changeCoulTrait()
        { numCoulTrait++ ;
          if (numCoulTrait >= couleurs.length) numCoulTrait = 0 ;
          repaint() ;
        }
        private int numCoulFond=0, numCoulTrait=1 ;
    }

    public class DesCoul2
    { public static void main (String args[])
        { MaFenetre fen = new MaFenetre() ;
          fen.setVisible (true) ;
        }
    }
```

Remarque Nous aurions pu ne pas appeler *setBackground* et *setForeground* dans *paintComponent* et nous contenter :

> – d'appeler *setBackground* dans *changeCoulFond*,
>
> – d'appeler *setForeground* et *repaint* dans *changeCoulTrait*.

103 Dessin à la volée

Écire un programme qui dessine "au vol" dans une fenêtre en joignant par des traits les différents points auquel l'utilisateur clique :

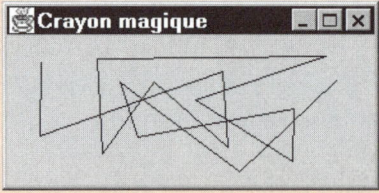

Ici, on ne cherchera pas à assurer la permanence du dessin qui sera effacé dès que l'utilisateur déplace la fenêtre ou modifie sa taille (on demande toutefois que cet effacement soit toujours complet).

Solution Bien qu'il s'agisse de dessin au vol, nous travaillons sur un panneau. Cela nous permettra d'effacer la fenêtre en définissant une méthode *paintComponent* réduite au simple appel *super.paintComponent*.

Le dessin proprement dit est réalisé dans la méthode *mouseClicked* de l'écouteur du panneau (ici, le panneau lui-même). Rappelons que pour ce faire, il est nécessaire d'obtenir un contexte graphique pour le panneau (*getGraphics*) et de le libérer après emploi (*dispose*).

Pour traiter le premier clic différemment des suivants, nous employons un indicateur booléen (*enCours*) qu'on place à la valeur *false* au début et à chaque effacement de la fenêtre.

```
import javax.swing.* ;
import java.awt.* ;
import java.awt.event.* ;

class MaFenetre extends JFrame
{ public MaFenetre ()
  { setTitle ("Crayon magique") ;
    setSize (300, 150) ;
    pan = new Panneau () ;
    pan.addMouseListener (pan) ;
    getContentPane().add(pan) ;
  }
  private Panneau pan ;
}

class Panneau extends JPanel implements MouseListener
{ public void paintComponent (Graphics g)
  { super.paintComponent(g) ;
    enCours = false ;
  }
  public void mouseClicked (MouseEvent e)
  { int xFin = e.getX() ; yFin = e.getY() ;
    if (enCours) { Graphics g = getGraphics() ;
                   g.drawLine (xDeb, yDeb, xFin, yFin) ;
                   g.dispose() ;
                 }
    xDeb = xFin ; yDeb = yFin ;
    enCours = true ;
  }
  public void mousePressed  (MouseEvent e) {}
  public void mouseReleased (MouseEvent e) {}
  public void mouseEntered  (MouseEvent e) {}
  public void mouseExited   (MouseEvent e) {}
  private boolean enCours = false ;
  private int xDeb, yDeb, xFin, yFin ;
}
```

```
public class DesVol
{ public static void main (String args[])
  { MaFenetre fen = new MaFenetre() ;
    fen.setVisible (true) ;
  }
}
```

Remarque

Si l'énoncé n'avait pas imposé l'effacement de la fenêtre, nous aurions pu dessiner directement dans la fenêtre en définissant la même méthode *mouseClicked* dans un écouteur qui aurait pu être la fenêtre elle-même. Le dessin aurait alors pu se trouver effacé partiellement lors d'actions sur la fenêtre ; de plus la gestion de l'indicateur *enCours* n'aurait plus été possible...

104 Synthèse : ardoise magique en couleur

Adapter le programme de l'exercice , de manière que :

- l'utilisateur puisse dessiner plusieurs lignes brisées (bouton *Nouvelle ligne*),

- qu'il puisse effacer le contenu de la fenêtre (bouton *Effacer*),

- qu'il puisse choisir à chaque instant une couleur de dessin à l'aide d'un bouton placé à gauche ; on se fixera une liste de quelques couleurs (constantes de la classe *Color*) qu'on parcourra de façon cyclique ; le bouton de sélection sera peint dans la couleur courante :

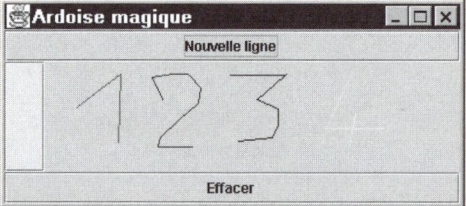

Note : pour choisir la couleur de dessin d'un contexte graphique, on utilisera la méthode *setColor* de la classe *Graphics*.

Solution

Nous utilisons toujours un panneau pour dessiner. Les boutons sont placés classiquement dans la fenêtre en utilisant les paramètres *"North"*, *"South"* et *"West"*. Le bouton de sélection de couleur dispose d'un titre "vide"[1] et sa couleur est fixée à l'aide de sa méthode *setBackground*.

---

1. Nous aurions pu également utiliser un constructeur *JButton* sans arguments.

La gestion du dessin se fait là encore avec un indicateur booléen *enCours* mais, cette fois, celui-ci doit être également réinitialisé à *false* lors de l'action sur le bouton *Nouvelle Ligne*.

Nous avons choisi d'écouter les trois boutons dans la fenêtre elle-même, ce qui impose un échange d'informations entre fenêtre et panneau. Pour ce faire, nous dotons notre panneau de méthodes publiques *setCoul*, *nouvelleLigne* et *efface*.

Nous faisons tout naturellement du panneau son propre écouteur de clics et nous dessinons "à la volée" dans la méthode *mouseClicked*.

```java
import javax.swing.* ;
import java.awt.* ;
import java.awt.event.* ;

class MaFenetre extends JFrame implements ActionListener
{ public static Color[] couleurs = {Color.yellow, Color.red,   Color.blue,
                                     Color.green,  Color.black, Color.cyan } ;
  public MaFenetre ()
  { setTitle ("Ardoise magique") ;
    setSize (400, 180) ;
    Container contenu = getContentPane() ;

    pan = new Panneau () ;
    pan.addMouseListener (pan) ;
    contenu.add(pan) ;

    boutNouv = new JButton ("Nouvelle ligne") ;
    contenu.add(boutNouv, "North") ;
    boutNouv.addActionListener (this) ;

    boutEff = new JButton ("Effacer") ;
    contenu.add(boutEff, "South") ;
    boutEff.addActionListener (this) ;

    boutCoul = new JButton ("") ;
    contenu.add(boutCoul, "West") ;
    boutCoul.addActionListener (this) ;
    boutCoul.setBackground (couleurs[numCoul]) ;
    pan.setCoul (couleurs[numCoul]) ;
  }

  public void actionPerformed (ActionEvent e)
  { if (e.getSource() == boutCoul)
    { numCoul++ ;
      if (numCoul >= couleurs.length) numCoul = 0 ;
      boutCoul.setBackground (couleurs[numCoul]) ;
      pan.setCoul (couleurs[numCoul]) ;
    }
    if (e.getSource() == boutNouv)
    { pan.nouvelleLigne() ;
    }
```

```
            if (e.getSource() == boutEff)
            { pan.efface() ;
            }
        }
    private Panneau pan ;
    private JButton boutNouv, boutEff, boutCoul ;
    private int numCoul = 0 ;
}
class Panneau extends JPanel implements MouseListener
{ public void paintComponent (Graphics g)
    { super.paintComponent(g) ;
      enCours = false ;
    }
    public void setCoul(Color couleur)
    { this.couleur = couleur ;
    }
    public void nouvelleLigne()
    { enCours = false ;
    }
    public void efface ()
    { repaint() ;
    }
    public void mouseClicked (MouseEvent e)
    { int xFin = e.getX() ; yFin = e.getY() ;
      if (enCours) { Graphics g = getGraphics() ;
                     g.setColor (couleur) ;
                     g.drawLine (xDeb, yDeb, xFin, yFin) ;
                     g.dispose() ;
                   }
      xDeb = xFin ; yDeb = yFin ;
      enCours = true ;
    }
    public void mousePressed   (MouseEvent e) {}
    public void mouseReleased  (MouseEvent e) {}
    public void mouseEntered   (MouseEvent e) {}
    public void mouseExited    (MouseEvent e) {}
    private boolean enCours = false ;
    private int xDeb, yDeb, xFin, yFin ;
    private Color couleur ;
}

public class ArdMag
{ public static void main (String args[])
    { MaFenetre fen = new MaFenetre() ;
      fen.setVisible (true) ;
    }
}
```

Chapitre 9

Les principaux contrôles de Swing

Connaissances requises

- Cases à cocher (*JCheckBox*) et boutons radio (*JRadioButton*) ; construction ; événements générés : *Action* et *Item* (méthode *itemStateChanged*) ; méthodes *isSelected* et *setSelected* ; groupes de boutons radio (*ButtonGroup*)

- Étiquettes (*JLabel*) ; construction ; modification de libellé (*setText*)

- Champs de texte (*JTextField*) ; construction ; méthodes *getText*, *setEditable* et *setColumns* ; événements générés : *Action* et *Focus* (méthodes *focusGained* et *focusLost*) ; exploitation fine (interface *DocumentListener*, méthodes *insertUpdate, removeUpdate* et *changedUpdate*)

- Boîtes de liste (*JList*) ; construction et choix du type de sélection (simple, multiple, intervalle) ; méthodes *getSelectedValue, getSelectedValues, getSelectedIndex* et *getSelectedIndices* ; événements générés : *ListSelection* (méthodes *valueChanged* et *getValueIsAdjusting*)

- Boîte combo (*JComboBox*) ; construction ; méthodes *setEditable* et *getSelectedIndex* ; événements générés : *Action, Item* (méthode *itemStateChanged*), *Focus* (méthodes *focusGained* et *focusLost*) ; évolution dynamique : *addItem, addItemAt* et *removeItem*

Note : les boutons (*JButton*) ont fait l'objet du Chapitre 8.

105   Cases à cocher

Écrire un programme qui affiche deux boutons marqués *RAZ* et *Etat* et trois cases à cocher, de la façon suivante :

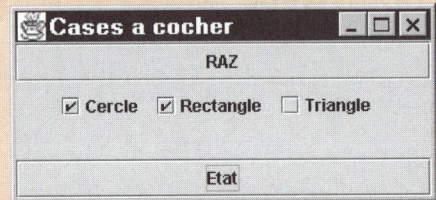

L'action sur le bouton *Etat* provoquera l'affichage en fenêtre console des cases sélectionnées. L'action sur *RAZ* remettra les trois cases à l'état non coché. Enfin, on signalera en fenêtre console les événements de type *Action* et *Item* associés à chacune des trois cases (en précisant la source concernée).

Nous placerons les trois cases dans un panneau associé à la fenêtre. Nous faisons de la fenêtre l'écouteur des boutons et des cases. Comme l'impose l'énoncé, nous redéfinissons à la fois les méthodes *actionPerformed* et *itemStateChanged*.

```
import javax.swing.* ;
import java.awt.* ;
import java.awt.event.* ;

class MaFenetre extends JFrame implements ActionListener, ItemListener
{ public MaFenetre ()
  { setTitle ("Cases a cocher") ;
    setSize (300, 140) ;
    Container contenu = getContentPane () ;
       // les deux boutons
    boutRaz = new JButton ("RAZ") ;
    boutRaz.addActionListener (this) ;
    contenu.add (boutRaz, "North") ;
    boutEtat = new JButton ("Etat") ;
    boutEtat.addActionListener (this) ;
    contenu.add (boutEtat, "South") ;
       // les cases a cocher dans un panneau
    pan = new JPanel () ;
    contenu.add (pan) ;
    cercle = new JCheckBox ("Cercle") ;
    pan.add (cercle) ;
```

```
                    cercle.addActionListener (this) ;
                    cercle.addItemListener (this) ;

                    rectangle = new JCheckBox ("Rectangle") ;
                    pan.add (rectangle) ;
                    rectangle.addActionListener (this) ;
                    rectangle.addItemListener (this) ;
                    triangle = new JCheckBox ("Triangle") ;
                    pan.add (triangle) ;
                    triangle.addActionListener (this) ;
                    triangle.addItemListener (this) ;
               }
          public void actionPerformed (ActionEvent e)
          { Object source = e.getSource() ;
            if (source == boutRaz)
            { cercle.setSelected (false) ;
              rectangle.setSelected (false) ;
              triangle.setSelected (false) ;
            }
            if (source == boutEtat)
            { System.out.print ("Cases selectionnees : ") ;
              if (cercle.isSelected())    System.out.print (" cercle ") ;
              if (rectangle.isSelected()) System.out.print (" rectangle ") ;
              if (triangle.isSelected())  System.out.print (" triangle ") ;
              System.out.println() ;
            }
            if (source == cercle)    System.out.println ("Action case cercle") ;
            if (source == rectangle) System.out.println ("Action case rectangle") ;
            if (source == triangle)  System.out.println ("Action case triangle") ;
          }
          public void itemStateChanged (ItemEvent e)
          { Object source = e.getSource() ;
            if (source == cercle)    System.out.println ("Item case cercle") ;
            if (source == rectangle) System.out.println ("Item case rectangle") ;
            if (source == triangle)  System.out.println ("Item case triangle") ;
          }
          private JButton boutRaz, boutEtat ;
          private JPanel pan ;
          private JCheckBox cercle, rectangle, triangle ;
     }

     public class Coches
     { public static void main (String args[])
       { MaFenetre fen = new MaFenetre() ;
         fen.setVisible(true) ;
       }
     }
                              ─────────────────────────
     Item case cercle
     Action case cercle
```

```
Item case rectangle
Action case rectangle
Cases selectionnees :  cercle  rectangle
Item case cercle
Item case rectangle
Item case triangle
Item case cercle
Action case cercle
Item case rectangle
Action case rectangle
Cases selectionnees :  cercle  rectangle
```

On notera qu'à chaque événement *Action* relatif à une case à cocher correspond toujours un événement *Item*. La réciproque est fausse puisqu'un événement *Item* peut être généré suite à une modification par programme de l'état d'une case ; dans ce cas, elle ne génère pas d'événement *Action*.

Remarque   Plusieurs instructions semblables doivent être écrites pour chaque case à cocher. Si le nombre de cases devenait important, cela pourrait s'avérer fastidieux. Il serait alors préférable de s'acheminer vers une solution plus concise telle que l'écriture de méthodes (statiques) d'intérêt général, par exemple pour l'ajout d'une case de référence donnée à la fenêtre. On pourrait aussi conserver dans la fenêtre un tableau des références des cases ainsi qu'un tableau de chaînes correspondant à leurs libellés...

106   Cases à cocher en nombre quelconque

Généraliser le programme de l'exercice 105, de manière que le nombre de cases à cocher puisse être quelconque et déterminé lors de l'appel du constructeur de la fenêtre, auquel on fournira un tableau de chaînes contenant les libellés à associer aux cases :

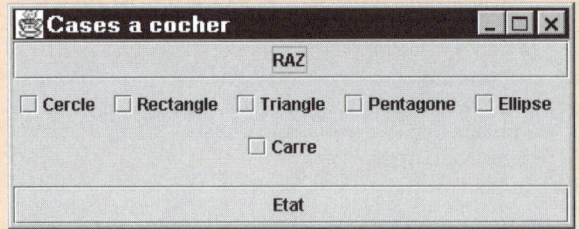

Les messages en fenêtre console continueront de repérer une case à cocher par son libellé.

Solution On continue naturellement à placer les cases dans un panneau. Les différents écouteurs restent les mêmes. Mais, cette fois, on va conserver les références des cases dans un tableau dont la taille est égale à celle du tableau de chaînes reçu en argument du constructeur de la fenêtre.

```java
import javax.swing.* ;
import java.awt.* ;
import java.awt.event.* ;
class MaFenetre extends JFrame implements ActionListener, ItemListener
{ public MaFenetre (String libelles[])
  { setTitle ("Cases a cocher") ; setSize (400, 160) ;
    Container contenu = getContentPane () ;
       // les deux boutons
    boutRaz = new JButton ("RAZ") ;
    boutRaz.addActionListener (this) ;
    contenu.add (boutRaz, "North") ;
    boutEtat = new JButton ("Etat") ;
    boutEtat.addActionListener (this) ;
    contenu.add (boutEtat, "South") ;
       // les cases a cocher dans un panneau
    pan = new JPanel () ;  contenu.add (pan) ;
    this.libelles = libelles ;
    nbCases = libelles.length ;
    cases = new JCheckBox [nbCases] ;
    for (int i=0 ; i<nbCases ; i++)
    { cases[i] = new JCheckBox (libelles[i]) ;
      pan.add (cases[i]) ;
      cases[i].addActionListener (this) ;
      cases[i].addItemListener (this) ;
    }
  }
  public void actionPerformed (ActionEvent e)
  { Object source = e.getSource() ;
    if (source == boutRaz)
      for (int i=0 ; i<nbCases ; i++)
        cases[i].setSelected (false) ;
    if (source == boutEtat)
    { System.out.print ("Cases selectionnees : ") ;
      for (int i=0 ; i<nbCases ; i++)
        if (cases[i].isSelected()) System.out.print (libelles[i]+ " ") ;
      System.out.println() ;
    }
    for (int i=0 ; i<nbCases ; i++)
      if (source == cases[i]) System.out.println ("Action case " + libelles[i]) ;
  }
  public void itemStateChanged (ItemEvent e)
  { Object source = e.getSource() ;
    for (int i=0 ; i<nbCases ; i++)
      if (source == cases[i])  System.out.println ("Item case " + libelles[i]) ;
  }
```

```
          private JButton boutRaz, boutEtat ;
          private JPanel pan ;
          private JCheckBox cases[] ;
          private String libelles[] ;
          private int nbCases ;
       }

    public class Cochesb
    { public static void main (String args[])
       { String libelles[] = {"Cercle", "Rectangle", "Triangle", "Pentagone",
                               "Ellipse", "Carre"} ;
         MaFenetre fen = new MaFenetre(libelles) ;
         fen.setVisible(true) ;
       }
    }
```

107 Boutons radio en nombre quelconque

Écrire un programme qui affiche un bouton marqués *Etat* et un (seul) groupe de boutons radio de la façon suivante :

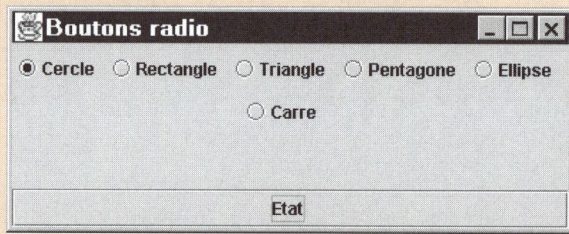

Les libellés des boutons radio seront fournis en argument du constructeur de la fenêtre.

L'action sur le bouton *Etat* provoquera l'affichage en fenêtre console du libellé associé au bouton radio sélectionné. On signalera en fenêtre console les événements de type *Action* associés.

Solution   On peut facilement adapter le programme de l'exercice 106, en remplaçant les objets de type *JCheckBox* par des objets de type *JRadioButton* et en supprimant l'écoute des événements *Item*. Il faut simplement prendre soin de rattacher les différents boutons radio à un groupe (objet de type *ButtonGroup*), afin d'obtenir le comportement attendu d'un groupe : la sélection d'un des boutons du groupe désactive tous les autres.

```java
import javax.swing.* ;
import java.awt.* ;
import java.awt.event.* ;
class MaFenetre extends JFrame implements ActionListener
{ public MaFenetre (String[] libelles)
  { setTitle ("Boutons radio") ;
    setSize (400, 160) ;
    Container contenu = getContentPane () ;
    boutEtat = new JButton ("Etat") ;
    boutEtat.addActionListener (this) ;
    contenu.add (boutEtat, "South") ;
        // les boutons radio dans un panneau
    pan = new JPanel () ;
    contenu.add (pan) ;
    this.libelles = libelles ;
    nbBoutons = libelles.length ;
    ButtonGroup groupe = new ButtonGroup() ;
    boutons = new JRadioButton [nbBoutons] ;
    for (int i=0 ; i<nbBoutons ; i++)
    { boutons[i] = new JRadioButton (libelles[i]) ;
      pan.add (boutons[i]) ;
      groupe.add (boutons[i]) ;
      boutons[i].addActionListener (this) ;
    }
    if (nbBoutons > 0) boutons[0].setSelected(true) ;
  }
  public void actionPerformed (ActionEvent e)
  { Object source = e.getSource() ;
    if (source == boutEtat)
    { System.out.print ("Bouton selectionne = ") ;
      for (int i=0 ; i<nbBoutons ; i++)
        if (boutons[i].isSelected()) System.out.print (libelles[i]+ " ") ;
      System.out.println() ;
    }
    for (int i=0 ; i<nbBoutons ; i++)
      if (source == boutons[i])
         System.out.println ("Action bouton " + libelles[i]) ;
  }
  private JButton boutDef, boutEtat ;
  private JPanel pan ;
  private JRadioButton boutons[] ;
  private String libelles[] ;
  private int nbBoutons ;
}
public class Radios
{ public static void main (String args[])
  { String libelles[] = {"Cercle", "Rectangle", "Triangle", "Pentagone",
                         "Ellipse", "Carre"} ;
    MaFenetre fen = new MaFenetre(libelles) ;
    fen.setVisible(true) ;
  }
}
```

```
Action bouton Triangle
Action bouton Carre
Bouton selectionne = Carre
Action bouton Pentagone
Action bouton Rectangle
Bouton selectionne = Rectangle
Action bouton Cercle
```

Notez que nous avons pris soin de sélectionner initialement le premier bouton du groupe (en nous assurant que la dimension du tableau de libellés était non nulle).

Remarque   Ici, rien ne montre à l'utilisateur que nos boutons radio font partie d'un même groupe. Dans un programme réel, on sera souvent amené à mettre en évidence un groupe en le plaçant dans un panneau qu'on pourra colorer différemment du reste de la fenêtre ou encore doter d'une "bordure" à l'aide de la méthode *setBorder*.

108   Champs de texte

Écrire un programme qui permet à l'utilisateur de saisir un nombre entier dans un champ texte et qui en affiche le carré lorsqu'il agit sur un bouton marqué CALCUL :

Le programme devra gérer convenablement le cas où l'utilisateur entre autre chose qu'un nombre dans le champ texte ; il pourra par exemple remettre ce champ à blanc.

Solution   Ici, nous pouvons nous permettre d'introduire directement dans la fenêtre les différents contrôles dont nous avons besoin. Nous remplaçons simplement le gestionnaire par défaut par un gestionnaire de type *FlowLayout*.

Nous utilisons des objets de type *JLabel* pour les libellés, ainsi que pour la valeur du carré. La saisie du nombre se fait dans un objet nommé *nombre* de type *JTextField*.

Ici, nous n'avons pas à nous préoccuper des événements générés par *nombre* puisque le calcul proprement dit est déclenché par une action extérieure à l'objet. En revanche, nous devons traiter les événements de type *Action* déclenchés par le bouton. Nous y récupérons le contenu du champ texte que nous convertissons en entier avec la méthode *Integer.parseInt*. Celle-ci déclenche une exception *NumberFormatException* lorsque la chaîne ne correspond pas à un nombre entier (y compris lorsqu'elle contient trop de chiffres). Dans le gestionnaire d'exception correspondant, nous nous contentons de remettre à blanc le contenu du champ texte.

Ici, nous calculons le carré du nombre dans le type *long*, ce qui évite tout problème de dépassement de capacité.

```java
import java.awt.* ;
import java.awt.event.* ;
import javax.swing.* ;
class MaFenetre extends JFrame implements ActionListener
{ public MaFenetre ()
  { setTitle ("Carres") ;
    setSize (400, 100) ;
    Container contenu = getContentPane() ;
    contenu.setLayout (new FlowLayout() ) ;
    labNombre = new JLabel (etiqNombre) ;
    contenu.add(labNombre) ;
    nombre = new JTextField (10) ;
    contenu.add(nombre) ;
    boutonCalcul = new JButton ("CALCUL") ;
    contenu.add(boutonCalcul) ;
    boutonCalcul.addActionListener(this) ;
    labCarre = new JLabel (etiqCarre) ;
    contenu.add(labCarre) ;
  }
  public void actionPerformed (ActionEvent e)
  { if (e.getSource() == boutonCalcul)
    try
    { String texte = nombre.getText() ;
      int n = Integer.parseInt(texte) ;
      long carre = (long)n*(long)n ;
      labCarre.setText (etiqCarre + carre) ;
    }
    catch (NumberFormatException ex)
    { nombre.setText ("") ;
      labCarre.setText (etiqCarre) ;
    }
  }
  private JLabel labNombre, labCarre ;
  private JTextField nombre ;
  static private String etiqNombre = "Nombre : ", etiqCarre = "Carre : " ;
  private JButton boutonCalcul ;
}
```

```
public class Carre
{ public static void main (String args[])
  { MaFenetre fen = new MaFenetre() ;
    fen.setVisible(true) ;
  }
}
```

109 Champ de texte et événements Action et Focus

Adapter le programme de l'exercice 108 en supprimant le bouton CALCUL et de manière que le carré du nombre s'affiche lorsque l'utilisateur valide l'information saisie ou lorsque le champ de texte perd le focus :

Solution

Il suffit que les actions précédemment réalisées dans l'écouteur du bouton soient transposées :

- dans l'écouteur de l'événement *focusLost* associé au champ de texte,
- dans l'écouteur de l'événement *Action* associé à ce même champ de texte.

Pour éviter de dupliquer les instructions correspondantes, nous prévoyons une méthode de service nommée *actualise*.

```
import java.awt.* ;
import java.awt.event.* ;
import javax.swing.* ;

class MaFenetre extends JFrame implements ActionListener, FocusListener
{ public MaFenetre ()
  { setTitle ("Carres") ;
    setSize (400, 100) ;
    Container contenu = getContentPane() ;
    contenu.setLayout (new FlowLayout() ) ;

    labNombre = new JLabel (etiqNombre) ;
    contenu.add(labNombre) ;
    nombre = new JTextField (10) ;
    contenu.add(nombre) ;
```

```
                nombre.addFocusListener (this) ;      // pour la perte de focus
                nombre.addActionListener (this) ;     // pour la validation
                labCarre = new JLabel (etiqCarre) ;
                contenu.add(labCarre) ;
            }
            public void actionPerformed (ActionEvent e)
            { actualise () ;
            }

            public void focusLost (FocusEvent e)
            { actualise () ;
            }
            public void focusGained (FocusEvent e)
            {
            }

            public void actualise()
            { try
              { String texte = nombre.getText() ;
                int n = Integer.parseInt(texte) ;
                long carre = (long)n*(long)n ;
                labCarre.setText (etiqCarre + carre) ;
              }
              catch (NumberFormatException ex)
              { nombre.setText ("") ;
                labCarre.setText (etiqCarre) ;
              }
            }

            private JLabel labNombre, labCarre ;
            private JTextField nombre ;
            static private String etiqNombre = "Nombre : ", etiqCarre = "Carre : " ;
            private JButton boutonCalcul ;
        }

        public class Carre1
        { public static void main (String args[])
          { MaFenetre fen = new MaFenetre() ;
            fen.setVisible(true) ;
          }
        }
```

Remarque   Comme notre fenêtre ne comporte qu'un seul composant susceptible de recevoir le focus, le seul moyen de faire perdre le focus au champ de texte consiste ici à rendre active une autre fenêtre.

---

110 Écoute permanente d'un champ de texte

Adapter le programme de l'exercice 108 en supprimant le bouton CALCUL et de manière que le carré du nombre s'affiche en permanence, indépendamment de toute validation ou de transfert de focus :

Ainsi, ici (si l'utilisateur n'a pas fait de corrections au cours de la frappe), on verra s'afficher successivement les carrés de 1, de 11, de 111... et enfin de 11111.

Solution

Cette fois, il faut savoir que pour implémenter un objet de type *JTextField*, Java utilise à la fois un objet dit "document" (de type *Document*) pour y conserver l'information et un objet dit "vue" pour en fournir la représentation visuelle. Toute modification d'un objet de type *Document* génère un des événements de la catégorie *Document* qu'on traite à l'aide d'un écouteur implémentant l'interface *DocumentListener*. Celle-ci comporte trois méthodes *insertUpdate*, *removeUpdate* et *changedUpdate*. Seules les deux premières sont concernées par un champ de texte. L'objet document associé à un composant s'obtient par la méthode *getDocument*.

Il nous faut donc transposer dans ces deux méthodes les actions précédemment réalisées dans l'écouteur du bouton de l'exercice . Pour éviter de dupliquer les instructions correspondantes, nous prévoyons une méthode de service nommée *actualise*.

Cette fois, cependant, en cas d'exception, nous évitons de remettre à blanc le contenu du champ de texte. En effet, une telle modification risquerait de provoquer une boucle infinie et elle est interdite par Java (elle provoque une exception). Nous nous contentons d'effacer la valeur affichée comme carré.

```
import java.awt.* ;
import java.awt.event.* ;
import javax.swing.* ;
import javax.swing.event.* ;  // utile pour DocumentListener

class MaFenetre extends JFrame implements DocumentListener
{ public MaFenetre ()
  { setTitle ("Carres") ;
    setSize (400, 100) ;
```

```
            Container contenu = getContentPane() ;
            contenu.setLayout (new FlowLayout() ) ;

            labNombre = new JLabel (etiqNombre) ;
            contenu.add(labNombre) ;
            nombre = new JTextField (10) ;
            contenu.add(nombre) ;
            nombre.getDocument().addDocumentListener (this) ;
            labCarre = new JLabel (etiqCarre) ;
            contenu.add(labCarre) ;
        }

      public void insertUpdate (DocumentEvent e)
      { actualise () ;
      }

      public void removeUpdate (DocumentEvent e)
      { actualise () ;
      }

      public void changedUpdate (DocumentEvent e)
      {
      }

      public void actualise()
      { try
        { String texte = nombre.getText() ;
          int n = Integer.parseInt(texte) ;
          long carre = (long)n*(long)n ;
          labCarre.setText (etiqCarre + carre) ;
        }
        catch (NumberFormatException ex)
        { //nombre.setText ("") ;  generait une exception
          labCarre.setText (etiqCarre) ;
        }
      }

      private JLabel labNombre, labCarre ;
      private JTextField nombre ;
      static private String etiqNombre = "Nombre : ", etiqCarre = "Carre : " ;
      private JButton boutonCalcul ;
   }

public class Carre2
{ public static void main (String args[])
   { MaFenetre fen = new MaFenetre() ;
     fen.setVisible(true) ;
   }
}
```

111 Synthèse : série harmonique

Écrire un programme permettant d'afficher la somme partielle de la série harmonique :

s = 1 + 1/2 +1/3 +1/4 + ... + 1/n

La valeur de *n* sera initialisée à 0 (on conviendra alors que *s* vaut 0) et deux boutons marqués N++ et N-- permettront de la faire évoluer :

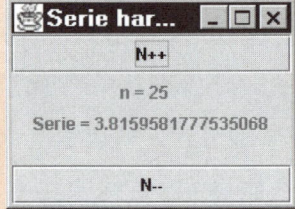

Solution Nous conservons le gestionnaire par défaut de la fenêtre, ce qui nous permettra de disposer le bouton N++ avec l'option "North" et le bouton N-- avec l'option "South". Au centre de la fenêtre, nous plaçons un panneau dans lequel nous disposons deux étiquettes (*JLabel*) qui serviront à afficher les informations voulues. Les actions sur les boutons sont gérées dans la fenêtre et elles conduisent à l'actualisation des valeurs de *n* et de la somme correspondante.

```
import java.awt.* ;
import java.awt.event.* ;
import javax.swing.* ;

class MaFenetre extends JFrame implements ActionListener
{ private static String texteN = "n = " ;
  private static String texteSomme = "Serie = " ;

  public MaFenetre ()
  { setTitle ("Serie harmonique") ;
    setSize (200, 150) ;
    Container contenu = getContentPane() ;
    pan = new JPanel () ;
    contenu.add(pan) ;
    boutPlus = new JButton ("N++") ;
    boutPlus.addActionListener (this) ;
    contenu.add (boutPlus, "North") ;
    boutMoins = new JButton ("N--") ;
```

```
                    boutMoins.addActionListener (this) ;
                    contenu.add (boutMoins, "South") ;

                    n = 0 ;
                    somme = 0. ;
                    valeurN = new JLabel (texteN + n + "   ") ;
                    pan.add (valeurN) ;
                    valeurSomme = new JLabel (texteSomme + somme) ;
                    pan.add (valeurSomme) ;
                  }
                public void actionPerformed (ActionEvent e)
                { Object source = e.getSource() ;
                    if (source == boutPlus)         { n++ ;
                                                       somme += 1./n ;
                                                     }
                    if (source == boutMoins && n>0) { somme -= 1./n ;
                                                       n-- ;
                                                     }
                    valeurN.setText (texteN + n + "    ") ;
                    valeurSomme.setText (texteSomme + somme) ;
                  }

                  private JPanel pan ;
                  private JButton boutPlus, boutMoins ;
                  private JLabel valeurN, valeurSomme ;
                  private int n ;
                  private double somme ;
                }

          public class Serie
          { public static void main (String args[])
            { MaFenetre fen = new MaFenetre() ;
              fen.setVisible(true) ;
            }
          }
```

Remarque   Ici, nous avons actualisé la valeur de la somme en lui ajoutant ou en lui soustrayant la valeur $1/n$. Dès lors que l'utilisateur incrémente et décrémente la valeur de n à diverses reprises, ce mode de calcul conduit à un cumul des erreurs. Pour l'éviter, on pourrait recalculer entièrement la valeur de la somme à chaque action sur l'un des boutons.

---

112   Gestion d'une boîte de liste

Écrire un programme affichant dans une fenêtre des boutons dont les étiquettes sont des noms de langage sélectionnés dans une boîte de liste. La liste permettra de sélectionner un nombre quelconque de plages de valeurs. Les noms des langages seront fixés dans la méthode *main* (et non dans la fenêtre). On proposera deux solutions :

• une où la sélection sera validée par l'action sur un bouton OK :

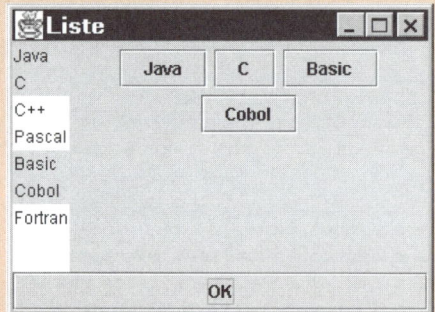

• une où les boutons affichés dans la fenêtre seront actualisés à chaque modification de la sélection dans la liste (il n'y aura plus de bouton OK).

Solution 1   Les noms de langages sont définis par un tableau de chaînes de la méthode *main* qu'on fournit en argument au constructeur de la fenêtre. La boîte de liste est ajoutée à la fenêtre elle-même avec l'option "West". Un panneau est ajouté au centre de la fenêtre, en vue d'y afficher les boutons voulus.

Le bouton OK est ajouté avec l'option "South" et on gère ses événements de type *Action*. La méthode *actionPerformed* réalise les actions suivantes :

• suppression des boutons du panneau par la méthode *removeAll* (qui supprime tous les composants d'un conteneur) ;

• récupération des valeurs sélectionnées dans la boîte de liste à l'aide de *getSelectedValues*. Elle fournit un tableau d'éléments de type *Object* qui seront convertis en *String*, avant d'être transmis au constructeur de chacun des boutons ;

• appel de la méthode *validate* du panneau pour forcer le recalcul par le gestionnaire de mise en forme.

```
import java.awt.* ;
import java.awt.event.* ;
import javax.swing.* ;

class MaFenetre extends JFrame implements ActionListener
{ public MaFenetre (String noms[])
  { setTitle ("Liste") ;
    setSize (300, 220) ;
    Container contenu = getContentPane() ;
    liste = new JList (noms) ;
    contenu.add (liste, "West") ;
    ok = new JButton ("OK") ;
    contenu.add (ok, "South") ;
    ok.addActionListener (this) ;
    pan = new JPanel () ;
    contenu.add (pan) ;
  }
  public void actionPerformed (ActionEvent e)
  { if (e.getSource() == ok)
    { pan.removeAll () ;   // supprime tous les composants de pan
      Object noms[] = liste.getSelectedValues() ;
      for (int i=0 ; i<noms.length ; i++)
      { JButton bouton = new JButton ((String)noms[i]) ;
        pan.add (bouton) ;
      }
      pan.validate() ;
    }
  }
  private JList liste ;
  private JButton ok ;
  private JPanel pan ;
}
public class Liste
{ public static void main (String args[])
  { String [] nomsLangages = {"Java", "C", "C++", "Pascal", "Basic", "Cobol",
                              "Fortran"} ;
    MaFenetre fen = new MaFenetre(nomsLangages) ;
    fen.setVisible(true) ;
  }
}
```

Solution 2   On supprime le bouton OK et on associe à la boîte de liste un écouteur (ici la fenêtre) implémentant l'interface *ListSelectionListener* :

```
liste.addListSelectionListener (this) ;
```

L'interface *ListSelectionListener* comporte une seule méthode *valueChanged*. Les événements correspondants sont générés plus souvent qu'il n'est nécessaire pour une gestion usuelle de la boîte. Il est préférable de faire appel à la méthode *getValueIsAdjusting* de la classe *ListSelectionEvent*, afin d'éviter les événements de transition. Voici comment pourrait se présenter la méthode *valueChanged* :

```
public void valueChanged (ListSelectionEvent e)
  { if ((e.getSource() == liste) && (!e.getValueIsAdjusting()))
    { pan.removeAll () ;  // supprime tous les composants de pan
      Object noms[] = liste.getSelectedValues() ;
      for (int i=0 ; i<noms.length ; i++)
      { JButton bouton = new JButton ((String)noms[i]) ;
        pan.add (bouton) ;
      }
      pan.validate() ;
    }
  }
```

Le programme complet ainsi adapté figure sur le site Web d'accompagnement sous le nom *Liste1.java*.

Rappelons que, par défaut, un boîte de liste autorise la sélection de plusieurs plages de valeurs. On a affaire au type *MULTIPLE_INTERVAL_SELECTION*. On peut imposer un autre type à l'aide de la méthode *setSelectionMode*.

D'autre part, une boîte de liste ne dispose pas de barre de défilement. Si celle-ci s'avère nécessaire, il faut alors introduire la boîte de liste dans un "panneau de défilement" (*JScroll-Panel*) et définir le nombre de valeurs visibles à un moment donné par *setVisibleRowCount*.

113   Synthèse : pendule

Afficher une pendule indiquant l'heure fournie par le biais de deux champs de texte (et validée par un bouton "Mise à l'heure") :

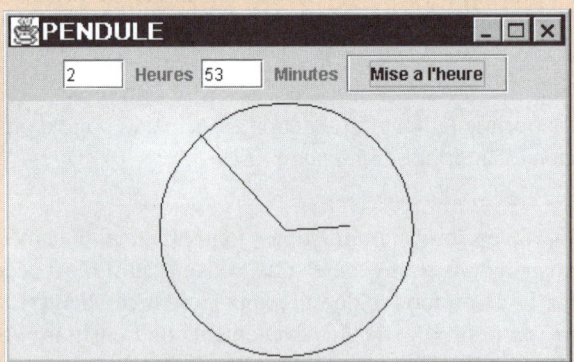

La pendule sera dessinée sur un fond de couleur jaune et on s'arrangera pour qu'elle soit la plus grande possible (tout en étant entièrement visible) en tenant compte du fait que l'utilisateur peut modifier les dimensions de la fenêtre. On utilisera la méthode *drawOval (int abscisse, int ordonnee, int largeur, int hauteur)* pour dessiner un cercle.

Solution

On utilise deux panneaux : un pour les champs de texte et le bouton, un pour le dessin de la pendule. Ils sont disposés dans la fenêtre en conservant le gestionnaire par défaut. Les trois contrôles sont écoutés par la fenêtre elle-même.

Pour que la pendule s'ajuste à une éventuelle modification de la fenêtre, il est préférable de la dessiner dans la méthode *paintComponent* du panneau dans lequel elle se trouve. Il faut donc créer une classe spécialisée (nommée ici *PanPendule*) dérivée de *JPanel*. Il apparaît alors un besoin de communication des valeurs saisies entre la fenêtre et le panneau. Pour le régler, les valeurs saisies sont conservées dans la fenêtre qu'on dote de deux méthodes d'accès *getHeures* et *getMinutes*.

Nous prévoyons par défaut des valeurs nulles pour l'heure (heures et minutes). D'autre part, nous gérons les éventuelles erreurs de saisie de l'utilisateur (valeurs non numériques ou simplement incompatibles). Dans ce cas, nous avons prévu de redonner son ancienne valeur au champ de texte correspondant.

L'actualisation de la pendule est tout simplement déclenchée par l'appel de la méhode *repaint* du panneau, en réponse à une action sur le bouton.

Nous dessinons une grande aiguille ayant une taille égale au rayon de la pendule et une petite aiguille ayant la moité de cette taille. Pour dessiner la petite aiguille, nous tenons compte du fait qu'elle se déplace non seulement en fonction du nombre d'heures, mais aussi en fonction du nombre de minutes.

```java
import java.awt.* ;
import java.awt.event.* ;
import javax.swing.* ;
class MaFenetre extends JFrame implements ActionListener
{ public MaFenetre ()
  { setTitle ("PENDULE") ;
    setSize (400, 250) ;
    Container contenu = getContentPane() ;
    panControles = new JPanel() ;
    contenu.add (panControles, "North") ;
    saisieHeures = new JTextField (4) ;
    panControles.add (saisieHeures) ;
    etiqHeures = new JLabel (" Heures") ;
    panControles.add (etiqHeures) ;
    saisieMinutes = new JTextField (4) ;
    panControles.add (saisieMinutes) ;
    etiqMinutes = new JLabel (" Minutes") ;
    panControles.add (etiqMinutes) ;
```

```
        ok = new JButton ("Mise a l'heure") ;
        panControles.add (ok) ;
        ok.addActionListener (this) ;
        panPendule = new PanPendule(this) ;
        contenu.add (panPendule) ;
        panPendule.setBackground (Color.yellow) ;
    }
  public int getMinutes ()
  { return minutes ;
  }
  public int getHeures ()
  { return heures ;
  }
  public void actionPerformed (ActionEvent e)
  { int h, m ;    // pour les valeurs saisies
    if (e.getSource() == ok)
    { try
      { String chHeures = saisieHeures.getText() ;
        h = Integer.parseInt (chHeures) ;
      }
      catch (NumberFormatException ex)
      { h = -1 ;   // on force une valeur invalide
        saisieHeures.setText ("") ;
      }
      try
      { String chMinutes = saisieMinutes.getText() ;
        m = Integer.parseInt (chMinutes) ;
      }
      catch (NumberFormatException ex)
      { m = -1 ;   // on force une valeur invalide
        saisieMinutes.setText ("") ;
      }
        // si les valeurs obtenues sont valides, on les place dans
        // les champs heures et minutes et on force le dessin
        // sinon, on replace les anciennes valeurs dans les champs texte
      if ((h>=0) && (h<24) && (m>=0) && (m<60))
      { heures = h ; minutes = m ;
        repaint() ;
      }
       else
        { saisieMinutes.setText (""+minutes) ;
          saisieHeures.setText (""+heures) ;
        }
    }
  }
  private JPanel panControles ;
  private PanPendule panPendule ;
  private JTextField saisieHeures, saisieMinutes ;
  private JLabel etiqHeures , etiqMinutes ;
```

```
    private JButton ok ;
    private int minutes=0, heures=0 ;
}

class PanPendule extends JPanel
{ public PanPendule (MaFenetre fen)
  { this.fen = fen ;
  }
  public void paintComponent (Graphics g)
  { super.paintComponent(g) ;
     // dessin du cercle
    Dimension dim = getSize() ;
    int largeur = dim.width, hauteur = dim.height ;
    boolean panTropLarge = (largeur>hauteur) ;
    int xCentre = largeur/2, yCentre = hauteur/2 ;
    int rayon ;
    if (panTropLarge) rayon = hauteur/2 - 2 ; else rayon = largeur/2 - 2 ;
    g.drawOval (xCentre-rayon, yCentre-rayon, 2*rayon, 2*rayon) ;
     // dessin grande aiguille
    int minutes = fen.getMinutes() ;
    double angle = Math.PI/2 * (1. - minutes/15.) ;
    g.drawLine (xCentre, yCentre,
                (int)(xCentre+rayon*Math.cos(angle)),
                (int)(yCentre-rayon*Math.sin(angle))) ;
     // dessin petite aiguille
    int heures = fen.getHeures() ;
    angle = Math.PI/2 * (1. - heures/3. - minutes/180.) ;
    g.drawLine (xCentre, yCentre,
                (int)(xCentre+rayon/2.*Math.cos(angle)),
                (int)(yCentre-rayon/2.*Math.sin(angle))) ;
  }
  private MaFenetre fen ;
}

public class Pendule
{ public static void main (String args[])
  { MaFenetre fen = new MaFenetre() ;
    fen.setVisible(true) ;
  }
}
```

Chapitre 10

Les boîtes de dialogue

Connaissances requises

- Boîtes de message : méthode *showMessageDialog* (choix du contenu du message, du titre de la boîte, du type d'icône)

- Boîtes de confirmation : méthode *showConfirmDialog* (choix du texte de la question, du titre de la boîte, des boutons)

- Boîtes de saisie : méthode *showInputDialog* (choix du texte de la question, du titre de la boîte, du type d'icône)

- Boîtes d'options : méthode *showInputDialog* ou *showOptionDialog*

- Boîtes de dialogue personnalisées : classe *JDialog*, méthode *setVisible*, gestion du dialogue, transfert d'information entre la boîte de dialogue et son conteneur

114 Utilisation de boîtes de message et de confirmation

Écrire un programme qui affiche les carrés des nombres impairs à partir de 1. Après l'affichage de chaque carré, on demandera à l'utilisateur s'il souhaite continuer. On utilisera des boîtes de message et des boîtes de confirmation comme dans les illustrations de la page suivante :

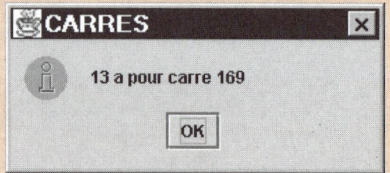 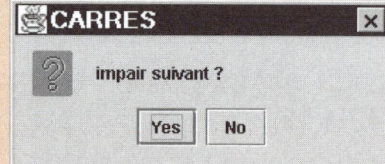

Ici, il n'est pas nécessaire de créer une fenêtre, de sorte que le programme sera réduit à une simple méthode *main*.

Nous utilisons une boîte de message pour afficher chacun des carrés. Comme celle-ci n'est rattachée à aucune fenêtre, le premier argument de la méthode *showMessageDialog* est *null*. Les arguments suivants précisent respectivement le message à afficher (ici le nombre impair courant et son carré), le titre de la boîte (*CARRES*) et le type d'icône (information).

Après chaque affichage d'un carré, nous demandons à l'utilisateur s'il souhaite continuer en utilisant une boîte de confirmation créée par la méthode *showConfirmDialog*. Là encore le premier argument est *null*. Les autres précisent respectivement la question à afficher (*impair suivant ?*), le titre de la boîte et la nature des boutons figurant dans la boîte (*YES* et *NO*).

Notez que le choix du type d'icône ou celui de la nature des boutons est exprimé à l'aide de constantes prédéfinies de la classe *JOptionPane*, ce qui est plus pratique que d'utiliser les valeurs entières correspondantes.

```
import javax.swing.* ;
public class Carres
{
  public static void main(String[] args)
  { int n = 1 ;
    int rep ;
    do
    { JOptionPane.showMessageDialog (null, n + " a pour carre " + n*n,
                          "CARRES", JOptionPane.INFORMATION_MESSAGE) ;
```

```
        n+=2 ;
        rep = JOptionPane.showConfirmDialog (null, "impair suivant ?",
                                   "CARRES", JOptionPane.YES_NO_OPTION) ;
      }
      while (rep == JOptionPane.YES_OPTION) ;
    }
  }
```

115   Utilisation de boîtes de message, de confirmation et de saisie

Écrire un programme qui lit des valeurs flottantes et en affiche la moyenne. Les valeurs seront lues par l'intermédiaire d'une boîte de saisie. Une réponse incorrecte fera l'objet d'un message d'avertissement (en cas d'action sur le bouton *Cancel* ou de fermeture de la boîte, on redemandera la valeur).

Après chaque valeur correctement lue, on demandera à l'utilisateur s'il en a d'autres à fournir. A la fin, une boîte de message fournira le nombre de valeurs lues et leur moyenne.

Ici, il n'est pas nécessaire de créer une fenêtre (le programme sera donc réduit à une simple méthode *main*). Voici quelques illustrations du dialogue avec l'utilisateur pour cet exemple :

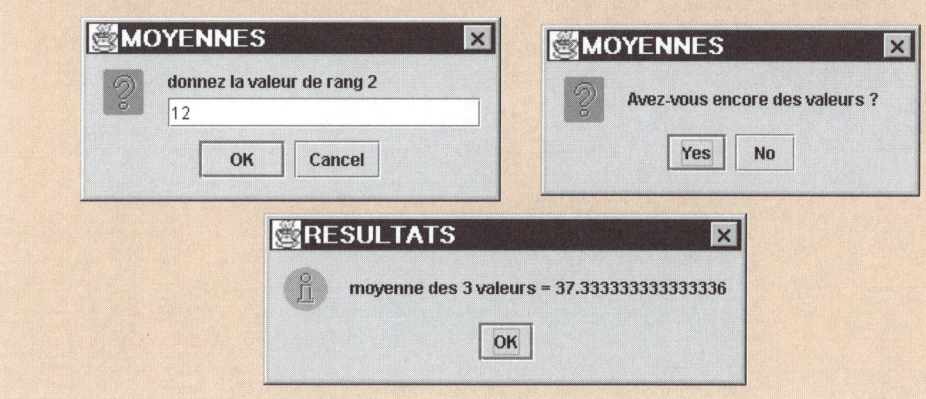

Solution   Nous utiliserons donc les boîtes de dialogue standard construites automatiquement par les méthodes *showMessageDialog*, *showConfirmDialog* et *showInputDialog*. Le premier argument de leur appel est toujours *null* puisque nous ne cherchons pas à rattacher ces boîtes à une fenêtre particulière. Le choix des formes d'icône ou du type des boutons est fait à l'aide des constantes prédéfinies de la classe *JOptionPane* : *JOptionPane.QUESTION_MESSAGE* pour l'icône "point d'interrogation", *JOptionPane.YES_NO_OPTION* pour ne disposer que des deux boutons *YES* et *NO*.

En ce qui concerne la saisie des valeurs, nous convertissons la chaîne lue en un *double* avec la méthode *Double.parseDouble*. Nous traitons les valeurs incorrectes en interceptant l'exception *NumberFormatException* qu'elle génère.

Rappelons que si l'utilisateur clique sur le bouton *Cancel* d'une boîte de saisie ou s'il la ferme, la méthode *showInputDialog* fournit la valeur *null*.

```java
import javax.swing.* ;
public class Moyenne
{
  public static void main(String[] args)
  { int n = 0 ;
    double x=0, somme=0, moyenne ;
    int continuer ;

       // lecture des differentes valeurs
    do
    { boolean ok ;
      n++ ;
      do  // boucle de lecture d'une valeur jusqu'a correcte
      { ok = false ;
        String rep = (String)JOptionPane.showInputDialog
                          (null, "donnez la valeur de rang " + n,
                           "MOYENNES", JOptionPane.QUESTION_MESSAGE) ;
        if (rep == null) continue ;  // si action sur Cancel ou fermeture
        try
        { x = Double.parseDouble(rep) ;
          ok = true ;
        }
        catch (NumberFormatException e)
        { JOptionPane.showMessageDialog (null, "reponse incorrecte") ;
        }
      }
      while (!ok) ;
      somme += x ;
      continuer = JOptionPane.showConfirmDialog
                  (null, "Avez-vous encore des valeurs ? ",
                   "MOYENNES", JOptionPane.YES_NO_OPTION) ;
    }
    while (continuer == JOptionPane.YES_OPTION) ;

       // calcul de la moyenne et affichage
    moyenne = somme/n ;
    JOptionPane.showMessageDialog
        (null, "moyenne des " + n + " valeurs = " + moyenne,
         "RESULTATS", JOptionPane.INFORMATION_MESSAGE) ;
  }
}
```

116   Programmation d'une boîte de message

Sans utiliser les boîtes de dialogue standard, écrire une méthode statique *afficheMessage* (d'une classe nommée *Util*) affichant une boîte de message comme le fait la méthode *JOptionPane.showMessageDialog* (qu'on ne devra donc pas utiliser). Pour simplifier les choses, la boîte affichée ne comportera pas d'icône et sera de taille fixe (par exemple 200x100) et son titre sera toujours "*MESSAGE*" comme dans cet exemple :

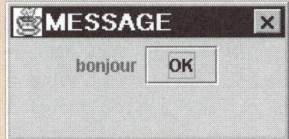

La méthode *afficheMessage* ne comportera que deux arguments : la référence de la fenêtre parent (supposée de type *JFrame* ou dérivé) et le texte du message à afficher.

Ecrire un petit programme d'essai.

Comme l'énoncé nous interdit d'utiliser les boîtes de dialogue standard, il est nécessaire de créer un objet boîte de dialogue d'une classe *JDialog* ou dérivée. Nous vous proposons deux solutions : l'une utilisant directement la classe *JDialog*, l'autre créant une classe spécialisée dérivée de *JDialog*.

Première solution

Dans la méthode *afficheMessage*, nous créons donc un objet de type *JDialog*, en fournissant *true* comme troisième argument, ce qui correspond au cas usuel d'une boîte "modale". Nous y plaçons deux composants : un bouton *OK* et une étiquette (*JLabel*). Comme le gestionnaire par défaut d'une boîte de dialogue est de type *BorderLayout*, nous le remplaçons par un gestionnaire de type *FlowLayout*.

L'affichage de la boîte est provoqué par l'appel de sa méthode *setVisible* avec l'argument *true*. La fin du dialogue doit être déclenchée par l'écouteur des événements *Action* associés au bouton *OK*. Ici, cet écouteur ne peut être qu'un objet d'une classe spécifique (nommée *EcoutOK*). Nous transmettons la référence de la boîte concernée au constructeur : la méthode *actionPerformed* se contente de lui appliquer la méthode *setVisible (false)* pour mettre fin au dialogue (aucun test n'a besoin d'être réalisé dans la méthode *afficheMessage*). Avant de quitter la méthode *afficheMessage*, nous prenons soin d'appeler la méthode *dispose* afin de libérer la boîte de dialogue et les différents objets qui lui sont associés.

```java
import javax.swing.* ;
import java.awt.* ;
import java.awt.event.* ;
class Util
{ static void afficheMessage (JFrame parent, String message)
  { // creation de l'objet boite de dialogue
    JDialog boiteMessage = new JDialog (parent, "MESSAGE", true) ;
    boiteMessage.setSize (200,100) ;
    // mise en place des composants : bouton OK, etiquette
    Container contenu = boiteMessage.getContentPane() ;
    contenu.setLayout (new FlowLayout()) ;
    JLabel txt = new JLabel (message) ;
    contenu.add (txt) ;
    JButton ok = new JButton ("OK") ;
    contenu.add (ok) ;
    ok.addActionListener (new EcouteOK(boiteMessage)) ;
    // affichage du dialogue
    boiteMessage.setVisible (true) ;
    // fin sur OK - rien a tester ici
    boiteMessage.dispose() ;
  }
}

class EcouteOK implements ActionListener
{ public EcouteOK (JDialog bd)
  { this.bd = bd ;
  }
  public void actionPerformed (ActionEvent e)
  { bd.setVisible (false) ;
  }
  private JDialog bd ;
}
public class TstMess

{ public static void main (String args[])
  { JFrame fen = new JFrame("Essai afficheMessage") ;
    fen.setSize (400, 300) ;
    fen.setVisible (true) ;
    Util.afficheMessage (fen, "bonjour") ;
    Util.afficheMessage (fen, "et au revoir") ;
  }
}
```

Deuxième solution

Nous créons une classe *BoiteMessage* dérivée de *JDialog*. Cette fois, l'écouteur du bouton *OK* peut être l'objet boîte de message lui-même, de sorte qu'aucune information n'a besoin d'être transmise à l'écouteur.

```java
import javax.swing.* ;
import java.awt.* ;
import java.awt.event.* ;
class Util
{ static void afficheMessage (JFrame parent, String message)
  { BoiteMessage boiteMessage = new BoiteMessage (parent, message) ;
    boiteMessage.setVisible (true) ;
    boiteMessage.dispose() ;
  }
}

class BoiteMessage extends JDialog implements ActionListener
{ public BoiteMessage(JFrame parent, String message)
  { super (parent, "MESSAGE", true) ;
    setSize (200,100) ;
    Container contenu = getContentPane() ;
    contenu.setLayout (new FlowLayout()) ;
    JLabel txt = new JLabel (message) ;
    contenu.add (txt) ;
    JButton ok = new JButton ("OK") ;
    contenu.add (ok) ;
    ok.addActionListener (this) ;
  }
  public void actionPerformed (ActionEvent e)
  { setVisible (false) ;
  }
}

public class TstMess2
{ public static void main (String args[])
  { JFrame fen = new JFrame("Essai afficheMessage") ;
    fen.setSize (400, 300) ;
    fen.setVisible (true) ;
    Util.afficheMessage (fen, "bonjour") ;
    Util.afficheMessage (fen, "et au revoir") ;
  }
}
```

117 Programmation d'une boîte de confirmation

Sans utiliser les boîtes de dialogue standard, écrire une méthode statique *afficheConfirme* (d'une classe nommée *Util*) affichant une boîte de confirmation comme le fait la méthode *JOptionPane.showConfirmDialog*. Pour simplifier les choses, la boîte affichée ne comportera pas d'icône et sera de taille fixe (par exemple 200x100), son titre sera toujours "*CHOIX*" et elle comportera toujours les boutons *Oui*, *Non* et *Annul* comme dans cet exemple :

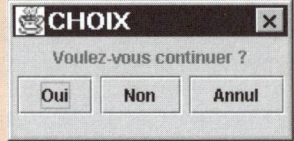

La méthode *afficheConfirm* ne comportera que deux arguments : la référence de la fenêtre parent (supposée de type *JFrame* ou dérivé) et le texte de la question. Sa valeur de retour, de type *int*, précisera l'action effectuée : 0 pour *Oui*, 1 pour *Non*, 2 pour *Annul*, -1 pour la fermeture de la boîte.

Écrire un petit programme d'essai.

Solution

Ici, nous créons un objet d'une classe spécialisée *BoiteConfirme* (dérivée de *JDialog*) dont nous faisons son propre écouteur des actions sur les différents boutons. Un champ privé nommé *etat* est utilisé pour identifier le bouton actionné par l'utilisateur. Nous utilisons les valeurs prévues en retour de *afficheConfirme*. Pour éviter d'avoir à traiter l'événement "fermeture de la boîte de dialogue", nous plaçons initialement ce champ à la valeur -1 (valeur de retour prévue en cas de fermeture de la boîte).

Une méthode d'accès nommée *getEtat* permet à la méthode *afficheConfirme* de connaître le choix fait par l'utilisateur après la fin du dialogue.

```
import javax.swing.* ;
import java.awt.* ;
import java.awt.event.* ;

class BoiteConfirme extends JDialog implements ActionListener
{
  public BoiteConfirme (JFrame parent, String message)
  { super (parent, "CHOIX", true) ;
    setSize (200,100) ;
```

```
        // mise en place des composants : bouton OK, étiquette
        Container contenu = getContentPane() ;
        contenu.setLayout (new FlowLayout()) ;
        JLabel txt = new JLabel (message) ;
        contenu.add (txt) ;
        yes = new JButton ("Oui") ;
        yes.addActionListener (this) ;
        contenu.add (yes) ;
        no = new JButton ("Non") ;
        contenu.add (no) ;
        no.addActionListener (this) ;
        cancel = new JButton ("Annul") ;
        contenu.add (cancel) ;
        cancel.addActionListener (this) ;
    }

    public void actionPerformed (ActionEvent e)
    { if (e.getSource() == yes)    etat = 0 ;
      if (e.getSource() == no)     etat = 1 ;
      if (e.getSource() == cancel) etat = 2 ;
      setVisible (false) ;
    }

    public int getEtat()
    { return etat ;
    }
    private JButton yes, no, cancel ;
    private int etat = -1 ;
}

class Util
{ static int afficheConfirme (JFrame parent, String message)
   { // creation de l'objet boite de dialogue
     BoiteConfirme boiteConf = new BoiteConfirme (parent, message) ;
     // affichage du dialogue
     boiteConf.setVisible (true) ;
     // fin du dialogue
     boiteConf.dispose() ;
     return boiteConf.getEtat() ;
   }
}

public class TstChoix
{ public static void main (String args[])
   { JFrame fen = new JFrame("Essai Boite Confirmation") ;
     fen.setSize (400, 300) ;
     fen.setVisible (true) ;
     int rep = Util.afficheConfirme (fen, "Voulez-vous continuer ?") ;
     System.out.println ("reponse = " + rep) ;
   }
}
```

118 Programmation d'une boîte de saisie

Sans utiliser les boîtes de dialogue standard, écrire une méthode statique *afficheSaisie* (d'une classe nommée *Util*) affichant une boîte de confirmation comme le fait la méthode *JOptionPane.showInputDialog*. Pour simplifier les choses, la boîte affichée ne comportera pas d'icône, elle sera de taille fixe (par exemple 240x150), son titre sera toujours "*SAISIE*" et elle comportera toujours les boutons *OK* et *Annul* comme dans cet exemple :

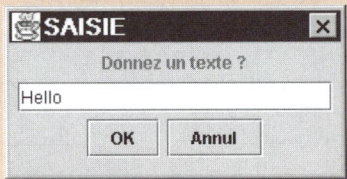

La méthode *afficheSaisie* ne comportera que deux arguments : la référence de la fenêtre parent (supposée de type *JFrame* ou dérivé) et le texte à afficher. Sa valeur de retour, de type *String* sera l'information saisie ou la valeur *null* en cas d'action sur *Annul* ou de fermeture de la boîte.

Écrire un petit programme d'essai.

Solution

Ici, nous créons un objet d'une classe spécialisée *BoiteSaisie* (dérivée de *JDialog*) dont nous faisons son propre écouteur des actions sur les deux boutons qui doivent déclencher la fin du dialogue. Les événements du champ de texte n'ont pas besoin d'être pris en compte puisque la validation de l'information se fait par le bouton *OK*.

Un champ privé nommé *infoLue* est utilisé pour conserver la chaîne lue. Pour éviter d'avoir à traiter l'événement "fermeture de la boîte de dialogue", nous plaçons initialement ce champ à la valeur *null* (valeur de retour prévue en cas de fermeture de la boîte).

Une méthode d'accès nommée *getInfo* permet à la méthode *afficheSaisie* de connaître le choix fait par l'utilisateur après la fin du dialogue.

```
import javax.swing.* ;
import java.awt.* ;
import java.awt.event.* ;
class BoiteSaisie extends JDialog implements ActionListener
{
  public BoiteSaisie (JFrame parent, String message)
  { super (parent, "SAISIE", true) ;
    setSize (240,150) ;
```

```
             // mise en place des composants
             Container contenu = getContentPane () ;
             contenu.setLayout (new FlowLayout()) ;
             JLabel txt = new JLabel (message) ;
             contenu.add (txt) ;
             saisie =  new JTextField (20) ;
             contenu.add (saisie) ;
             ok = new JButton ("OK") ;
             ok.addActionListener (this) ;
             contenu.add (ok) ;
             cancel = new JButton ("Annul") ;
             contenu.add (cancel) ;
             cancel.addActionListener (this) ;
          }
        public void actionPerformed (ActionEvent e)
        { if (e.getSource() == ok)
            { infoLue = saisie.getText() ;
            }
          setVisible (false) ;
        }
        public String getInfo ()
        { return infoLue ;
        }
        private JButton ok, cancel ;
        private JTextField saisie ;
        private String infoLue = null ;
    }

    class Util
    { static String afficheSaisie (JFrame parent, String message)
        { // creation de l'objet boite de dialogue
          BoiteSaisie boiteSaisie = new BoiteSaisie (parent, message) ;
          // affichage du dialogue
          boiteSaisie.setVisible (true) ;
          // fin du dialogue
          boiteSaisie.dispose() ;
          return boiteSaisie.getInfo() ;
        }
    }

    public class TstSaisie
    {
      public static void main (String args[])
      { String rep ;
        JFrame fen = new JFrame("Essai Boite de saisie") ;
        fen.setSize (400, 300) ;
        fen.setVisible (true) ;
        do  // on interroge l'utilisateur jusqu'a ce qu'il reponde "fin"
        { rep = Util.afficheSaisie (fen, "Donnez un texte ?") ;
          if (rep != null)
            System.out.println ("reponse = " + rep) ;
        }
        while ((rep == null) || !rep.equals("fin")) ;
      }
    }
```

119 | Synthèse : saisie d'une heure

Réaliser une classe nommée *DialogueSaisieHeure* permettant à l'utilisateur de saisir, dans une boîte de dialogue, une heure exprimée sous la forme de deux nombres entiers : un nombre d'heures compris entre 0 et 23, un nombre de minutes compris entre 0 et 59. La boîte de dialogue comportera deux champs de texte pour la saisie des entiers, un bouton *OK* et un bouton *Annul* :

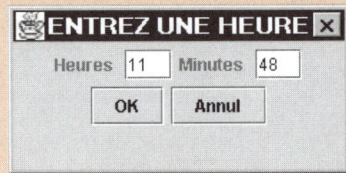

Si l'utilisateur agit sur *OK* alors que les valeurs fournies sont incorrectes (non numériques ou hors plage), on lui demandera d'en fournir d'autres (on ne mettra pas fin au dialogue) :

 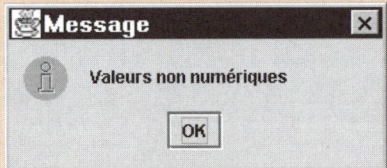

La classe disposera :

- d'un constructeur à un argument de type *JFrame* correspondant à la fenêtre parent à utiliser pour la boîte ;
- d'une méthode *lanceDialog* permettant d'afficher la boîte et de gérer le dialogue. Elle fournira en retour : la valeur *true* si le dialogue s'est terminé normalement (valeurs correctes puis action sur *OK*), la valeur *false* dans le cas contraire (*Annul* ou fermeture de la boîte) ;
- de deux méthodes *getHeures* et *getMinutes* permettant de "récupérer" les valeurs saisies.

Écrire un petit programme de test.

Solution   Ici encore, la boîte de dialogue sera son propre écouteur des actions sur les boutons *OK* et *Annul*. Il n'est pas nécessaire d'écouter les champs de texte puisque leur contenu n'est pris en compte qu'au moment de l'action sur *OK*.

```
import javax.swing.* ;
import java.awt.* ;
import java.awt.event.* ;
```

```
class DialogueSaisieHeure extends JDialog implements ActionListener
{ public DialogueSaisieHeure (JFrame parent)
  { super (parent, "ENTREZ UNE HEURE", true) ;
    this.parent = parent ;
    setSize (240,120) ;
    // mise en place des composants
    Container contenu = getContentPane() ;
    contenu.setLayout (new FlowLayout()) ;
    JLabel etiqHeures = new JLabel ("Heures ") ;
    contenu.add (etiqHeures) ;
    saisieHeures =  new JTextField (3) ;
    contenu.add (saisieHeures) ;
    JLabel etiqMinutes = new JLabel ("Minutes ") ;
    contenu.add (etiqMinutes) ;
    saisieMinutes =  new JTextField (3) ;
    contenu.add (saisieMinutes) ;
    ok = new JButton ("OK") ;
    ok.addActionListener (this) ;
    contenu.add (ok) ;
    cancel = new JButton ("Annul") ;
    contenu.add (cancel) ;
    cancel.addActionListener (this) ;
  }

  public void actionPerformed (ActionEvent e)
  { if (e.getSource() == ok)
    {   // recuperation infos saisies
      String chHeures =  saisieHeures.getText() ;
      String chMinutes = saisieMinutes.getText() ;
        // essai de conversion en entiers
      try
      { heures =  Integer.parseInt (chHeures) ;
        minutes = Integer.parseInt (chMinutes) ;
      }
      catch (NumberFormatException eX)
      { JOptionPane.showMessageDialog (parent, "Valeurs non numériques") ;
        saisieHeures.setText ("") ;
        saisieMinutes.setText ("") ;
        return ;
      }
        // conversion reussie - verification des plages
      if ( (heures>=0) && (heures<24) && (minutes>=0) && (minutes<60))
        correct = true ;
      else
        { JOptionPane.showMessageDialog (parent, "Valeurs hors plage") ;
          saisieHeures.setText ("") ;
          saisieMinutes.setText ("") ;
          return ;
        }
    }
    setVisible (false) ;
  }
```

```
        public int getHeures()
        { return heures ;
        }
        public int getMinutes()
        { return minutes ;
        }

        public boolean lanceDialog ()
        { correct = false ;
            // affichage du dialogue
          setVisible (true) ;
          // fin du dialogue
          dispose() ;
          return correct ;
        }
        private JFrame parent ;
        private JButton ok, cancel ;
        private JTextField saisieHeures, saisieMinutes ;
        private int heures, minutes ;
        private boolean correct ;
    }

    public class TstHM
    { public static void main (String args[])
        { DialogueSaisieHeure boiteHeure ;
          JFrame fen = new JFrame("Essai boite saisie heure") ;
          fen.setSize (400, 300) ;
          fen.setVisible (true) ;

          boiteHeure = new DialogueSaisieHeure (fen) ;
          if (boiteHeure.lanceDialog () == true)
            { System.out.println ("Heure fournie : " + boiteHeure.getHeures() + "h "
                                        + boiteHeure.getMinutes() + "mn") ;
            }
          else
            System.out.println ("dialogue abandonne") ;
          boiteHeure.dispose() ;
        }
    }
```

Remarque L'énoncé nous imposait de recourir à une méthode *lanceDialog* membre de la classe *DialogueSaisieHeure* et non plus à une méthode statique. Il est donc nécessaire que l'objet boîte de dialogue ait été créé avant l'appel de cette méthode. C'est ce que nous faisons ici dans la méthode *main*. Cette démarche est plus contraignante que celle qui consisterait à créer automatiquement la boîte lors de l'appel d'une méthode statique. En revanche, elle permettrait, si on le souhaitait, de ne créer qu'une seule fois une boîte qu'on utilise ensuite à diverses reprises

Chapitre 11

Les menus

Connaissances requises

- Barre de menus (*JMenuBar*) ; construction ; rattachement à une fenêtre (méthode *setJMenuBar*)

- Objets menus (*JMenu*) ; construction ; ajout à une barre de menus ; événements générés (*MenuEvent*), méthodes *menuSelected*, *menuDeselected*, *menuCanceled* ; ajout d'une barre séparatrice (méthode *addSeparator*)

- Options de menus (*JMenuItem*) ; construction ; ajout à un menu ; événements *Action* générés

- Options case à cocher (*JCheckBoxMenuItem*) ; options boutons radio (*JRadiButtonMenuItem*) ; groupe de boutons radio

- Menus surgissants (*JPopupMenu*)

- Composition d'options de menu

- Menus dynamiques ; activation/désactivation d'options (*setEnabled*)

120 Création d'un menu déroulant usuel

Créer une fenêtre (dérivée de *JFrame*) munie d'une barre de menus constituée :

* d'un menu *Fichier* comportant les options : *Ouvrir*, *Sauvegarder* et *Fermer*,
* d'un menu *Edition* comportant les options : *Copier* et *Coller*.

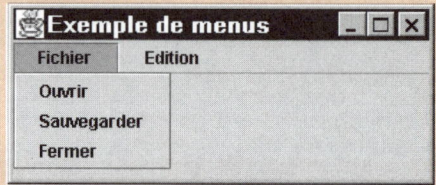

On ne cherchera pas ici à traiter les actions correspondantes.

Dans le constructeur de la fenêtre, nous créons un objet de type *JMenuBar* et nous le rattachons à la fenêtre avec la méthode *add*. Puis nous créons deux objets de type *JMenu* (nommés *fichier* et *edition*) que nous rattachons à la barre des menus. Pour chaque menu, nous créons les options voulues (de type *JMenuItem*) et nous les associons au menu par *add*.

```java
import java.awt.*;
import javax.swing.* ;
class FenMenu extends JFrame
{ public FenMenu ()
  { setTitle ("Exemple de menus") ;
    setSize (300, 120) ;
     /* creation barre des menus */
    barreMenus = new JMenuBar() ;
    setJMenuBar(barreMenus) ;
     /* creation menu Fichier et ses options */
    fichier = new JMenu ("Fichier") ;
    barreMenus.add(fichier) ;
    ouvrir = new JMenuItem ("Ouvrir") ;
    fichier.add (ouvrir) ;
    sauvegarder = new JMenuItem ("Sauvegarder") ;
    fichier.add (sauvegarder) ;
    fermer = new JMenuItem ("Fermer") ;
    fichier.add (fermer) ;
     /* creation menu Edition et ses options */
    edition = new JMenu ("Edition") ;
    barreMenus.add (edition) ;
    copier = new JMenuItem ("Copier") ;
```

       © Éditions Eyrolles

```
           edition.add (copier) ;
           coller = new JMenuItem ("Coller") ;
           edition.add (coller) ;
         }
       private JMenuBar barreMenus ;
       private JMenu fichier, edition ;
       private JMenuItem ouvrir, sauvegarder, fermer, copier, coller ;
     }
   public class Fiched1
   { public static void main (String args[])
     { FenMenu fen = new FenMenu() ;
       fen.setVisible(true) ;
     }
   }
```

Solution 2 Dans la précédente solution, le constructeur de la fenêtre comportait plusieurs instructions semblables, notamment la création d'une option et son rattachement au menu. Si le nombre d'options de chaque menu devenait important, on pourrait avoir intérêt à écrire une méthode statique regroupant ces différentes tâches comme dans cet exemple (où cette méthode se nomme *ajoute*) :

```
   import java.awt.*;
   import javax.swing.* ;

   class FenMenu extends JFrame
   { public FenMenu ()
     { setTitle ("Exemple de menus") ;
       setSize (300, 150) ;
         /* creation barre des menus */
       barreMenus = new JMenuBar() ;
       setJMenuBar(barreMenus) ;
         /* creation menu Fichier et ses options */
       fichier = new JMenu ("Fichier") ;
       barreMenus.add(fichier) ;
       ouvrir = ajoute ("Ouvrir", fichier) ;
       sauvegarder = ajoute ("Sauvegarder", fichier) ;
       fermer = ajoute ("Fermer", fichier) ;
         /* creation menu Edition et ses options */
       edition = new JMenu ("Edition") ;
       barreMenus.add (edition) ;
       copier = ajoute ("Copier", edition) ;
       coller = ajoute ("Coller", edition) ;
     }
   private static JMenuItem ajoute (String libelle, JMenu menu)
   { JMenuItem option = new JMenuItem (libelle) ;
     menu.add (option) ;
     return option ;
   }
   private JMenuBar barreMenus ;
   private JMenu fichier, edition ;
   private JMenuItem ouvrir, sauvegarder, fermer, copier, coller ;
 }
```

```
public class Fichedb1
{ public static void main (String args[])
  { FenMenu fen = new FenMenu() ;
    fen.setVisible(true) ;
  }
}
```

Remarque

Il est nécessaire que la méthode *ajoute* renvoie la référence à l'option qu'elle a créée. Il n'est pas possible de l'écrire par exemple de cette manière :

```
private static void ajoute (String libelle, JMenu menu, JMenuItem option)
{ option = new JMenuItem (libelle) ;
  menu.add (option) ;
}
```

Solution 3

On peut également envisager d'employer des tableaux d'options et de libellés comme dans cet exemple :

```
import java.awt.*;
import javax.swing.* ;

class FenMenu extends JFrame
{ public FenMenu ()
  { setTitle ("Exemple de menus") ;
    setSize (300, 120) ;
     /* creation barre des menus */
    barreMenus = new JMenuBar() ;
    setJMenuBar(barreMenus) ;
     /* creation menu Fichier et ses options */
    fichier = new JMenu ("Fichier") ;
    barreMenus.add(fichier) ;
    int nOptionsFichier = nomsOptionsFichier.length ;
    optionsFichier = new JMenuItem [nOptionsFichier] ;
    for (int i=0 ; i<nOptionsFichier ; i++)
    { optionsFichier[i] = new JMenuItem (nomsOptionsFichier[i]) ;
      fichier.add (optionsFichier[i]) ;
    }
     /* creation menu Edition et ses options */
    edition = new JMenu ("Edition") ;
    barreMenus.add (edition) ;
    int nOptionsEdition = nomsOptionsEdition.length ;
    optionsEdition = new JMenuItem [nOptionsEdition] ;
    for (int i=0 ; i<nOptionsEdition ; i++)
    { optionsEdition[i] = new JMenuItem (nomsOptionsEdition[i]) ;
      edition.add (optionsEdition[i]) ;
    }
  }
  private JMenuBar barreMenus ;
```

```
      private JMenu fichier, edition ;
      private JMenuItem [] optionsFichier, optionsEdition ;
      private String[] nomsOptionsFichier = {"Ouvrir", "Sauvegarder", "Fermer"} ;
      private String[] nomsOptionsEdition = { "Copier", "Coller"} ;
}

public class Fiched1a
{ public static void main (String args[])
  { FenMenu fen = new FenMenu() ;
    fen.setVisible(true) ;
  }
}
```

Cette démarche ne sera cependant pas toujours facile à associer avec le traitement des événements générés par les différentes options (non demandé ici).

121   Gestion des actions sur les options d'un menu

On se propose de traiter les actions sur les options des deux menus créés dans l'exercice 120. On ne cherchera pas à manipuler véritablement un fichier mais seulement un nom de fichier fourni par une boîte de saisie déclenchée par l'option *Ouvrir*.

On "tracera" en fenêtre console les opérations résultant des différentes actions de l'utilisateur comme dans cet exemple :

```
On ouvre truc
copie d'information
on sauvegarde truc
collage d'information
Rien a coller
on sauvegarde truc
On ferme truc
On ouvre chose
On ferme chose
Pas de fichier ouvert a sauvegarder
pas de fichier ouvert
```

Pour les options du menu *Fichier*, on précisera la nature de l'opération (ouverture, sauvegarde, fermeture) et le nom du fichier concerné. On supposera qu'on ne peut ouvrir qu'un seul fichier à la fois et que l'ouverture d'un nouveau fichier entraîne la fermeture de l'ancien (une même option peut donc déclencher plusieurs opérations). On signalera les choix incohérents telle une demande de fermeture alors qu'aucun fichier n'est ouvert.

> Pour les options du menu *Edition*, on se contentera de préciser l'opération réalisée et de signaler les choix incohérents. On supposera qu'une même information ne peut être collée qu'une seule fois.

Solution Il nous suffit de traiter les événements *Action* déclenchés par les différentes options des menus. Ici, nous faisons de la fenêtre son propre écouteur.

En réponse à l'option *Ouvrir*, nous demandons à l'utilisateur de fournir un nom de fichier dans une boîte de saisie standard. Nous tenons compte du fait qu'il peut très bien abandonner la saisie (fermeture de la boîte ou action sur *Cancel*) et donc ne fournir aucun nom. De même, nous considérons qu'un nom vide n'est pas une réponse satisfaisante.

Des indicateurs booléens *fichierOuvert* et *infoCopiee* nous permettent de suivre l'évolution de la situation.

```java
import java.awt.*;
import java.awt.event.* ;
import javax.swing.* ;
import javax.swing.event.* ;
class FenMenu extends JFrame implements ActionListener
{ public FenMenu ()
  { setTitle ("Exemple de menus") ;
    setSize (300, 130) ;
     /* creation barre des menus */
    barreMenus = new JMenuBar() ;
    setJMenuBar(barreMenus) ;
     /* creation menu Fichier et ses options */
    fichier = new JMenu ("Fichier") ;
    barreMenus.add(fichier) ;
    ouvrir = new JMenuItem ("Ouvrir") ;
    fichier.add (ouvrir) ;
    ouvrir.addActionListener (this) ;
    sauvegarder = new JMenuItem ("Sauvegarder") ;
    fichier.add (sauvegarder) ;
    sauvegarder.addActionListener (this) ;
    fermer = new JMenuItem ("Fermer") ;
    fichier.add (fermer) ;
    fermer.addActionListener (this) ;
     /* creation menu Edition et ses options */
    edition = new JMenu ("Edition") ;
    barreMenus.add (edition) ;
    copier = new JMenuItem ("Copier") ;
    edition.add (copier) ;
    copier.addActionListener (this) ;
    coller = new JMenuItem ("Coller") ;
    edition.add (coller) ;
    coller.addActionListener (this) ;
```

```java
            /* etat initial : pas de fichier ouvert, pas d'info copiee */
            fichierOuvert = false ; infoCopiee = false ;
            nomFichier = null ;
      }
      public void actionPerformed (ActionEvent e)
      { Object source = e.getSource() ;
        if (source == ouvrir)
        { String nom = JOptionPane.showInputDialog (this, "nom fichier a ouvrir") ;
          if ((nom == null) || (nom.equals(""))) return ;
          if (fichierOuvert) System.out.println ("On ferme " + nomFichier) ;
          nomFichier = nom ; fichierOuvert = true ;
          System.out.println ("On ouvre " + nomFichier) ;
        }
        if (source == fermer)
        { if (fichierOuvert) System.out.println ("On ferme " + nomFichier) ;
           else System.out.println ("pas de fichier ouvert") ;
          fichierOuvert = false ;
        }
        if (source == sauvegarder)
        { if (fichierOuvert)  System.out.println ("on sauvegarde " + nomFichier) ;
             else System.out.println ("Pas de fichier ouvert a sauvegarder") ;
        }
        if (source == copier)
        { System.out.println ("copie d'information") ;
          infoCopiee = true ;
        }
        if (source == coller)
        { if (infoCopiee) System.out.println ("collage d'information") ;
                 else System.out.println ("Rien a coller") ;
          infoCopiee = false ;
        }
      }
      private JMenuBar barreMenus ;
      private JMenu fichier, edition ;
      private JMenuItem ouvrir, sauvegarder, fermer, copier, coller ;
      private boolean fichierOuvert, infoCopiee ;
      private String nomFichier ;
}

public class Fiched2
{ public static void main (String args[])
  { FenMenu fen = new FenMenu() ;
    fen.setVisible(true) ;
  }
}
```

122   Activation, désactivation d'options

Modifier le programme réalisé dans l'exercice 121 de manière que ne soient activées que les seules les options réellement utilisables à un moment donné. Par exemple, tant qu'un fichier n'est pas ouvert, les options *Sauvegarder* et *Fermer* ne seront pas actives.

On proposera deux solutions :

- l'une où l'on continuera de ne traiter que les événements de type *Action*,
- l'autre où l'on traitera en plus les événements de type *MenuItem*.

Solution 1

Nous utiliserons la méthode *setEnabled* de la classe *JMenuItem* pour activer ou désactiver une option. Initialement (à la construction de la fenêtre), seules les options *Ouvrir* et *Copier* sont activées. Lors du traitement des actions sur les différentes options, nous actualisons les options actives. Plus précisément, à la fin de la méthode *actionPerformed*, nous utilisons les valeurs des indicateurs booléens *fichierOuvert* et *infoCopiee* pour décider de l'état des différentes options. Cette démarche est plus simple que celle qui consisterait à modifier l'état d'activation d'une ou de plusieurs options en fonction de l'option sélectionnée.

Notez qu'il est nécessaire de définir l'état d'activation initial des options dans le constructeur de la fenêtre. Dans le cas contraire, lors de la première sélection d'un menu, toutes les options seraient actives.

En ce qui concerne les messages affichés en fenêtre console, certains n'ont plus lieu d'être, par exemple "pas de fichier ouvert"... Nous les avons supprimés.

```
import java.awt.*;
import java.awt.event.* ;
import javax.swing.* ;
import javax.swing.event.* ;

class FenMenu extends JFrame implements ActionListener
{ public FenMenu ()
  { setTitle ("Exemple de menus") ;
    setSize (300, 130) ;
      /* creation barre des menus */
    barreMenus = new JMenuBar() ;
    setJMenuBar(barreMenus) ;
      /* creation menu Fichier et ses options */
    fichier = new JMenu ("Fichier") ;
    barreMenus.add(fichier) ;
    ouvrir = new JMenuItem ("Ouvrir") ;
    fichier.add (ouvrir) ;
    ouvrir.addActionListener (this) ;
    sauvegarder = new JMenuItem ("Sauvegarder") ;
```

```
                    fichier.add (sauvegarder) ;
                    sauvegarder.addActionListener (this) ;
                    fermer = new JMenuItem ("Fermer") ;
                    fichier.add (fermer) ;
                    fermer.addActionListener (this) ;
                     /* creation menu Edition et ses options */
                    edition = new JMenu ("Edition") ;
                    barreMenus.add (edition) ;
                    copier = new JMenuItem ("Copier") ;
                    edition.add (copier) ;
                    copier.addActionListener (this) ;
                    coller = new JMenuItem ("Coller") ;
                    edition.add (coller) ;
                    coller.addActionListener (this) ;
                     /* etat initial : pas de fichier ouvert, pas d'info copiee */
                    fichierOuvert = false ; infoCopiee = false ;
                    nomFichier = null ;
                    ouvrir.setEnabled (true) ;
                    sauvegarder.setEnabled (false) ;
                    fermer.setEnabled (false) ;
                    copier.setEnabled (true) ;
                    coller.setEnabled (false) ;
                  }
                public void actionPerformed (ActionEvent e)
                { Object source = e.getSource() ;
                  if (source == ouvrir)
                  { String nom = JOptionPane.showInputDialog (this, "nom fichier a ouvrir") ;
                    if ((nom == null) || (nom.equals(""))) return ;
                    if (fichierOuvert) System.out.println ("On ferme " + nomFichier) ;
                    nomFichier = nom ; fichierOuvert = true ;
                    System.out.println ("On ouvre " + nomFichier) ;
                  }
                  if (source == fermer)
                  { System.out.println ("On ferme " + nomFichier) ;
                    fichierOuvert = false ;
                  }
                  if (source == sauvegarder)
                  { System.out.println ("on sauvegarde " + nomFichier) ;
                  }
                  if (source == copier)
                  { System.out.println ("copie d'information") ;
                    infoCopiee = true ;
                  }
                  if (source == coller)
                  { System.out.println ("collage d'information") ;
                    infoCopiee = false ;
                  }
                  /* activation - desactivation des options */
                  copier.setEnabled (true) ;     // par securite
                  coller.setEnabled (infoCopiee) ;
                  ouvrir.setEnabled (true) ;     // par securite
```

```
                    sauvegarder.setEnabled (fichierOuvert) ;
                    fermer.setEnabled (fichierOuvert) ;
                }
            private JMenuBar barreMenus ;
            private JMenu fichier, edition ;
            private JMenuItem ouvrir, sauvegarder, fermer, copier, coller ;
            private boolean fichierOuvert, infoCopiee ;
            private String nomFichier ;
        }
        public class Fiched3a
        { public static void main (String args[])
            { FenMenu fen = new FenMenu() ;
                fen.setVisible(true) ;
            }
        }
```

Solution 2   Cette fois, nous tenons compte des événements de type *MenuEvent* générés lors de l'affichage ou de la disparition d'un menu déroulant. Ceux-ci sont traités par un écouteur implémentant l'interface *MenuListener* comportant trois méthodes *menuSelected*, *menuDeselected* et *menu-Canceled*. Dans la première, nous prévoyons de définir l'état d'activation des différentes options. Ici encore, celui-ci est déduit des valeurs des indicateurs booléens *fichierOuvert* et *infoCopiee*. Par souci de simplicité, nous ne testons pas la source (menu *Fichier* ou menu *Edition*) et nous définissons l'état de toutes les options (alors que manifestement ne sont concernées que celles du menu choisi).

Notez que cette fois il n'est plus nécessaire de prévoir une initialisation de l'état d'activation des options puisque la méthode *menuSelected* sera nécessairement appelée avant le premier affichage d'un menu. Toutes les opérations de gestion de l'état d'activation se trouvent regroupées en un seul emplacement du programme.

```
        import java.awt.*;
        import java.awt.event.* ;
        import javax.swing.* ;
        import javax.swing.event.* ;

        class FenMenu extends JFrame implements ActionListener, MenuListener
        { public FenMenu ()
            { setTitle ("Exemple de menus") ;
                setSize (300, 130) ;
                    /* creation barre des menus */
                barreMenus = new JMenuBar() ;
                setJMenuBar(barreMenus) ;
                    /* creation menu Fichier et ses options */
                fichier = new JMenu ("Fichier") ;
                barreMenus.add(fichier) ;
                fichier.addMenuListener (this) ;
                ouvrir = new JMenuItem ("Ouvrir") ;
                fichier.add (ouvrir) ;
                ouvrir.addActionListener (this) ;
                sauvegarder = new JMenuItem ("Sauvegarder") ;
```

```
        fichier.add (sauvegarder) ;
        sauvegarder.addActionListener (this) ;
        fermer = new JMenuItem ("Fermer") ;
        fichier.add (fermer) ;
        fermer.addActionListener (this) ;
         /* creation menu Edition et ses options */
        edition = new JMenu ("Edition") ;
        barreMenus.add (edition) ;
        edition.addMenuListener(this) ;
        copier = new JMenuItem ("Copier") ;
        edition.add (copier) ;
        copier.addActionListener (this) ;
        coller = new JMenuItem ("Coller") ;
        edition.add (coller) ;
        coller.addActionListener (this) ;
         /* etat initial : pas de fichier ouvert, pas d'info copiee */
        fichierOuvert = false ; infoCopiee = false ;
        nomFichier = null ;
    }
    public void actionPerformed (ActionEvent e)
    { Object source = e.getSource() ;
        if (source == ouvrir)
        { String nom = JOptionPane.showInputDialog (this, "nom fichier a ouvrir") ;
          if ((nom == null) || (nom.equals(""))) return ;
          if (fichierOuvert) System.out.println ("On ferme " + nomFichier) ;
          nomFichier = nom ; fichierOuvert = true ;
          System.out.println ("On ouvre " + nomFichier) ;
        }
        if (source == fermer)
        { System.out.println ("On ferme " + nomFichier) ;
          fichierOuvert = false ;
        }
        if (source == sauvegarder)
        { System.out.println ("on sauvegarde " + nomFichier) ;
        }
        if (source == copier)
        { System.out.println ("copie d'information") ;
          infoCopiee = true ;
        }
        if (source == coller)
        { System.out.println ("collage d'information") ;
          infoCopiee = false ;
        }
    }
    public void menuSelected (MenuEvent e)
    {  /* activation - desactivation des options */
      copier.setEnabled (true) ;
      coller.setEnabled (infoCopiee) ;
      ouvrir.setEnabled (true) ;
      sauvegarder.setEnabled (fichierOuvert) ;
      fermer.setEnabled (fichierOuvert) ;
    }
```

```
            public void menuDeselected (MenuEvent e) {}
            public void menuCanceled (MenuEvent e)    {}

            private JMenuBar barreMenus ;
            private JMenu fichier, edition ;
            private JMenuItem ouvrir, sauvegarder, fermer, copier, coller ;
            private boolean fichierOuvert, infoCopiee ;
            private String nomFichier ;
         }
         public class Fiched3b
         { public static void main (String args[])
           { FenMenu fen = new FenMenu() ;
             fen.setVisible(true) ;
           }
         }
```

123 Synthèse : calculs sur des rectangles

Créer une fenêtre disposant d'une barre de menus dotée de deux menus *Dimensions* et *Calcul* destinés à effectuer des calculs de périmètre et d'aire de rectangles dont on fournit la longueur et la largeur.

Le menu *Dimensions* comportera les options :

* *Nouvelle longueur* qui demandera à l'utilisateur d'entrer dans une boîte de saisie un entier représentant une longueur,

* *Nouvelle largeur* qui demandera à l'utilisateur d'entrer dans une boîte de saisie un entier représentant une largeur,

* *Dimensions actuelles* qui affichera dans une boîte de message les valeurs courantes de la longueur et de la largeur

Le menu *Calculs* comportera les options *Perimètre* et *Aire* qui afficheront l'information requise dans une boîte de message

Voici un exemple d'exécution illustrant le fonctionnement de l'option *Nouvelle longueur* du menu *Dimensions* :

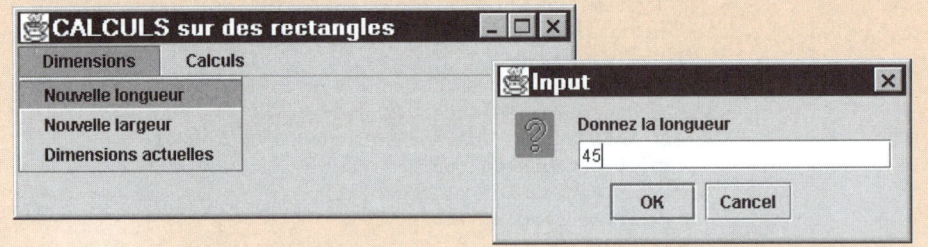

Solution Pour nous faciliter la création des différentes options, nous avons défini (dans la fenêtre) une méthode *ajoute* recevant en argument la référence d'un menu, un libellé et la référence de l'écouteur requis.

Ici encore, il nous suffit de traiter les événements *Action* déclenchés par les différentes options des menus. Nous les écoutons dans la fenêtre elle-même.

Une méthode statique *lire* permet de lire une information numérique positive dans une boîte de saisie. Nous y traitons le cas d'une réponse non numérique en interceptant l'exception *NumberFormatException*. Nous signalons à l'utilisateur les réponses incorrectes par une boîte de message et nous lui demandons une nouvelle valeur. Nous faisons de même pour les valeurs non positives.

En revanche, nous laissons à l'utilisateur la possibilité de "changer d'avis" en quittant la boîte de saisie (par fermeture ou par *Cancel*). Nous convenons alors que, dans ce cas, la méthode *lire* renverra la valeur 0.

```java
import java.awt.*;
import java.awt.event.* ;
import javax.swing.* ;
import javax.swing.event.* ;

class FenCalculs extends JFrame implements ActionListener
{ public FenCalculs ()
  { setTitle ("CALCULS sur des rectangles") ;
    setSize (400, 150) ;
     /* creation barre des menus */
    barreMenus = new JMenuBar() ;
    setJMenuBar(barreMenus) ;
     /* creation menu dimensions */
    dimensions = new JMenu ("Dimensions") ;
    barreMenus.add (dimensions) ;
    longueur = ajoute (dimensions, "Nouvelle longueur", this) ;
    largeur = ajoute (dimensions, "Nouvelle largeur", this) ;
    infos = ajoute (dimensions, "Dimensions actuelles", this) ;
    calculs = new JMenu ("Calculs") ;
    barreMenus.add (calculs) ;
    perimetre = ajoute (calculs, "Perimetre", this) ;
    aire = ajoute (calculs, "Aire", this) ;
  }

  public void actionPerformed (ActionEvent e)
  { Object source = e.getSource() ;
    if (source == longueur){ int n = lire ("Donnez la longueur") ;
                             if (n > 0) L = n ;
                            }
    if (source == largeur) { int n = lire ("Donnez la largeur") ;
                             l = n ;
                            }
    if (source == perimetre)
       JOptionPane.showMessageDialog (null, "Perimetre = " + (2*(L+l))) ;
```

```
            if (source == aire)
               JOptionPane.showMessageDialog (null, "Aire = " + (L*l)) ;
            if (source == infos)
               JOptionPane.showMessageDialog (null, "Longueur = " + L
                                                  + " Largeur = " + l) ;
        }
      private static JMenuItem ajoute (JMenu menu, String libelle,
                                       ActionListener ecouteur)
      { JMenuItem option = new JMenuItem (libelle) ;
        menu.add (option) ;
        option.addActionListener (ecouteur) ;
        return option ;
      }

      private static int lire (String question)
      {    /* ici on demande une valeur jusqu'a ce qu'elle soit correcte */
                 /*  c'est-a-dire entière et positive */
        boolean correct = false ;
        int valeur=0 ;
        do
        { String rep = JOptionPane.showInputDialog (null, question) ;
          if (rep == null) break ;   // on renvoie 0 si fermeture ou Cancel
          try
          { valeur = Integer.parseInt (rep) ;
            if (valeur >0) correct = true ;
          }
          catch (NumberFormatException ex) {}
          if (!correct) JOptionPane.showMessageDialog (null, "Valeur incorrecte ") ;
        }
        while (!correct) ;
        return valeur ;
      }
      private JMenuBar barreMenus ;
      private JMenu dimensions, calculs ;
      private JMenuItem longueur, largeur, perimetre, aire, infos ;
      private int l=0, L=0 ;
   }

   public class Calculs
   { public static void main (String args[])
     { FenCalculs fen = new FenCalculs() ;
       fen.setVisible(true) ;
     }
   }
```

Remarque   1. Le troisième argument de *ajoute* a été prévu ici de type *ActionListener*. Nous appliquons ainsi les possibilités de polymorphisme aux interfaces ; *ajoute* peut être appelée avec un argument d'un type quelconque implémentant l'interface *ActionListener*.

Remarque

2. On pourrait être tentés d'écrire la méthode *ajoute* de cette manière :

```
private static void ajoute (JMenu menu, JMenuItem option, String libelle,
                            ActionListener ecouteur)
{ option = new JMenuItem (libelle) ;
  menu.add (option) ;
  option.addActionListener (ecouteur) ;
}
```

et de l'appeler de cette façon :

```
ajoute (longueur, dimensions, "Nouvelle longueur", this) ;
```

En effet, *ajoute* recevrait alors dans *menu* une copie de la référence figurant dans *longueur* (ici *null*), avant de placer dans *menu* la référence de l'objet menu créé ensuite. Mais la valeur du champ *menu* de l'objet fenêtre ne serait aucunement modifiée. Le programme fonctionnerait partiellement mais on ne traiterait pas les actions sur les options.

124 Synthèse : coloration par boutons radio

Créer une fenêtre munie d'une barre de menus comportant un seul menu (*Couleur*) offrant le choix de la couleur de la fenêtre par des boutons radio :

Pendant l'affichage du menu, la fenêtre deviendra blanche. Si le menu est abandonné, la fenêtre reprendra sa couleur précédente.

Solution

Les couleurs sont conservées dans un tableau statique *couleurs* d'objets de type *Color* accompagné d'un tableau de chaînes *nomsCouleurs* fournissant le libellé correspondant. Il est facile d'introduire de nouvelles couleurs dans le programme en modifiant ces deux tableaux.

La création du menu *Couleur* ne pose aucun problème. Celle de ses options se fait par une boucle sur les différentes couleurs ; le nombre de répétitions est simplement fixé par la dimension du tableau *couleurs*.

Ici, il est nécessaire de traiter à la fois les événements *Action* et *Menu* générés par les options du menu *Couleur*. Les premiers fixent la couleur de fond de la fenêtre, les seconds permettent de décider du moment où la fenêtre doit être repeinte en blanc.

En ce qui concerne le changement de couleur de la fenêtre, on ne peut pas se contenter d'appeler sa méthode *setBackground* aux moments opportuns (*actionPerformed*, *menuSelected*...). En effet, les modifications d'affichage du menu lui-même nécessitent que la fenêtre soit repeinte. Nous pourrions redéfinir la méthode *paint* de la fenêtre elle-même mais, par souci de généralité, nous préférons utiliser la méthode *paintComponent* d'un panneau occupant toute la fenêtre. Nous créons donc une classe *Panneau*, dérivée de *JPanel*. La couleur courante est définie par une variable *couleurCourante* figurant dans la fenêtre et à laquelle le panneau peut accéder par une méthode *getCouleur* (il a fallu fournir au constructeur du panneau la référence de la fenêtre concernée).

Le traitement d'une action sur une option consite à trouver la couleur correspondante en explorant le tableau d'options. En fait, nous définissons à la fois une couleur et un numéro, ce dernier nous permettant de retrouver l'ancienne couleur courante (ou celle qui vient d'être sélectionnée) lorsque se produit l'événement correspondant à *menuDeselected*. On notera que ce dernier se produit après l'événement *Action* (s'il existe). Si l'on tient à être indépendant de cet ordre, on peut toujours définir la (nouvelle) couleur courante à la fois dans *menuDeselected* et dans *actionPerformed* et en appeler *repaint* dans *actionPerformed* (ce qui n'est pas nécessaire puisqu'il sera appelé après *menuDeselected* suite à l'effacement du menu).

```
import java.awt.*;
import java.awt.event.* ;
import javax.swing.* ;
import javax.swing.event.* ;
class FenMenu extends JFrame implements ActionListener,MenuListener
{ static Color [] couleurs =
                   { Color.red, Color.yellow, Color.blue, Color.green} ;
  static String[] nomsCouleurs =
                   { "Rouge",    "Jaune",      "Bleu",      "Vert" } ;
  public FenMenu ()
  { setTitle ("COULEURS") ;  setSize (300, 150) ;
     /* creation panneau occupant toute la fenetre */
    panneau = new Panneau (this) ;
    getContentPane().add(panneau) ;
     /* creation barre des menus */
    barreMenus = new JMenuBar() ;
    setJMenuBar(barreMenus) ;
     /* creation menu Couleur et ses options */
    menuCouleur = new JMenu ("Couleur") ;
    barreMenus.add(menuCouleur) ;
    menuCouleur.addMenuListener (this) ;
    nbCouleurs = couleurs.length ;
    optionsCouleurs = new JRadioButtonMenuItem [nbCouleurs] ;
    ButtonGroup groupe = new ButtonGroup () ;
```

```
          for (int i=0 ; i<nbCouleurs ; i++)
            { optionsCouleurs[i] = new JRadioButtonMenuItem (nomsCouleurs[i]) ;
              menuCouleur.add (optionsCouleurs[i]) ;
              optionsCouleurs[i].addActionListener (this) ;
              groupe.add(optionsCouleurs[i]) ;
            }
          couleurCourante = couleurs [numCouleur] ;
        }
      public void actionPerformed (ActionEvent e)
      { Object source = e.getSource() ;
        for (int i=0 ; i<nbCouleurs ; i++)
          if (source == optionsCouleurs[i])
            { numCouleur = i ;
              couleurCourante = couleurs[numCouleur] ;
              repaint() ;  // pour forcer a repeindre l'ensemble de la fenetre
            }
      }
      public void menuSelected (MenuEvent e)
      { couleurCourante = Color.white ;
      }
      public void menuDeselected (MenuEvent e)
      { couleurCourante = couleurs [numCouleur] ;
      }
      public void menuCanceled    (MenuEvent e) {}
      public Color getCouleur ()
      { return couleurCourante ;
      }
      private Panneau panneau ;
      private JMenuBar barreMenus ;
      private JMenu menuCouleur  ;
      private JRadioButtonMenuItem optionsCouleurs[] ;
      private int nbCouleurs ;
      private int numCouleur=0 ;
      private Color couleurCourante ;
    }

class Panneau extends JPanel
{ public Panneau (FenMenu fen)
  { this.fen = fen ;
  }
  public void paintComponent (Graphics g)
  { super.paintComponent (g) ;
    setBackground (fen.getCouleur()) ;
  }
  private FenMenu fen ;
}

public class Coul1
{ public static void main (String args[])
  { FenMenu fen = new FenMenu() ;
    fen.setVisible(true) ;
  }
}
```

Si on n'appelle pas la méthode *repaint* dans *actionPerformed*, la fenêtre risque de n'être que partiellement repeinte. En effet, lors de la fermeture du menu, Java appelle bien *paintComponent* pour repeindre la fenêtre, mais en se limitant à la seule partie endommagée[1] (nommée souvent "rectangle invalide").

125 Synthèse : choix de couleur de fond et de forme par des menus composés

Afficher un rectangle coloré de taille fixe dans une fenêtre. Un menu *Couleur*, constitué de deux sous-menus *Fond* et *Forme* permettra de choisir la couleur du fond ou du rectangle dans une liste de couleurs (qui sera la même pour les deux cas) :

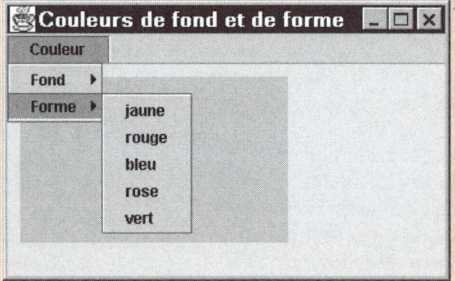

Les couleurs et leurs noms seront fournis sous forme de tableaux en arguments du constructeur de la fenêtre.

Le dessin d'un rectangle de couleur donnée se fait en appliquant au contexte graphique concerné successivement la méthode *setColor* (en argument l'objet de type *Color* voulu) et la méthode *fillRect* (*int abscisse, int ordonnee, int largeur, int hauteur*).

Nous dessinons dans un panneau dont nous redéfinissons classiquement la méthode *paintComponent*. Cela nécessite la création d'une classe spécialisée *Panneau* dérivée de *JPanel*.

Ici, nous avons affaire à des menus composés : le menu *Couleur* comporte deux sous-menus *Forme* et *Fond* (qui sont toujours des objets de type *JMenu*). A ces derniers, on rattache des

---

1. Plus précisément au plus petit rectangle contenant la partie endommagée.

options de type *JMenuItem*. Il nous suffit d'écouter les événements *Action* qu'ils génèrent. Les variables *couleurFond* et *couleurForme* servent à mémoriser dans la fenêtre la dernière couleur sélectionnée. La méthode *paintComponent* du panneau y accède à l'aide des méthodes *getCouleurFond* et *getCouleurForme*.

```java
import java.awt.*;
import java.awt.event.* ;
import javax.swing.* ;
import javax.swing.event.* ;

class FenRect extends JFrame implements ActionListener
{ public FenRect (Color [] couleurs, String [] nomsCouleurs)
  { setTitle ("Couleurs de fond et de forme") ;
    setSize (350, 220) ;
    this.couleurs = couleurs ;
    this.nomsCouleurs = nomsCouleurs ;
     /* creation barre des menus */
    barreMenus = new JMenuBar() ;
    setJMenuBar(barreMenus) ;
     /* creation menu Couleur et sous-menus Fond et Forme */
    couleur = new JMenu ("Couleur") ;
    barreMenus.add (couleur) ;
    menuCouleurFond = new JMenu ("Fond") ;
    couleur.add (menuCouleurFond) ;
    menuCouleurForme = new JMenu ("Forme") ;
    couleur.add (menuCouleurForme) ;
     /* creation des options de couleur et ajout aux deux sous-menus */
    nbCouleurs = couleurs.length ;
    optionsCouleurFond = new JMenuItem [nbCouleurs] ;
    optionsCouleurForme = new JMenuItem [nbCouleurs] ;
    for (int i=0 ; i<nbCouleurs ; i++)
      { optionsCouleurForme[i] = new JMenuItem (nomsCouleurs[i]) ;
        optionsCouleurForme[i].addActionListener (this) ;
        menuCouleurForme.add (optionsCouleurForme[i]) ;
        optionsCouleurFond[i] = new JMenuItem (nomsCouleurs[i]) ;
        optionsCouleurFond[i].addActionListener (this) ;
        menuCouleurFond.add  (optionsCouleurFond[i]) ;
      }
     /* creation panneau de dessin */
    panneau = new Panneau (this) ;
    getContentPane().add (panneau) ;
  }
  public void actionPerformed (ActionEvent e)
  { Object source = e.getSource() ;
    for (int i=0 ; i<nbCouleurs ; i++)
      { if (source == optionsCouleurFond[i]) couleurFond = couleurs[i] ;
        if (source == optionsCouleurForme[i]) couleurForme = couleurs[i] ;
      }
     panneau.repaint() ;  // pour forcer a repeindre l'ensemble de la fenetre
  }
```

```
      public Color getCouleurFond ()        { return couleurFond ;      }
      public Color getCouleurForme ()       { return couleurForme ;     }
      private Color[] couleurs ;
      private String[] nomsCouleurs ;
      private JMenuBar barreMenus ;
      private Panneau panneau ;
      private JMenu couleur, menuCouleurFond, menuCouleurForme ;
      private JMenuItem[] optionsCouleurFond, optionsCouleurForme ;
      private int nbCouleurs ;
      private Color couleurFond=Color.white, couleurForme=Color.black ;
}

class Panneau extends JPanel
{ private static int x=10, y=10, largeur=200, hauteur=120 ;
  public Panneau (FenRect fen)
  { this.fen = fen ;
  }
  public void paintComponent (Graphics g)
  { super.paintComponent(g) ;
    setBackground (fen.getCouleurFond()) ;
    g.setColor (fen.getCouleurForme()) ;
    g.fillRect (x, y, largeur, hauteur) ;
  }
  private FenRect fen ;
}


public class Composes
{ private static Color [] couleurs =
        {Color.yellow, Color.red, Color.blue, Color.pink, Color.green } ;
  private static String[] nomsCouleurs =
        {"jaune",     "rouge",   "bleu",    "rose",     "vert"      } ;
  public static void main (String args[])
  { FenRect fen = new FenRect(couleurs, nomsCouleurs) ;
    fen.setVisible(true) ;
  }
}
```

126 Synthèse : choix de couleurs et de dimensions par des menus surgissants

Afficher un rectangle coloré dans une fenêtre. Un clic dans le rectangle fera apparaître un menu surgissant permettant de modifier les dimensions du rectangle ou sa couleur. Un clic en dehors du rectangle fera apparaître un menu surgissant permettant de modifier la couleur du fond.

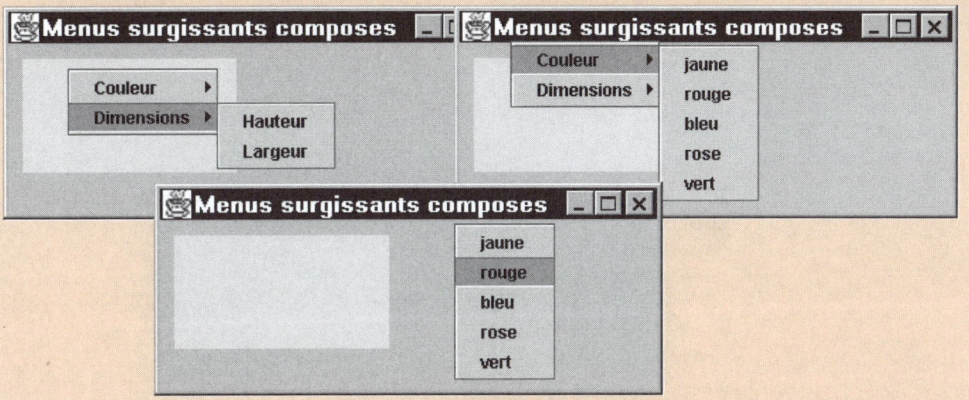

Les couleurs et leurs noms seront les mêmes pour le fond et pour le rectangle et ils seront fournis sous forme de tableaux en arguments du constructeur de la fenêtre.

Le dessin d'un rectangle de couleur donnée se fait en appliquant au contexte graphique concerné successivement la méthode *setColor* (en argument l'objet de type *Color* voulu) et la méthode *fillRect* (*int abscisse, int ordonnee, int largeur, int hauteur*).

Note : la résolution de cet exercice sera facilitée par celle de l'exercice .

Solution

Nous dessinons dans un panneau dont nous redéfinissons classiquement la méthode *paintComponent*. Cela nécessite la création d'une classe spécialisée *Panneau* dérivée de *JPanel*.

Dans le constructeur de la fenêtre, nous créons deux menus surgissants *menuForme* et *menuFond*. Le premier est constitué de deux sous-menus (de type *JMenu*) *menuFormeDimensions* et *menuFormeCouleurs*. Leurs options sont de type *JMenuItem*. Nous avons choisi d'écouter les différentes options dans la fenêtre elle-même (les écouter dans le panneau aurait nécessité de lui fournir les références de toutes les options concernées).

Les variables *couleurFond*, *couleurForme*, *l* et *h* servent à mémoriser dans la fenêtre les dernières couleurs sélectionnées et les dimensions du rectangle. La méthode *paintComponent* du panneau y accède à l'aide des méthodes *getCouleurFond*, *getCouleurForme*, *getLargeur* et *getHauteur*.

Les dimensions sont lues dans des boîtes de saisie. On traite comme à l'accoutumée les exceptions de conversion.

Le déclenchement des menus surgissants a lieu en cas de clic dans le panneau dont nous faisons son propre écouteur d'événements *Mouse*. Ici, l'affichage du menu est réalisé lors du relâchement du bouton attribué aux menus surgissants : nous redéfinissons *mouseReleased* et nous testons le bouton concerné à l'aide de la méthode *isPopupTrigger* de la classe *MouseEvent*. L'objet panneau n'a besoin de connaître que la référence de la fenêtre et celles des deux menus surgissants. Celles-ci sont transmises au constructeur.

```java
import java.awt.*;
import java.awt.event.* ;
import javax.swing.* ;
import javax.swing.event.* ;

class FenRect extends JFrame implements ActionListener
{ public FenRect (Color [] couleurs, String [] nomsCouleurs)
  { setTitle ("Menus surgissants composes") ;
    setSize (300, 150) ;
    this.couleurs = couleurs ;
    this.nomsCouleurs = nomsCouleurs ;

     /* creation menus surgissants Fond et Forme */
    menuFond = new JPopupMenu () ;
    menuForme = new JPopupMenu () ;
    menuFormeCouleur = new JMenu ("Couleur") ;
    menuForme.add (menuFormeCouleur) ;
    menuFormeDimensions = new JMenu ("Dimensions") ;
    menuForme.add (menuFormeDimensions) ;
     /* creation des options */
    nbCouleurs = couleurs.length ;
    optionsCouleurFond =  new JMenuItem [nbCouleurs] ;
    optionsCouleurForme = new JMenuItem [nbCouleurs] ;
    for (int i=0 ; i<nbCouleurs ; i++)
      { optionsCouleurForme[i] = new JMenuItem (nomsCouleurs[i]) ;
        optionsCouleurForme[i].addActionListener (this) ;
        menuFormeCouleur.add (optionsCouleurForme[i]) ;
        optionsCouleurFond[i] = new JMenuItem (nomsCouleurs[i]) ;
        optionsCouleurFond[i].addActionListener (this) ;
        menuFond.add  (optionsCouleurFond[i]) ;
      }
    optionHauteur = new JMenuItem ("Hauteur") ;
    optionLargeur = new JMenuItem ("Largeur") ;
    menuFormeDimensions.add (optionHauteur) ;
    menuFormeDimensions.add (optionLargeur) ;
```

```
            optionHauteur.addActionListener (this) ;
            optionLargeur.addActionListener (this) ;
             /* creation panneau de dessin */
            panneau = new Panneau (this, menuForme, menuFond) ;
            panneau.addMouseListener (panneau) ;
            getContentPane().add (panneau) ;
         }
      public void actionPerformed (ActionEvent e)
      { Object source = e.getSource() ;
         for (int i=0 ; i<nbCouleurs ; i++)
           { if (source == optionsCouleurFond[i])  couleurFond = couleurs[i] ;
             if (source == optionsCouleurForme[i]) couleurForme = couleurs[i] ;
           }
         if ((source == optionLargeur) || (source == optionHauteur))
         { int valeur=0 ;  String question ;
            boolean ok=false ;
            if (source == optionLargeur) question = "Nouvelle largeur ?" ;
                                else  question = "Nouvelle hauteur ?" ;
            String rep = JOptionPane.showInputDialog (null, question) ;
            try
            { valeur = Integer.parseInt (rep) ;
              ok = true ;
            }
            catch (NumberFormatException ex) { }
            if (ok) if (source == optionLargeur)  l = valeur ;
                                         else h = valeur ;
         }
         panneau.repaint() ;  // pour forcer a repeindre l'ensemble de la fenetre
      }
      public Color getCouleurFond ()       { return couleurFond ;      }
      public Color getCouleurForme ()      { return couleurForme ;     }
      public int getLargeur ()             { return l ; }
      public int getHauteur ()             { return h ; }

      private Color[] couleurs ;
      private String[] nomsCouleurs ;
      private Panneau panneau ;
      private JPopupMenu menuFond, menuForme ;
      private JMenu menuFormeCouleur, menuFormeDimensions ;
      private JMenuItem[] optionsCouleurFond, optionsCouleurForme ;
      private JMenuItem optionHauteur, optionLargeur ;
      private int nbCouleurs ;
      private Color couleurFond=Color.white, couleurForme=Color.black ;
      private int l=100, h=50 ;
   }
   class Panneau extends JPanel implements MouseListener
   { private static int x=10, y=10 ;
      public Panneau (FenRect fen, JPopupMenu menuForme, JPopupMenu menuFond)
      { this.fen = fen ;
         this.menuForme = menuForme ;
         this.menuFond  = menuFond ;
      }
```

```
        public void mouseReleased (MouseEvent e)
        { if(!e.isPopupTrigger ()) return ;
          int xClic = e.getX(), yClic = e.getY() ;
          if ((xClic>=x) && (xClic<=x+largeur) && (yClic>=y) && (yClic<=y+hauteur) )
             menuForme.show (fen, xClic, yClic) ;
          else
            menuFond.show (fen, xClic, yClic) ;
        }

        public void mousePressed (MouseEvent e) {}
        public void mouseClicked (MouseEvent e) {}
        public void mouseEntered (MouseEvent e) {}
        public void mouseExited  (MouseEvent e) {}

        public void paintComponent (Graphics g)
        { super.paintComponent(g) ;
          setBackground (fen.getCouleurFond()) ;
          g.setColor (fen.getCouleurForme()) ;
          largeur = fen.getLargeur() ;
          hauteur = fen.getHauteur() ;
          g.fillRect (x, y, largeur, hauteur) ;
        }
        private FenRect fen ;
        private int largeur, hauteur ;
        private JPopupMenu menuForme, menuFond ;
      }

public class Compsurg
{ private static Color [] couleurs =
        {Color.yellow, Color.red, Color.blue, Color.pink, Color.green } ;
  private static String[] nomsCouleurs =
        {"jaune",       "rouge",   "bleu",      "rose",       "vert"        } ;
  public static void main (String args[])
  { FenRect fen = new FenRect(couleurs, nomsCouleurs) ;
    fen.setVisible(true) ;
  }
}
```

Chapitre 12

Les événements de bas niveau

Connaissances requises

- Événements de type *MouseEvent* liés aux boutons de la souris (rappel) ; méthodes *mousePressed*, *mouseReleased* et *mouseClicked*

- Identification du bouton de la souris ; méthodes *getModifiers* et constantes correspondantes *InputEvent.BUTTON1_MASK*, *InputEvent.BUTTON2_MASK* et *InputEvent.BUTTON3_MASK*

- Gestion des clics multiples ; méthode *getClickCount*

- Gestion des déplacements de la souris ; méthodes *mouseEntered*, *mouseExited*, *mouseMoved* et *mouseDragged*

- Événements de type *KeyEvent* ; méthodes *keyPressed*, *keyReleased* et *keyTyped* ; identification d'une touche par son code de touche virtuelle (méthode *getKeyCode*) ou par le caractère correspondant (méthode *getKeyChar*) ; connaissance de l'état des touches modificatrices (méthodes *isXXXDown* et *getModifiers*) ; source d'un événement clavier

127   Identification des boutons de la souris

Afficher en permanence un segment dans une fenêtre. Son origine sera définie par un clic sur le bouton de gauche de la souris et elle se modifiera à chaque nouveau clic sur ce même bouton. Son extrémité sera définie de la même manière avec le bouton de droite :

Pour obtenir la permanence du dessin, nous tracerons notre segment dans un panneau. Ici, il est plus simple d'écouter les clics (*mouseClicked*) dans le panneau lui-même. Pour identifier le bouton de la souris, nous utilisons la méthode *getModifiers* de la classe *MouseEvent*. Elle fournit un entier dans lequel un bit de rang donné, associé à chacun des boutons, prend la valeur 1. La classe *InputEvent* contient des constantes qu'on peut utiliser comme masque pour faciliter les choses ; ici, ce sont les constantes *BUTTON1_MASK* (bouton de gauche) et *BUTTON3_MASK* (bouton de droite) qui nous intéressent.

Le segment est défini par les coordonnées de son origine (*xOr* et *yOr*) et celles de son extrémité (*xExt* et *yExt*). Deux indicateurs booléens *orConnue* et *extConnue* permettent de savoir si ces informations sont disponibles (elles sont en fait placées à *false* au début du programme). Le dessin proprement dit est réalisé dans la méthode *paintComponent* qui exploite ces différentes informations. Notez qu'il est nécessaire d'appeler *repaint* après un clic gauche ou droite, afin de provoquer l'appel de *paintComponent*.

```
import javax.swing.* ;
import java.awt.* ;
import java.awt.event.* ;
class MaFenetre extends JFrame
{ public MaFenetre ()
   { setTitle ("SEGMENT") ;
     setSize (300, 150) ;
     pan =  new Panneau () ;
     getContentPane().add (pan) ;
     pan.addMouseListener (pan) ;
   }
   private Panneau pan ;
}
```

```
class Panneau extends JPanel implements MouseListener
{ public void paintComponent (Graphics g)
  { super.paintComponent (g) ;
    if (orConnue && extConnue) g.drawLine (xOr, yOr, xExt, yExt) ;
  }
  public void mousePressed (MouseEvent e)
  { int x=e.getX(), y=e.getY() ;
    int modifieurs = e.getModifiers() ;
    if ( (modifieurs & InputEvent.BUTTON1_MASK) != 0)
    { /* clic bouton gauche */
      xOr = x ; yOr = y ;
      orConnue = true ;
      repaint() ;
    }
    if ( (modifieurs & InputEvent.BUTTON3_MASK) != 0)
    { /* clic bouton droite */
      xExt = x ; yExt = y ;
      extConnue = true ;
      repaint() ;
    }
  }
  public void mouseReleased (MouseEvent e)  {}
  public void mouseClicked (MouseEvent e)   {}
  public void mouseEntered (MouseEvent e)   {}
  public void mouseExited (MouseEvent e)    {}
  private int xOr, yOr, xExt, yExt ;
  private boolean orConnue=false, extConnue=false ;
}
public class Segments
{ public static void main (String args[])
  { MaFenetre fen = new MaFenetre() ;
    fen.setVisible (true) ;
  }
}
```

128 Vrais doubles clics

Java ne dispose que d'un seul compteur de clics pour les différents boutons de la souris. Dans ces conditions, il n'est pas possible de distinguer un véritable double clic de deux clics successifs sur deux boutons différents. Écrire un programme qui détecte les "vrais" doubles clics sur le bouton de gauche et qui affiche alors un message en fenêtre console.

Solution Nous ferons naturellement de la fenêtre son propre écouteur d'événements souris. Nous utiliserons :

- la méthode *getClickCount* qui fournit le nombre de clics (rapprochés) successifs,
- la méthode *getModifiers* pour identifier le bouton de la souris.

Un indicateur booléen *clicGauche* indique si le dernier clic concernait le bouton de gauche.

Il faut bien prendre garde à :

- mettre l'indicateur *clicGauche* à *false* après un double clic gauche (vrai ou faux) ainsi qu'après tout clic sur un autre bouton,
- mettre l'indicateur *clicGauche* à *true* après un simple clic gauche.

```java
import javax.swing.* ;
import java.awt.* ;
import java.awt.event.* ;

class MaFenetre extends JFrame implements MouseListener
{ public MaFenetre ()
  { setTitle ("DOUBLES CLICS") ;
    setSize (300, 150) ;
    clicGauche = false ;
    addMouseListener (this) ;
  }

  public void mousePressed (MouseEvent e)  {}
  public void mouseReleased (MouseEvent e) {}

  public void mouseClicked (MouseEvent e)
  { int modifieurs = e.getModifiers () ;
    if ((modifieurs & InputEvent.BUTTON1_MASK) != 0)
      /* ici, on a affaire a un clic gauche */
    { if ((e.getClickCount() == 2) && clicGauche)
        { System.out.println ("Double clic gauche") ;
          clicGauche = false ;
        }
      else clicGauche = true ;
    }
    else clicGauche = false ;
  }
  public void mouseEntered (MouseEvent e) {}
  public void mouseExited (MouseEvent e ) {}
  private boolean clicGauche ;
}

public class DoubClic
{ public static void main (String args[])
  { MaFenetre fen = new MaFenetre() ;
    fen.setVisible (true) ;
  }
}
```

129 Suivi des déplacements de la souris (1)

Créer une fenêtre dotée d'un bouton. Afficher en fenêtre console des messages de suivi des déplacements de la souris comme dans cet exemple :

```
la souris entre dans la fenetre
la souris quitte la fenetre
la souris entre dans le bouton
la souris quitte le bouton
la souris entre dans la fenetre
la souris quitte la fenetre
la souris entre dans la fenetre
la souris quitte la fenetre
la souris entre dans le bouton
la souris quitte le bouton
la souris entre dans la fenetre
la souris quitte la fenetre
```

Il nous suffit de suivre les événements *mouseEntered* et *mouseExited* ayant pour source le bouton ou la fenêtre.

Ici, nous utilisons pour les deux un même écouteur, à savoir la fenêtre elle-même. Nous y redéfinissons les six méthodes prévues par l'interface *MouseListener* ; ici ce sont *MouseEntered* et *MouseExited* qui nous intéressent. Dans chacune de ces deux méthodes, *getSource* nous permet d'identifier la source de l'événement.

```java
import javax.swing.* ;
import java.awt.* ;
import java.awt.event.* ;

class MaFenetre extends JFrame implements MouseListener
{ public MaFenetre ()
  { setTitle ("Evenements souris") ;
    setSize (300, 150) ;
    contenu = getContentPane() ;
    contenu.setLayout (new FlowLayout()) ;
    addMouseListener (this) ;
    bouton = new JButton ("A") ;
    contenu.add (bouton) ;
    bouton.addMouseListener (this) ;
  }

  public void mousePressed (MouseEvent e) {}
  public void mouseReleased (MouseEvent e) {}
```

```
            public void mouseClicked (MouseEvent e) {}

            public void mouseEntered (MouseEvent e)
            { if (e.getSource() == this)
                System.out.println ("la souris entre dans la fenetre") ;
              if (e.getSource() == bouton)
                System.out.println ("la souris entre dans le bouton") ;
            }
            public void mouseExited (MouseEvent e)
            { if (e.getSource() == this)
                System.out.println ("la souris quitte la fenetre") ;
              if (e.getSource() == bouton)
                System.out.println ("la souris quitte le bouton") ;
            }
            private JButton bouton ;
            private Container contenu ;
        }
        public class DpSour
        { public static void main (String args[])
          { MaFenetre fen = new MaFenetre() ;
            fen.setVisible (true) ;
          }
```

Remarque

L'exemple d'exécution de l'énoncé montre bien que lorsque la souris entre dans le bouton, elle sort de la fenêtre.

Solution 2

Voici une autre solution dans laquelle la fenêtre et le bouton ont été chacun doté d'un écouteur objet d'une classe anonyme (implémentant l'interface *MouseAdapter*). Ici, il n'est plus nécessaire de tester la source d'un événement.

```
        import javax.swing.* ;
        import java.awt.* ;
        import java.awt.event.* ;
        class MaFenetre extends JFrame
        { public MaFenetre ()
          { setTitle ("Evenements souris") ;
            setSize (300, 150) ;
            contenu = getContentPane() ;
            contenu.setLayout (new FlowLayout()) ;
            addMouseListener (new MouseAdapter()
                { public void mouseEntered (MouseEvent e)
                  { System.out.println ("la souris entre dans la fenetre") ;
                  }
                  public void mouseExited (MouseEvent e)
                  { System.out.println ("la souris quitte la fenetre") ;
                  }
                }) ;
            bouton = new JButton ("A") ;
            contenu.add (bouton) ;
```

```
        bouton.addMouseListener (new MouseAdapter()
            { public void mouseEntered (MouseEvent e)
              { System.out.println ("la souris entre dans le bouton") ;
              }
              public void mouseExited (MouseEvent e)
              { System.out.println ("la souris quitte le bouton") ;
              }
            }) ;
    }

    private JButton bouton ;
    private Container contenu ;
}

public class DpSourb
{ public static void main (String args[])
  { MaFenetre fen = new MaFenetre() ;
    fen.setVisible (true) ;
  }
}
```

Solution 3 Voici une troisième solution dans laquelle la fenêtre et le bouton partagent le même écouteur, là encore objet d'une classe anonyme implémentant l'interface *MouseAdapter*.

```
import javax.swing.* ;
import java.awt.* ;
import java.awt.event.* ;

class MaFenetre extends JFrame
{ public MaFenetre ()
  { setTitle ("Evenements souris") ;
    setSize (300, 150) ;
    contenu = getContentPane() ;
    contenu.setLayout (new FlowLayout()) ;
    MouseAdapter ecout = new MouseAdapter()
        { public void mouseEntered (MouseEvent e)
          { if (e.getSource() == contenu)
              System.out.println ("la souris entre dans la fenetre") ;
            if (e.getSource() == bouton)
              System.out.println ("la souris entre dans le bouton") ;
          }
          public void mouseExited (MouseEvent e)
          { if (e.getSource() == contenu)
              System.out.println ("la souris quitte la fenetre") ;
            if (e.getSource() == bouton)
              System.out.println ("la souris quitte le bouton") ;
          }
        } ;

    contenu.addMouseListener (ecout) ;
    bouton = new JButton ("A") ;
```

```
        contenu.add (bouton) ;
        bouton.addMouseListener (ecout) ;
      }
    private JButton bouton ;
    private Container contenu ;
  }

public class DpSoura
{ public static void main (String args[])
  { MaFenetre fen = new MaFenetre() ;
    fen.setVisible (true) ;
  }
}
```

Ici, par souci de simplicité, nous avons intercepté les événements ayant pour source non plus la fenêtre elle-même, mais son contenu. En effet, dans la classe anonyme de l'écouteur, on ne peut plus identifier la fenêtre par *this*. On pourrait le faire en conservant la référence de la fenêtre dans un champ.

130 Suivi des déplacements de la souris (2)

Réaliser une fenêtre disposant d'un bouton marqué *CREATION_BOUTONS* permettant de créer dynamiquement des boutons marqués *B1*, *B2*, *B3*...

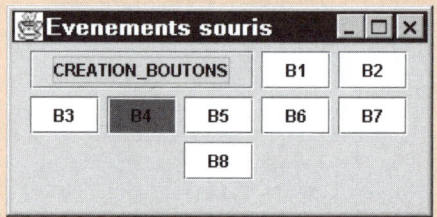

Lorsque la souris "passe" sur l'un de ces boutons, il se colore en fonction de son numéro (par exemple, le premier en rouge, le second en jaune, le troisième en vert, le quatrième en bleu, le cinquième à nouveau en rouge...) ; le bouton se colore en blanc lorsque la souris en sort

Ici, nous faisons de la fenêtre l'unique écouteur des différentes événements :

• *Action* pour le bouton de création,

• *Mouse* pour les boutons dynamiques.

Nous nous contentons du gestionnaire par défaut de la fenêtre.

Pour identifier le bouton concerné par un événement souris, nous aurions pu utiliser la référence à la source fournie par *getSource*. Cela aurait toutefois nécessité de conserver les références de tous les boutons créés dynamiquement. Ici, nous avons choisi d'exploiter la chaîne de commande de la source ; elle s'obtient à l'aide de la méthode *getActionCommand* qui figure dans toutes les classes dérivées de *AbstractButton*, donc en particulier dans *JButton*[1].

```java
import javax.swing.* ;
import java.awt.* ;
import java.awt.event.* ;
class MaFenetre extends JFrame implements MouseListener, ActionListener
{ static final Color couleurs[] = {Color.red, Color.yellow, Color.green,
                                     Color.blue} ;
  public MaFenetre ()
  { setTitle ("Evenements souris") ;  setSize (300, 150) ;
    contenu = getContentPane() ;
    contenu.setLayout (new FlowLayout()) ;
    boutonCreation = new JButton ("CREATION_BOUTONS") ;
    contenu.add (boutonCreation) ;
    boutonCreation.addActionListener (this) ;
  }
  public void actionPerformed (ActionEvent e)
  { if (e.getSource() == boutonCreation)
      { numBouton++ ;
        JButton b = new JButton ("B"+numBouton) ;
        contenu.add (b) ;
        b.addMouseListener (this) ;
      }
  }
  public void mousePressed (MouseEvent e)   {}
  public void mouseReleased (MouseEvent e)  {}
  public void mouseClicked (MouseEvent e)   {}
  public void mouseEntered (MouseEvent e)
  { Object source = e.getSource () ;
    JButton bSource ;
    if (source instanceof JButton)    // par precaution
    { bSource = (JButton)source ;
      String ch = bSource.getActionCommand() ;
      if (ch.charAt(0) == 'B')
        { int n = Integer.parseInt (ch.substring(1)) ;
          int numCoul = n % couleurs.length ;
          bSource.setBackground (couleurs[numCoul]) ;
        }
    }
  }
```

---

1. Bien qu'elle fournisse le même résultat, il s'agit bien d'une méthode différente de *getActionCommand* de la classe *ActionEvent*.

```
      public void mouseExited (MouseEvent e)
      { Object source = e.getSource () ;
        JButton bSource ;
        if (source instanceof JButton)           // par precaution
        { bSource = (JButton)source ;
          String ch = bSource.getActionCommand() ;
          if (ch.charAt(0) == 'B')
            bSource.setBackground (Color.white) ;
        }
      }
      private Container contenu ;
      private JButton boutonCreation ;
      private int numBouton = 0 ;
    }
    public class BtDynCol
    { public static void main (String args[])
      { MaFenetre fen = new MaFenetre() ;
        fen.setVisible (true) ;
      }
    }
```

Dans les méthodes *mouseEntered* et *mouseExited*, nous nous sommes assurés que la source était bien d'un type *JButton* (opérateur *instanceof*) avant de lui appliquer la méthode *getActionCommand*. Ce n'était pas indispensable ici, mais cela pourrait le devenir si l'on modifiait le programme en écoutant les événements souris générés par d'autres composants.

131 Dessin par le clavier (1)

Écrire un programme permettant de dessiner à la volée dans une fenêtre en utilisant les touches fléchées du clavier :

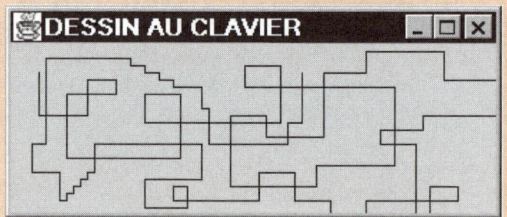

Le dessin commencera en un point donné de la fenêtre (ici 20 × 20). On pourra fixer un incrément de plusieurs pixels (ici 5) pour chaque appui sur une touche.

Solution

Comme il s'agit ici de dessin à la volée, nous aurions pu opérer directement sur la fenêtre (ou plutôt sur son contenu). Mais, pour conserver au programme un caractère plus général, nous avons préféré dessiner sur un panneau.

La position de début du dessin est fixée par les valeurs initiales des variables x et y qui désignent ensuite la position courante de fin de dessin. L'incrément du déplacement est fixé par les constantes *incx* et *incy*.

Nous pouvons faire de la fenêtre l'écouteur des événements clavier. En effet, ceux-ci seront transmis à la fois au panneau et à son conteneur, c'est-à-dire la fenêtre. Ici, nous redéfinissons la méthode *keyPressed*, ce qui revient à dire que nous décidons que les déplacements seront effectués lors de l'appui des touches. La méthode *getKeyCode* de la classe *KeyEvent* nous permet de connaître le code de touche virtuelle concerné. Nous utilisons les constantes telles que *KeyEvent.KEY_UP* pour identifier les touches fléchées.

```java
import javax.swing.* ;
import java.awt.* ;
import java.awt.event.* ;
class MaFenetre extends JFrame implements KeyListener
{ static int incx=5, incy=5 ;
  public MaFenetre ()
  { setTitle ("DESSIN AU CLAVIER") ;  setSize (350, 150) ;
    addKeyListener (this) ;
    pan = new JPanel () ;
    getContentPane().add (pan) ;
  }
  public void keyPressed (KeyEvent e)
  { int code = e.getKeyCode () ;
    switch (code)
    { case KeyEvent.VK_UP :    dx = 0 ;     dy = -incy ; bouge = true ; break ;
      case KeyEvent.VK_DOWN :  dx = 0 ;     dy = incy  ; bouge = true ; break ;
      case KeyEvent.VK_LEFT :  dx = -incx ; dy = 0 ;     bouge = true ; break ;
      case KeyEvent.VK_RIGHT : dx = incx ;  dy = 0 ;     bouge = true ; break ;
    }
    if (bouge)
    { Graphics g = pan.getGraphics() ;
      g.drawLine (x, y, x+dx, y+dy) ;
      g.dispose() ;
      x += dx ;  y += dy ;
    }
  }
  public void keyReleased (KeyEvent e) {}
  public void keyTyped (KeyEvent e)    {}
  private JPanel pan ;
  private int x=20, y=20 ;
  private int dx, dy ;
  private boolean bouge ;
}
```

```
public class DesClav
{ public static void main (String args[])
  { MaFenetre fen = new MaFenetre() ;
    fen.setVisible (true) ;
  }
}
```

132   Synthèse : dessin par le clavier (2)

Modifier le programme de l'exercice , de manière qu'on puisse interrompre le dessin et le reprendre en un autre point :

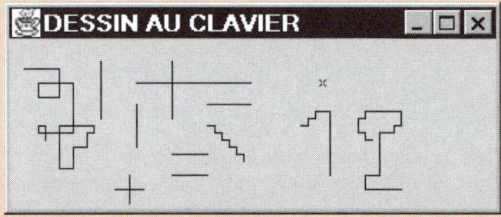

Un motif (en forme de x) permettra de visualiser la position courante du "curseur". Les touches fléchées agiront toujours sur la position du curseur ; en revanche, le dessin n'aura lieu que si la touche *Shift* est enfoncée.

Note : cet exercice nécessite (en plus des prérequis mentionnés en début de ce chapitre et du précédent) de savoir ce qu'est un "mode de dessin" et comment le modifier.

Solution

Les touches fléchées provoqueront donc toujours le déplacement du curseur. Pour ce faire, il est nécessaire de pouvoir effacer le curseur de son ancienne position et de le tracer dans sa nouvelle position. Pour y parvenir, le plus simple consiste à utiliser le mode de dessin dit *XOR*, en le paramétrant par la couleur de fond du panneau. Dans ce cas, en effet :

• le dessin sur une zone ayant la couleur de fond est fait avec la couleur courante,

• le même dessin effectué deux fois de suite efface le premier.

En ce qui concerne l'éventuel tracé du trait, il faut cette fois tenir compte de l'état de la touche *Shift*. On l'obtient avec la méthode *getModifiers* qui fournit un entier dans lequel un bit de rang *InputEvent.SHIFT_MASK* correspond à la touche *Shift*.

On notera que si l'on traçait ce trait dans le mode *XOR*, on effacerait le point situé à l'intersection des deux segments représentant le curseur. On pourrait éventuellement prévoir d'afficher à nouveau ce point mais cette démarche serait dépendante du motif utilisé pour le curseur. Le plus raisonnable consiste à afficher le trait dans le mode de dessin normal qu'on obtient par appel de *setPaintMode*.

Initialement, aucun curseur ne s'affiche dans la fenêtre. En effet, nous ne pouvons pas effectuer ce tracé dans le constructeur de la fenêtre car aucun contexte graphique ne serait encore disponible pour le panneau (la méthode *getGraphics* fournirait la valeur *null*). Par souci de simplicité, nous nous sommes donc contentés d'afficher ce curseur après la première action sur une touche fléchée (nous recourons à un indicateur booléen nommé *debut*).

```java
import javax.swing.* ;
import java.awt.* ;
import java.awt.event.* ;
class MaFenetre extends JFrame implements KeyListener
{ static int incx=5, incy=5 ;
  public MaFenetre ()
  { setTitle ("DESSIN AU CLAVIER") ;
    setSize (350, 150) ;
    addKeyListener (this) ;
    pan = new JPanel () ;
    getContentPane().add (pan) ;
  }
  public void keyPressed (KeyEvent e)
  { int code = e.getKeyCode () ;
    bouge = false ;
    switch (code)
    { case KeyEvent.VK_UP :    dx = 0 ;     dy = -incy ; bouge = true ; break ;
      case KeyEvent.VK_DOWN :  dx = 0 ;     dy = incy  ; bouge = true ; break ;
      case KeyEvent.VK_LEFT :  dx = -incx ; dy = 0 ;     bouge = true ; break ;
      case KeyEvent.VK_RIGHT : dx = incx ;  dy = 0 ;     bouge = true ; break ;
    }
    if (bouge)
    { Graphics g = pan.getGraphics() ;
      g.setXORMode (pan.getBackground()) ;
         /* efface l'ancien curseur (s'il existe) et affiche le nouveau */
      if (debut) debut = false ;
         else afficheCurseur (g, x, y) ;
      afficheCurseur (g, x+dx, y+dy) ;
      g.setPaintMode() ;
         /* on ne trace que si la touche Shift est enfoncee */
      if ( (e.getModifiers() & InputEvent.SHIFT_MASK) != 0)
            g.drawLine (x, y, x+dx, y+dy) ;
      x += dx ;
      y += dy ;
      g.dispose() ;
    }
  }
```

```
        private void afficheCurseur (Graphics g, int x, int y)
        { int dx=2, dy=2 ;
          g.drawLine (x-dx, y-dy, x+dx, y+dy) ;
          g.drawLine (x-dx, y+dy, x+dx, y-dy) ;
        }
        public void keyReleased (KeyEvent e) {}
        public void keyTyped (KeyEvent e)     {}
        private JPanel pan ;
        private int x=20, y=20 ;
        private int dx, dy ;
        private boolean bouge ;
        private boolean debut = true ;
    }

    public class DesClav2
    { public static void main (String args[])
      { MaFenetre fen = new MaFenetre() ;
        fen.setVisible (true) ;
      }
    }
```

133 Sélection d'un composant par le clavier

Afficher dans une fenêtre *n* boutons (*n*<=9) étiquettés de 1 à *n*. Faire en sorte que la frappe de l'une des touches 1 à *n* sélectionne le bouton de numéro *n* (lui donne le focus).

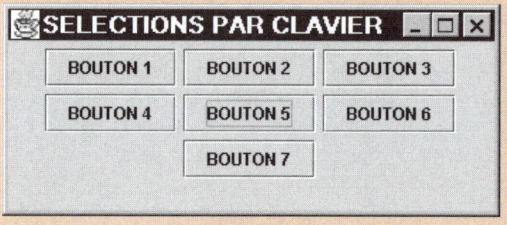

Solution   Nous introduisons classiquement les boutons dans la fenêtre, en conservant leurs références dans un tableau *boutons*. Nous faisons de la fenêtre son propre écouteur d'événements clavier et nous redéfinissons les méthodes *keyPressed*, *keyReleased* et *keyTyped* (seule la dernière nous intéresse ici).

Pour forcer le focus sur un bouton, nous utilisons la méthode *requestFocus*.

```java
import javax.swing.* ;
import java.awt.* ;
import java.awt.event.* ;


class MaFenetre extends JFrame implements KeyListener
{ private static int nBoutons = 7 ;
  public MaFenetre ()
  { setTitle ("SELECTIONS PAR CLAVIER") ;
    setSize (350, 150) ;
    Container contenu = getContentPane() ;
    contenu.setLayout (new FlowLayout()) ;
    addKeyListener (this) ; // attention : ajouter a la fenetre, pas au contenu
    boutons = new JButton [nBoutons] ;
    for (int i=0 ; i<nBoutons ; i++)
    { boutons[i] = new JButton ("BOUTON "+(i+1)) ;
      contenu.add(boutons[i]) ;
    }
  }
  public void keyPressed (KeyEvent e)  {}
  public void keyReleased (KeyEvent e) {}
  public void keyTyped (KeyEvent e)
  { char c = e.getKeyChar() ;
    int num = c -'0' ;
    if ( (num>0) && (num<=nBoutons))
      boutons[num-1].requestFocus() ;
  }
  private JButton boutons[] ;
}

public class SelClav
{ public static void main (String args[])
  { MaFenetre fen = new MaFenetre() ;
    fen.setVisible (true) ;
  }
}
```

134 Mise en évidence d'un composant sélectionné

Afficher dans une fenêtre un certain nombre de boutons de couleur jaune. Faire en sorte que lorsqu'un bouton prend le focus, il se colore en rouge.

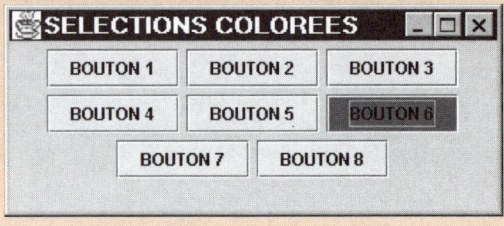

Solution   Ici, nous faisons de la fenêtre l'écouteur des événements *Focus* générés par les différents boutons. Nous redéfinissons les méthodes *focusGained* et *focusLost* de manière à modifier comme voulu la couleur du bouton.

```
import javax.swing.* ;
import java.awt.* ;
import java.awt.event.* ;

class MaFenetre extends JFrame implements FocusListener
{ private static int nBoutons = 8 ;
  private static Color coulRepos = Color.yellow, coulSelec = Color.red ;
  public MaFenetre ()
  { setTitle ("SELECTIONS COLOREES") ;
    setSize (350, 150) ;
    Container contenu = getContentPane() ;
    contenu.setLayout (new FlowLayout()) ;
    for (int i=0 ; i<nBoutons ; i++)
    { bouton = new JButton ("BOUTON "+(i+1)) ;
      contenu.add(bouton) ;
      bouton.addFocusListener (this) ;
      bouton.setBackground (coulRepos) ;
    }
  }
```

```java
      public void focusGained (FocusEvent e)
      { Object source = e.getSource() ;
        if (source instanceof JButton )
        { JButton  bSource = (JButton) source ;
          bSource.setBackground (coulSelec) ;
        }
      }

      public void focusLost (FocusEvent e)
      { Object source = e.getSource() ;
        if (source instanceof JButton )
        { JButton bSource = (JButton) source ;
          bSource.setBackground (coulRepos) ;
        }
      }
      private JButton bouton ;
}

public class SelecCol
{ public static void main (String args[])
  { MaFenetre fen = new MaFenetre() ;
    fen.setVisible (true) ;
  }
}
```

Chapitre 13

Les applets

Connaissances requises

- La classe *JApplet* ; les méthodes *init*, *start*, *stop* et *destroy* ; le gestionnaire par défaut
- Écriture d'un fichier HTML permettant de lancer une applet ; informations *code*, *width* et *height*
- Transmission d'informations à une applet par le fichier HTML et récupération par la méthode *get-Parameter*
- Transformation d'une application en une applet

135 Comptage des arrêts d'une applet

Réaliser une applet affichant en permanence le nombre de fois où elle a été interrompue.

Le nombre de fois où l'applet a été interrompue peut s'obtenir en comptant le nombre de fois où sa méthode *stop* a été appelée (avec la méthode *start*, on obtiendrait la même chose à une unité près). Un compteur est initialisé à 0 dans sa méthode *init* et incrémenté de 1 à chaque appel de *stop*. D'autre part, à chaque appel de *stop*, il faut actualiser le contenu d'un objet étiquette (*JLabel*) indiquant la valeur de ce compteur. Cet objet est ajouté par *add* au contenu de l'applet, sachant que son gestionnaire par défaut (*BorderLayout*) nous convient ici.

```
import javax.swing.* ;
import java.awt.* ;
import java.awt.event.* ;
public class Compteur extends JApplet  // ne pas oublier public
{ public void init ()
   { valeurCompteur = new JLabel (texte + compteur) ;
     getContentPane().add(valeurCompteur) ;
   }
   public void stop ()
   { compteur++ ;
     valeurCompteur.setText (texte + compteur) ;
   }
   private JLabel valeurCompteur ;
   private int compteur = 0 ;
   private String texte = "Nombre d'arrets = " ;
}
```

Voici un exemple de fichier HTML permettant de lancer cette applet[1] soit au sein d'un navigateur, soit dans une page Web (limitée alors ici à l'applet et ne disposant pas de titre) :

```
HTML>
  <BODY>
   <APPLET
      CODE = "Compteur.class"
      WIDTH   = 250
      HEIGHT  = 120
   >
   </APPLET>
  </BODY>
</HTML>
```

1. Certains navigateurs emploient la balise *OBJECT* ou *EMBED* à la place de la balise *APPLET*.

Voici un exemple d'exécution dans un visualisateur d'applet :

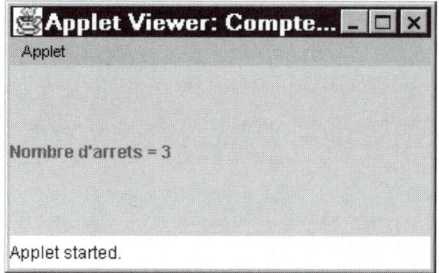

136 Dessin dans une applet

Réaliser une applet qui affiche en permanence le dessin suivant (étoile dans un cercle) de taille fixe :

Ecrire un exemple de fichier HTML de lancement de cette applet.

Solution 1   Afin d'en assurer la permanence, le dessin est réalisé dans un panneau dont on redéfinit la méthode *paintComponent*.

Dans la méthode *init* de l'applet, on crée le panneau et on le rattache par *add* au contenu de l'applet fourni par la méthode *getContentPane* (on procède exactement comme dans le constructeur d'une fenêtre).

Les dimensions du dessin sont définies par les constantes *xc*, *yc* (coordonnées du centre du cercle) et *rayon* de la classe *Panneau*.

Le tracé de l'étoile est réalisé par une boucle dessinant successivement chacun de ses 6 segments. La variable *angle* correspond à l'angle que forme avec l'axe des abcisses le rayon passant par l'origine de chacun des segments.

```
import java.awt.* ;
import javax.swing.* ;

public class AppEtoil extends JApplet  // ne pas oublier public
{ public void init ()
  { Container contenu = getContentPane() ;
    pan = new Panneau () ;
    contenu.add (pan) ;
  }
  private Panneau pan ;
}

class Panneau extends JPanel
{ private static int xc = 80, yc = 80, rayon =60 ;
  public void paintComponent (Graphics g)
  { super.paintComponent (g) ;
      /* trace du cercle */
    g.drawOval (xc-rayon, yc-rayon, 2*rayon, 2*rayon) ;
      /* trace des 6 segments de l'etoile */
    double angle, xd, xf, yd, yf ;
    int i ;
    { for (i=0, angle=Math.PI/6. ; i<6 ; i++, angle+= Math.PI/3)
      { xd = xc + rayon*Math.cos(angle) ;
        yd = yc - rayon*Math.sin(angle) ;
        xf = xc + rayon*Math.cos(angle+2*Math.PI/3) ;
        yf = yc - rayon*Math.sin(angle+2*Math.PI/3) ;
        g.drawLine ((int)xd, (int)yd, (int)xf, (int)yf) ;
      }
    }
  }
}
```

Voici un exemple de fichier HTML de lancement de l'applet[1] :

```
<HTML>
  <BODY>
   <APPLET CODE = "AppEtoil.class"  WIDTH = 200   HEIGHT = 150>
   </APPLET>
  </BODY>
</HTML>
```

---

1. Certains navigateurs emploient la balise *OBJECT* ou *EMBED* à la place de la balise *APPLET*.

Solution 2   Dans notre précédente solution, les coordonnées des segments sont recalculées à chaque appel de *paintComponent*. On peut en réalité profiter du fait que l'image est de taille fixe pour n'effectuer qu'une seule fois l'essentiel des calculs, par exemple dans le constructeur du panneau :

```java
import java.awt.* ;
import javax.swing.* ;

public class AppEtoib extends JApplet  // ne pas oublier public
{ public void init ()
  { Container contenu = getContentPane() ;
    pan = new Panneau () ;
    contenu.add (pan) ;
  }
  private Panneau pan ;
}

class Panneau extends JPanel
{ private static int xc = 80, yc = 80, rayon =60 ;
  public Panneau ()
  { xd = new int[6] ;
    yd = new int[6] ;
    xf = new int[6] ;
    yf = new int[6] ;
      /* calculs des coordonnes des origines et extremites des 6 segments */
    double angle ;
    int i ;
    for (i=0, angle=Math.PI/6. ; i<6 ; i++, angle+= Math.PI/3)
    { xd[i] = (int) (xc + rayon*Math.cos(angle)) ;
      yd[i] = (int) (yc - rayon*Math.sin(angle)) ;
      xf[i] = (int) (xc + rayon*Math.cos(angle+2*Math.PI/3)) ;
      yf[i] = (int) (yc - rayon*Math.sin(angle+2*Math.PI/3)) ;
    }
  }
  public void paintComponent (Graphics g)
  { super.paintComponent (g) ;
      /* trace du cercle */
    g.drawOval (xc-rayon, yc-rayon, 2*rayon, 2*rayon) ;
      /* trace des 6 segments de l'etoile */
    for (int i=0 ; i<6 ; i++)
      g.drawLine (xd[i], yd[i], xf[i], yf[i]) ;
  }
  private int[] xd, yd, xf, yf ;
}
```

137 Synthèse : dessin paramétré dans une applet

Réaliser une applet qui affiche en permanence un rectangle coloré dont les dimensions et la couleur sont fournies par des paramètres figurant dans le fichier HTML de lancement :

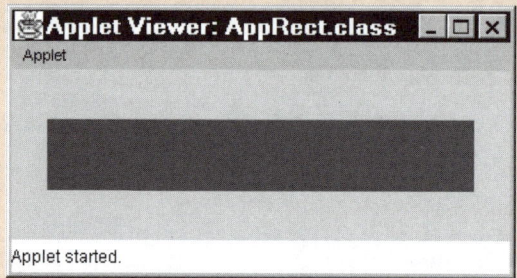

Le rectangle sera placé au centre de l'applet dont on supposera que la taille n'évolue pas[a]. Donner un exemple de fichier HTML permettant de lancer cette applet.

a. Les visualisateurs d'applet autorisent cette modification de taille, mais pas les navigateurs.

Le rectangle est dessiné dans un panneau dont on redéfinit la méthode *paintComponent* pour assurer la permanence du dessin. Dans l'objet applet, on récupère les valeurs des paramètres figurant dans le fichier HTML. Rappelons que ces derniers sont identifiés par un nom (chaîne dans laquelle la casse n'est pas significative) et une valeur (chaîne également). On récupère la valeur d'un paramètre à l'aide de la méthode *getParameter* à laquelle on fournit en argument le nom du paramètre voulu.

En cas de besoin, les dimensions de l'applet (de nom *width* et *height*) peuvent également être récupérés de cette manière. C'est ce qui nous permet ici de calculer la position du rectangle dans la fenêtre de l'applet.

Si les valeurs de ces paramètres ne sont pas présentes dans le fichier HTML ou si elles ne sont pas convertibles en un entier, nous attribuons au rectangle des dimensions par défaut (celles de l'applet ne peuvent pas être incorrectes, sinon l'applet ne s'exécuterait pas).

La "valeur" d'une couleur est définie par une chaîne représentant son nom (*rouge*, *vert*...). On lui fait correspondre un objet de type *Color* à l'aide de deux tableaux, l'un de type *String* contenant les noms de couleur, l'autre de type *Color* contenant les couleurs associées.

La communication entre l'applet et le panneau se fait par des méthodes d'accès de l'applet.

```java
import javax.swing.* ;
import java.awt.* ;
import java.awt.event.* ;
public class AppRect extends JApplet  // ne pas oublier public
{ String nomsCouleurs[] = {"rouge",    "vert",        "bleu",      "jaune" } ;
  Color couleurs[]       = {Color.red, Color.green, Color.blue, Color.yellow} ;
  public void init ()
  { Container contenu = getContentPane () ;
    pan = new Panneau (this) ;
    contenu.add (pan) ;    // avec le gestionnaire BorderLayout, le panneau
                           // occupe toute la fenetre
     /* recuperation parametres dimension applet, dimension rectangle, couleur */
    String chLargeurApplet = getParameter ("width") ;
    String chHauteurApplet = getParameter ("height") ;
    String chLargeurRect   = getParameter ("Largeur") ;
    String chHauteurRect   = getParameter ("Hauteur") ;
    try
    { largeurApplet = Integer.parseInt (chLargeurApplet) ;
      hauteurApplet = Integer.parseInt (chHauteurApplet) ;
      largeurRect   = Integer.parseInt (chLargeurRect) ;
      hauteurRect   = Integer.parseInt (chHauteurRect) ;
    }
    catch (NumberFormatException ex)
    { /* on attribue des dimensions par defaut pour le rectangle */
            /*  (celles de l'applet sont toujours bonnes) */
      largeurRect = 80 ; hauteurRect = 50 ;
    }
    nomCouleur = getParameter ("Couleur") ;
    couleur = Color.black ;   // couleur par defaut
    for (int i=0 ; i<nomsCouleurs.length ; i++)
    { if (nomCouleur.equals(nomsCouleurs[i])) couleur = couleurs[i] ;
    }
  }
  public int getLargeurApplet () { return largeurApplet ; }
  public int getHauteurApplet () { return hauteurApplet ; }
  public int getLargeurRect ()   { return largeurRect ;   }
  public int getHauteurRect ()   { return hauteurRect ;   }
  public Color getCouleur ()     { return couleur ;       }
  private Panneau pan ;
  private int largeurApplet, hauteurApplet, largeurRect, hauteurRect ;
  private String nomCouleur ;
  private Color couleur ;
}
class Panneau extends JPanel
{ public Panneau (AppRect ap)
  { this.ap = ap ;
  }
  public void paintComponent (Graphics g)
  { super.paintComponent (g) ;
```

```
        int x = (ap.getLargeurApplet() - ap.getLargeurRect())/2 ;
        int y = (ap.getHauteurApplet() - ap.getHauteurRect())/2 ;
        g.setColor(ap.getCouleur()) ;
        g.fillRect(x, y, ap.getLargeurRect(), ap.getHauteurRect()) ;
    }
    AppRect ap ;
}
```

Voici un fichier HTML de lancement de cette applet[1] dans une fenêtre de dimensions
350 × 120 avec un rectangle de dimensions 300 × 50 et de couleur rouge :

```
<HTML>
  <BODY>
   <APPLET   CODE = "AppRect.class"  WIDTH = 350  HEIGHT = 120  >
     <PARAM NAME = "Largeur" VALUE = "300">
     <PARAM NAME = "Hauteur" VALUE = "50">
     <PARAM NAME = "Couleur" VALUE = "rouge">
   </APPLET>
  </BODY>
</HTML>
```

Ici, les dimensions du rectangle sont recalculées à chaque appel de *paintComponent*. Ce calcul
pourrait être fait une fois pour toutes, par exemple dans la méthode *init*, à condition toutefois
que ce soit avant le premier affichage du panneau.

138 Synthèse : tracé de courbe dans une applet

Réaliser une applet permettant de représenter sous forme d'une courbe une suite de
valeurs entières positives ou nulles figurant en paramètres dans le fichier HTML correspondant, comme dans cet exemple :

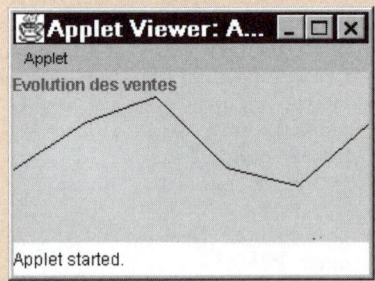

---

1. Certains navigateurs emploient la balise *OBJECT* ou *EMBED* à la place de la balise *APPLET*.

Le titre sera fourni en paramètre. Le nombre de valeurs devra pouvoir être quelconque et sera également fourni en paramètre. L'applet affichera la valeur maximale.

Donner un exemple de fichier HTML permettant de lancer cette applet.

Solution Nous introduisons dans la fenêtre de notre applet un panneau pour la courbe et un champ de texte pour le titre. Nous conservons le gestionnaire par défaut (*BorderLayout*) en plaçant le titre en haut (*"North"*) et le panneau au centre.

Les paramètres du fichier HTML sont récupérés classiquement dans la méthode *init* en utilisant *getParameter*. Nous supposons ici que les noms de ces paramètres sont *TITRE*, *NB_VALEURS*, *VALEUR1*, *VALEUR2*, *VALEUR3*... Notez que les noms des différentes valeurs sont formés d'un même préfixe (ici *VALEUR*) suivi du "numéro" de valeur. Ceci nous permet de traiter un nombre quelconque de valeurs. Ici, nous ne traitons pas les éventuelles exceptions que pourraient déclencher des valeurs incorrectes ou manquantes ; l'applet se terminerait alors simplement avec un message d'erreur.

La méthode *paintComponent* du panneau en détermine la taille à l'aide de la méthode *getSize*. Les valeurs à tracer sont obtenues par la méthode d'accès *getValeurs* de l'applet. Les coordonnées des différents points sont alors calculées en tenant compte d'un facteur d'échelle (*echelle*) déterminé de manière que :

• le point correspondant à la plus grande valeur s'affiche tout en haut du panneau,

• le premier point s'affiche à l'extrémité gauche du panneau, le dernier à l'extrémité droite.

Notez que nous employons des variables de type *double* pour éviter une imprécision résultant de division d'entiers.

Notez également qu'il est nécessaire d'inverser les ordonnées afin d'obtenir un axe des y dirigé vers le haut.

```java
import java.awt.* ;
import javax.swing.* ;

public class AppCourb extends JApplet  // ne pas oublier public
{ public void init ()
  {  /* les deux composants de l'applet : champ texte et panneau */
    Container contenu = getContentPane () ;
    JLàbel champTitre = new JLabel (getParameter ("TITRE")) ;
    contenu.add (champTitre, "North") ;   // titre en haut
    pan = new Panneau (this) ;
    contenu.add (pan) ;                        // panneau pour la courbe au centre
     /* recuperation des parametres HTML : nombre de valeurs et valeurs */
    nValeurs = Integer.parseInt (getParameter ("NB_VALEURS")) ;
    if (nValeurs <= 1) System.exit (-1) ; // au moins 2 valeurs pour une courbe
    valeurs = new int [nValeurs] ;
```

```
      for (int i=0 ; i<nValeurs ; i++)
        valeurs[i] = Integer.parseInt(getParameter ("VALEUR"+(i+1))) ;
    }
  public int[] getValeurs ()
  { return valeurs ;
  }
  private Panneau pan ;
  private int nValeurs ;
  private int valeurs[] ;
  }

class Panneau extends JPanel
{ public Panneau (AppCourb ap)
  { this.ap = ap ;
  }
  public void paintComponent (Graphics g)
  { super.paintComponent (g) ;
     /* determination de la dimension du panneau */
    Dimension dimPanneau = getSize () ;
    int hauteur = dimPanneau.height ;
    int largeur = dimPanneau.width ;
     /* recuperation des valeurs */
    int[] valeurs = ap.getValeurs() ;
    int nValeurs = valeurs.length ;
     /* recherche de la valeur maximale */
    int valMax = valeurs [0] ;
    for (int i=1 ; i<nValeurs ; i++)
      if (valeurs[i] > valMax) valMax = valeurs [i] ;
     /* trace de la courbe point par point */
    double ecart = (double)largeur/(nValeurs-1) ;   // on a nValeurs >1
    double echelle = (double)hauteur/valMax ;
    double xDeb = 0, yDeb = hauteur - valeurs[0] * echelle ;
    double xFin, yFin ;
    for (int i=1 ; i<nValeurs ; i++)
    { xFin = xDeb + ecart ;
      yFin = hauteur -  valeurs[i] * echelle ;
      g.drawLine ((int)xDeb, (int)yDeb, (int)xFin, (int)yFin) ;
      xDeb = xFin ;
      yDeb = yFin ;
    }
  }
  AppCourb ap ;
}
```

Voici un exemple de fichier HTML permettant d'exploiter ce programme[1] (il fournit la courbe présentée dans l'énoncé) :

```
<HTML>
  <BODY>
   <APPLET CODE = "AppCourb.class"   WIDTH = 250   HEIGHT = 120>
     <PARAM NAME = "TITRE" VALUE = "Evolution des ventes">
     <PARAM NAME = "NB_VALEURS"  VALUE = "6">
     <PARAM NAME = "VALEUR1"   VALUE = "175">
     <PARAM NAME = "VALEUR2"   VALUE = "288">
     <PARAM NAME = "VALEUR3"   VALUE = "352">
     <PARAM NAME = "VALEUR4"   VALUE = "181">
     <PARAM NAME = "VALEUR5"   VALUE = "135">
     <PARAM NAME = "VALEUR6"   VALUE = "285">
   </APPLET>
  </BODY>
</HTML>
```

Remarque Ici, les coordonnées du tracé sont calculées à chaque appel de *paintComponent*. Si l'on utilise un visualisateur qui autorise le redimensionnement de l'applet, on pourra ainsi voir le tracé s'adapter à la taille courante de la fenêtre. Il n'en irait pas ainsi si l'on déterminait ces dimensions dans la méthode *init*.

139 Différences entre applet et application

Adapter l'exercice 103 du chapitre 8 de manière que l'utilisateur puisse dessiner dans une applet et non plus dans une fenêtre.

Solution Il suffit d'adapter le code en tenant compte des quelques remarques suivantes :

* supprimer la méthode *main* (si on la conservait, elle ne serait pas appelée lors du lancement du code depuis un fichier HTML) ;

* transformer la classe fenêtre (*MaFenetre*) en une classe (ici *DesVol*) dérivée de *JApplet* ;

* transposer dans la méthode *init* de la classe *DesVol* les actions réalisées dans le constructeur de la fenêtre *MaFenetre* ;

* supprimer les appels à *setTitle* et *setSize* qui n'ont plus de raison d'être pour une applet (pas de titre, dimensions définies par les paramètres *WIDTH* et *HEIGHT* du fichier HTML de lancement).

---

1. Certains navigateurs emploient la balise *OBJECT* ou *EMBED* à la place de la balise *APPLET*.

```
import javax.swing.* ;
import java.awt.* ;
import java.awt.event.* ;
public class DesVol extends JApplet     // ne pas oublier public
{ public void init ()
  { pan = new Panneau () ;
    pan.addMouseListener (pan) ;
    getContentPane().add(pan) ;
  }
  private Panneau pan ;
}
class Panneau extends JPanel implements MouseListener
{ public void paintComponent (Graphics g)
  { super.paintComponent(g) ;
    enCours = false ;
  }
  public void mouseClicked (MouseEvent e)
  { int xFin = e.getX() ; yFin = e.getY() ;
    if (enCours) { Graphics g = getGraphics() ;
                   g.drawLine (xDeb, yDeb, xFin, yFin) ;
                   g.dispose() ;
                 }
    xDeb = xFin ; yDeb = yFin ;
    enCours = true ;
  }
  public void mousePressed  (MouseEvent e) {}
  public void mouseReleased (MouseEvent e) {}
  public void mouseEntered  (MouseEvent e) {}
  public void mouseExited   (MouseEvent e) {}
  private boolean enCours = false ;
  private int xDeb, yDeb, xFin, yFin ;
}
```

À titre indicatif, voici un fichier HTML très simple (*DesVol.html*) permettant de lancer cette applet :

```
<HTML>
  <BODY>
   <APPLET
      CODE = "DesVol.class"
      WIDTH   = 350
      HEIGHT  = 100
   >
   </APPLET>
  </BODY>
</HTML>
```

Chapitre 14

Les flux et les fichiers

Connaissances requises

- Notion de flux ; flux d'entrée, flux de sortie ; flux binaire, flux texte
- Création séquentielle d'un fichier binaire ; classes *OutputStream*, *FileOutputStream* et *DataOutputStream*
- Liste séquentielle d'un fichier binaire ; classes *InputStream*, *FileInputStream* et *DataInputStream*
- Accès direct à un fichier binaire ; classes *RandomAccessFile* ; action sur le pointeur de fichier
- Création d'un fichier texte ; classe *PrintWriter*
- Lecture d'un fichier texte ; classes *FileReader*, *BufferedReader* et *StringTokenizer*
- Gestion des fichiers avec la classe *File*

140 Création séquentielle d'un fichier binaire

Écrire un programme permettant de créer séquentiellement un fichier binaire comportant pour différentes personnes les informations suivantes : nom, prénom et année de naissance.

Le dialogue de saisie de l'information s'effectuera en fenêtre console comme dans cet exemple :

```
Nom du fichier a creer :
e:\repert
nom 1 : Carre
Prenom : Thibault
annee naissance : 1997
   .....
nom 5 : Mitenne
Prenom : Thomas
annee naissance : 2001
nom 6 :
**** fin creation fichier ****
```

On proposera deux solutions :

1. Les informations relatives au nom et au prénom seront conservées dans le fichier sous la forme d'une suite de 20 caractères (comportant d'éventuels espaces à la fin).

2. Ces mêmes informations seront conservées sous la forme d'une chaîne codée dans le format UTF[a] ; aucune contrainte ne portera sur leur longueur.

a. Ce format (*Unicode Text Format*) permet de coder une chaîne sous forme d'une suite d'octets en nombre variable (chaque caractère étant codé sur un à trois octets). La méthode *writeUTF* de la classe *DataOutputStream* réalise cette transformation d'une chaîne en une suite de caractères UTF.

Nous utiliserons la démarche la plus classique qui consiste à exploiter les méthodes de la classe flux *DataOutputStream*. Pour ce faire, nous associerons un objet de ce type (nommé *sortie*) à un fichier dont le nom est fourni par l'utilisateur dans la chaîne *nomFichier* :

```
DataOutputStream sortie = new DataOutputStream
                  (new FileOutputStream (nomFichier)) ;
```

Les variables *chNom* et *chPrenom* servent à lire les informations nom et prénom sous forme de chaînes de caractères. Nous en transférons ensuite chacun des caractères (à concurrence de 20) dans des tableaux de 20 caractères *nom* et *prenom*, préalablement remplis avec des espaces.

L'écriture dans le fichier est réalisée à l'aide des méthodes *writeChar* (écriture d'un caractère) et *writeInt* (écriture d'un entier) de la classe *DataOutputStream*.

```
import java.io.* ;
public class CrFich
{ public static void main (String args[]) throws IOException
  { final int longMaxNom = 20 ;
    final int longMaxPrenom = 20 ;
    String chNom, chPrenom ;
    char[] nom = new char [longMaxNom] ;
    char[] prenom = new char [longMaxPrenom] ;
    int annee ;

    String nomFichier ;
    System.out.println ("Nom du fichier a creer : ") ;
    nomFichier = Clavier.lireString() ;
    DataOutputStream sortie = new DataOutputStream
                              (new FileOutputStream (nomFichier)) ;
    int i ;
    int num = 0 ;     // pour compter les differents enregistrements

    while (true)      // on s'arretera sur nom vide
    {   /* lecture infos */
      num++ ;
      System.out.print ("nom " + num + " : ") ;
      chNom = Clavier.lireString() ;
      if (chNom.length() == 0) break ;
      System.out.print ("Prenom : ") ;
      chPrenom = Clavier.lireString() ;
      System.out.print ("annee naissance : ") ;
      annee = Clavier.lireInt() ;
        /* transfert nom et prenom dans tab de char termines par des espaces */
      for (i=0 ; i<longMaxNom ;    i++) nom[i] = ' ';
      for (i=0 ; i<longMaxPrenom ; i++) prenom[i] = ' ' ;
      for (i = 0 ; (i < chNom.length())&&(i<longMaxNom) ; i++)
        nom[i] = chNom.charAt(i) ;
      for (i = 0 ; (i < chPrenom.length())&&(i<longMaxPrenom) ; i++)
        prenom[i] = chPrenom.charAt(i) ;
        /* ecriture fichier */
      for (i=0 ; i<longMaxNom ;    i++) sortie.writeChar (nom[i]) ;
      for (i=0 ; i<longMaxPrenom ; i++) sortie.writeChar (prenom[i]) ;
      sortie.writeInt(annee) ;
    }

    sortie.close() ;
    System.out.println ("**** fin creation fichier ****") ;
  }
}
```

Remarque   1. La clause *throws IOException* figurant dans la méthode *main* est nécessaire, dès lors qu'on n'y traite pas les exceptions susceptibles d'être déclenchées par les méthodes de la classe *DataOutputstream*.

Remarque   2. Plutôt que d'écrire un à un chacun des caractères de *nom* et de *prenom*, on aurait pu espérer appliquer directement à *chNom* et *chPrenom* la méthode *writeChars* qui écrit tous les caractères d'une chaîne. Cependant, cette démarche ne correpond pas à la demande de l'énoncé (informations de taille fixe dans le fichier) ; de plus, elle ne permettrait pas de relire ultérieurement le fichier (à moins de connaître par ailleurs les longueurs de chacune des informations y figurant !).

Solution 2   Comme précédemment, nous créons un objet de type *DataOutputStream*. Mais, cette fois, nous pouvons appliquer la méthode *writeUTF* aux chaînes correspondant au nom et au prénom.

```java
import java.io.* ;
public class CrFich2
{ public static void main (String args[]) throws IOException
  { String chNom, chPrenom ;
    int annee ;

    String nomFichier ;
    System.out.println ("Nom du fichier a creer : ") ;
    nomFichier = Clavier.lireString() ;
    DataOutputStream sortie = new DataOutputStream
                             (new FileOutputStream (nomFichier)) ;
    int i ;
    int num = 0 ;     // pour compter les differents enregistrements

    while (true)      // on s'arretera sur nom vide
    {   /* lecture infos */
      num++ ;
      System.out.print ("nom " + num + " : ") ;
      chNom = Clavier.lireString() ;
      if (chNom.length() == 0) break ;
      System.out.print ("Prenom : ") ;
      chPrenom = Clavier.lireString() ;
      System.out.print ("annee naissance : ") ;
      annee = Clavier.lireInt() ;
        /* ecriture fichier */
      sortie.writeUTF (chNom) ;
      sortie.writeUTF (chPrenom) ;
      sortie.writeInt(annee) ;
    }

    sortie.close() ;
    System.out.println ("**** fin creation fichier ****") ;
  }
}
```


Remarque Cette seconde démarche peut paraître plus souple que la première puisqu'elle n'impose aucune limite à la taille des chaînes fournies. Néanmoins, elle présente l'inconvénient de ne plus être adaptée à l'exploitation ultérieure du fichier en accès direct.

141 Liste séquentielle d'un fichier binaire

Écrire un programme permettant de lister en fenêtre console le contenu d'un fichier binaire tel que celui créé par l'exercice . On proposera deux solutions correspondant aux deux situations :

1. Les informations relatives au nom et au prénom ont été enregistrées dans le fichier sous la forme d'une suite de 20 caractères (comportant d'éventuels espaces à la fin).

2. Ces mêmes informations ont été enregistrées sous la forme d'une chaîne codée dans le format UTF ; aucune contrainte ne portera sur leur longueur.

Solution 1   Nous exploitons les méthodes de la classe flux *DataInputStream*. Pour ce faire, nous associons un objet de ce type (nommé *entree*) à un fichier dont le nom est fourni par l'utilisateur dans la chaîne *nomFichier* :

```
DataInputStream entree = new DataInputStream
                         (new FileInputStream (nomFichier)) ;
```

Les informations relatives au nom et au prénom sont lues dans des tableaux de 20 caractères *nom* et *prenom* à l'aide de la méthode *readChar* de la classe *DataInputStream*.

La gestion de la fin de fichier est réalisée en interceptant l'exception *EOFException* : la boucle de lecture des informations est contrôlée par un indicateur booléen *eof* initialisé à *false* et mis à *true* par le gestionnaire d'exception.

```
import java.io.* ;

public class LecFich
{
  public static void main (String args[]) throws IOException
  { final int longMaxNom = 20 ;
    final int longMaxPrenom = 20 ;
    String chNom, chPrenom ;
    char[] nom = new char [longMaxNom] ;
    char[] prenom = new char [longMaxPrenom] ;
    int annee ;
    int i ;
```

```
                  String nomFichier ;
                  System.out.println ("Nom du fichier a lister : ") ;
                  nomFichier = Clavier.lireString() ;
                  DataInputStream entree = new DataInputStream
                                  (new FileInputStream (nomFichier)) ;
                  System.out.println ("**** Liste du fichier ****") ;
                  boolean eof = false ; // sera mis a true par gestionnaire exception EOFile

            while (!eof)
              { try
                {    /* lecture infos */
                  for (i=0 ; i<longMaxNom ;    i++) nom[i] =    entree.readChar () ;
                  for (i=0 ; i<longMaxPrenom ; i++) prenom[i] = entree.readChar () ;
                  annee = entree.readInt () ;
                    /* affichage infos */
                  for (i=0 ; i<longMaxNom ;    i++) System.out.print (nom[i]) ;
                  System.out.print (" ") ;
                  for (i=0 ; i<longMaxPrenom ; i++) System.out.print (prenom[i]) ;
                  System.out.print (" ") ;
                  System.out.println (annee) ;
                }
                catch (EOFException e)
                { eof = true ;
                }
              }

              entree.close() ;
              System.out.println ("**** fin liste fichier ****") ;
          }
       }
```

À titre indicatif, voici l'allure des résultats fournis par ce programme :

```
Nom du fichier a lister :
e:\repert
**** Liste du fichier ****
Carre            Thibault         1997
Dubois           Louis            1975
Dutronc          Jean Philippe    1958
Duchene          Alfred           1994
Mitenne          Thomas           2001
***.fin liste fichier ****
```

Solution 2   Comme précédemment, on fait appel à un objet de type *DataInputStream*. Mais les informations relatives au nom et au prénom sont lues directement à l'aide de la méthode *readUTF*. La gestion de la fin de fichier se déroule toujours de la même manière.

```java
import java.io.* ;

public class LecFich2
{
  public static void main (String args[]) throws IOException
  { final int longMaxNom = 20 ;
    final int longMaxPrenom = 20 ;
    String chNom, chPrenom ;
    int annee ;
    int i ;
    String nomFichier ;
    System.out.println ("Nom du fichier a lister : ") ;
    nomFichier = Clavier.lireString() ;
    DataInputStream entree = new DataInputStream
                          (new FileInputStream (nomFichier)) ;

    System.out.println ("**** Liste du fichier ****") ;
    boolean eof = false ; // sera mis a true par gestionnaire exception EOFile
    while (!eof)
    { try
      {   /* lecture infos */
        chNom =    entree.readUTF () ;
        chPrenom = entree.readUTF () ;
        annee = entree.readInt () ;
          /* affichage infos */
        System.out.print (chNom + " ") ;
        System.out.print (chPrenom + " ") ;
        System.out.println (annee) ;
      }
      catch (EOFException e)
      { eof = true ;
      }
    }

    entree.close() ;
    System.out.println ("**** fin liste fichier ****") ;
  }
}
```

Les résultats se présentent alors sous cette forme :

```
Nom du fichier a lister :
e:\reputf
**** Liste du fichier ****
Carre Thibault 1997
Dubois Louis 1975
Dutronc Jean Philippe 1958
Duchene Alfred 1994
Mitenne Thomas 2001
**** fin liste fichier ****
```

142 Synthèse : consultation d'un répertoire en accès direct

Réaliser un programme permettant de consulter un fichier du type de celui créé par la première solution à l'exercice . Le dialogue s'opérera à travers des contrôles disposés dans une fenêtre comme illustrée ci-après[a] :

L'utilisateur pourra agir indifféremment sur les champs de texte indiquant le nom de fichier ou le nom d'enregistrement. On signalera par des boîtes de message les erreurs suivantes :

- fichier inexistant,
- information de numéro d'enregistrement non numérique, négative ou supérieure à la taille du fichier.

Lorsqu'un fichier sera correctement ouvert, son nom s'affichera dans le titre de la fenêtre.

Note : pour que les contrôles soient disposés comme dans notre exemple, on pourra utiliser un gestionnaire de mise en forme de type *GridLayout* créé par *new GridLayout(5, 2)*.

a.   On pourra utiliser un gestionnaire de mise en forme de type *GridBag*.

Les dimensions des tableaux de caractères sont définies par des constantes symboliques *LG_NOM* et *LG_PRENOM*. Il en va de même pour la taille d'un enregistrement (*TAILLE_ENREG*) dont on notera que le calcul doit tenir compte du fait que les caractères sont enregistrés en binaire et qu'ils occupent donc 2 octets.

La disposition des différents contrôles ne pose pas de problème particulier. On notera que, avec un gestionnaire de type *GridLayout*, le conteneur est rempli ligne par ligne, suivant l'ordre dans lequel ils sont ajoutés. Nous utilisons des champs de texte pour toutes les informations mais seuls les deux premiers sont "éditables".

Nous écoutons les événements *Focus* et *Action* des deux champs de saisie (nom de fichier et numéro d'enregistrement). Deux méthodes de service nommées *nouveauFichier* et *nouvelEnreg* nous évitent de dupliquer certaines instructions.

La demande d'ouverture d'un nouveau fichier entraîne tout d'abord la fermeture de tout autre fichier éventuellement ouvert. Puis, nous vérifions l'existence du fichier de nom indiqué en traitant convenablement l'exception générée par sa demande d'ouverture en cas d'inexistence. Lorsque les choses se sont convenablement déroulées, nous déterminons la taille du fichier en octets (méthode *length*) et nous déterminons le nombre d'enregistrements correspondants.

Dans la demande d'un nouvel enregistrement, nous vérifions que :

- l'information fournie peut être convenablement convertie en un entier,

- qu'elle possède une valeur compatible avec la taille du fichier.

Si le numéro d'enregistrement est convenable, nous positionnons le pointeur à l'endroit correspondant du fichier (méthode *seek*). Nous lisons les différentes informations voulues et nous les affichons dans les champs appropriés. Notez que les tableaux de caractères constituant le nom et le prénom doivent être convertis en chaînes ; pour ce faire, nous utilisons un constructeur de la forme *String(char[])*.

```java
import java.awt.* ;
import java.awt.event.* ;
import javax.swing.* ;
import java.io.* ;

class MaFenetre extends JFrame implements ActionListener, FocusListener
{ private static final int LG_NOM = 20, LG_PRENOM = 20 ;
  private static final int TAILLE_ENREG = 2*LG_NOM + 2*LG_PRENOM + 4 ;
  private static final String titreFenetre = "Consultation repertoire" ;
  public MaFenetre ()
  { nom = new char[LG_NOM] ;
    prenom = new char[LG_PRENOM] ;

    setTitle (titreFenetre) ;
    setSize (400, 200) ;
    Container contenu = getContentPane() ;
    contenu.setLayout (new GridLayout(5, 2) ) ;

    labNomFichier = new JLabel (etiqNomFichier) ;
    contenu.add(labNomFichier) ;
    txtNomFichier = new JTextField (20) ;
    contenu.add(txtNomFichier) ;
    txtNomFichier.addActionListener (this) ;
    txtNomFichier.addFocusListener (this) ;
    labNumEnreg = new JLabel (etiqNumEnreg) ;
    contenu.add (labNumEnreg) ;
    txtNumEnreg = new JTextField (20) ;
    contenu.add (txtNumEnreg) ;
    txtNumEnreg.addActionListener (this) ;
```

```
        txtNumEnreg.addFocusListener (this) ;
        labNom = new JLabel (etiqNom) ;
        contenu.add (labNom) ;
        txtNom = new JTextField (20) ; txtNom.setEditable (false) ;
        contenu.add (txtNom) ;
        labPrenom = new JLabel (etiqPrenom) ;
        contenu.add (labPrenom) ;
        txtPrenom = new JTextField (20) ; txtPrenom.setEditable (false) ;
        contenu.add (txtPrenom) ;
        labAnnee = new JLabel (etiqAnnee) ;
        contenu.add (labAnnee) ;
        txtAnnee = new JTextField (20) ; txtAnnee.setEditable (false) ;
        contenu.add (txtAnnee) ;
    }
    public void actionPerformed (ActionEvent e)
    { Object source = e.getSource() ;
      if (source == txtNomFichier) nouveauFichier() ;
      if (source == txtNumEnreg)   nouvelEnreg() ;
    }
    public void focusGained (FocusEvent e)
    {}
    public void focusLost (FocusEvent e)
    { Object source = e.getSource() ;
      if (source == txtNomFichier) nouveauFichier() ;
      if (source == txtNumEnreg)   nouvelEnreg() ;
    }

    private void nouveauFichier()
    { try
      { if (fichierOuvert)
        { fichier.close() ;
          fichierOuvert = false ;
          setTitle (titreFenetre) ;
        }
        nomFichier = txtNomFichier.getText () ;
        fichier = new RandomAccessFile (nomFichier, "r") ;
      }
      catch (IOException e) // erreur ouverture
      { JOptionPane.showMessageDialog (null, "FICHIER INEXISTANT") ;
        txtNomFichier.setText ("") ;
        return ;
      }
      fichierOuvert = true ;
      setTitle (titreFenetre + " " + nomFichier) ;
      try
      { tailleFichierOctets = fichier.length() ;
        tailleFichierEnreg = tailleFichierOctets/TAILLE_ENREG ;
      }
      catch (IOException e) {}
      txtNumEnreg.setText("") ; txtNom.setText("") ;
```

```
            txtPrenom.setText("") ;    txtAnnee.setText("") ;
        }

    private void nouvelEnreg()
    { if (!fichierOuvert)
        { JOptionPane.showMessageDialog (null, "Pas de fichier ouvert") ;
          txtNumEnreg.setText ("") ;
          return ;
        }


        /* lecture numero enregistrement et controles validite */
        String chNumEnreg = txtNumEnreg.getText () ;
        boolean converti = false ;
        try
        { num = Integer.parseInt (chNumEnreg) ;
          converti = true ;
        }
        catch (NumberFormatException e) {}
        if (!converti || (num<=0) || (num>tailleFichierEnreg))
        { JOptionPane.showMessageDialog (null, "Numero enreg incorrect") ;
          txtNumEnreg.setText ("") ; txtNom.setText("") ;
          txtPrenom.setText("") ;    txtAnnee.setText("") ;
          return ;
        }
        /* numero correct - lecture de l'enregistrement correspondant */
        try
        { numEnreg = num ;
          fichier.seek (TAILLE_ENREG*(numEnreg-1)) ;
          for (int i=0 ; i<LG_NOM ; i++)    nom[i] = fichier.readChar () ;
          for (int i=0 ; i<LG_PRENOM ; i++) prenom[i] = fichier.readChar () ;
          annee = fichier.readInt () ;
            /* conversion des informations en chaine et affichage */
          String chNom = new String (nom) ;
          String chPrenom = new String (prenom) ;
          String chAnnee = String.valueOf (annee) ;
          txtNom.setText (chNom) ;
          txtPrenom.setText (chPrenom) ;
          txtAnnee.setText (chAnnee) ;
        }
        catch (IOException e) {}
    }
    private boolean fichierOuvert = false ;
    private String nomFichier ;
    private RandomAccessFile fichier ;
    private long tailleFichierEnreg, tailleFichierOctets ;
    private int numEnreg, num ;
    private char[] nom, prenom ;
    private int annee ;
    private JLabel labNomFichier, labNumEnreg, labNom, labPrenom, labAnnee ;
    private JTextField txtNomFichier, txtNumEnreg, txtNom, txtPrenom, txtAnnee ;
```

```
          static private String etiqNomFichier = "Nom fichier :          ",
                                etiqNumEnreg    = "Numero enregistrement : ",
                                etiqNom         = "Nom :                  ",
                                etiqPrenom      = "Prenom :               ",
                                etiqAnnee       = "Annee naissance :       " ;
          }
          public class ListAD
          { public static void main (String args[])
            { MaFenetre fen = new MaFenetre() ;
              fen.setVisible(true) ;
            }
          }
```

Remarque 1. En vertu des règles relatives à la redéfinition d'une méthode, il n'est pas possible de mentionner de clause *throws IOException* dans les méthodes *actionPerformed* ou *focusLost*. Dans ces conditions, il est nécessaire d'y traiter (ici artificiellement) l'exception *IOException*.

2. On constate qu'en cas d'anomalie (fichier inexistant, numéro d'enregistrement incorrect), on obtient deux fois l'affichage du message correspondant. Ceci provient de la mise à blanc des champs correspondants. Par souci de simplicité, nous n'avons pas cherché à régler le problème (par exemple, en recourant à des indicateurs booléens).

143 Synthèse : liste d'un fichier texte avec numérotation des lignes

Écrire un programme qui liste en fenêtre console le contenu d'un fichier texte en en numérotant les lignes. On prévoira 4 caractères pour l'affichage du numéro de ligne. Les lignes de plus de 60 caractères seront affichées sur plusieurs lignes d'écran comme dans cet exemple

```
Donnez le nom du fichier texte a lister : e:\book\essai.txt
   1 Ceci est la premiere ligne d'un exemple de fichier texte
   2 Il contient des lignes de chiffres de longueurs variables
     dont une de 59 caracteres, une de 60 caracteres et une de 61
     caracteres
   3 12345678901234567890
   4 123456789012345678901234567890123456789012345678901234567890
   5 12345678901234567890123456789012345678901234567890123456789
   6 123456789012345678901234567890123456789012345678901234567890
     1
```

```
 7 123456789012345678901234567890123456789001234567890
 8 la ligne suivante est vide
 9
10 les deux lignes suivantes sont egalement vides
11
12
13 Ceci est la derniere ligne du fichier
 *** fin liste fichier ***
```

Solution

Rappelons que, pour la lecture d'un fichier texte, il n'existe pas de classe parfaitement symétrique de la classe *PrintWriter*. Il faut se contenter de la classe *FileReader* (symétrique de *FileWriter*, classe plus rudimentaire que *PrintWriter*) qu'on couple avec la classe *BufferedReader*, laquelle dispose d'une méthode *readLine* de lecture d'une ligne. Nous créons donc un objet de ce type nommé *entree* en procédant ainsi (*nomfich* étant la chaîne correspondant au nom du fichier) :

```
BufferedReader entree = new BufferedReader (new FileReader (nomfich)) ;
```

La méthode *readLine* de la classe *BufferedReader* fournit une référence à une chaîne correspondant à une ligne du fichier. Si la fin de fichier a été atteinte avant que la lecteur n'ait commencé, autrement dit si aucun caractère n'est disponible (pas même une fin de ligne !), *readLine* fournit la valeur *null*. Il est donc possible de parcourir les différentes lignes du fichier, sans avoir besoin de recourir à la gestion des exceptions.

En ce qui concerne l'affichage du numéro de ligne (*numLigne*), il est nécessaire de convertir l'entier le représentant en une suite de 4 caractères. Pour ce faire, nous employons un tableau de 4 caractères nommé *charNumLigne* que nous initialisons avec des caractères "espace", avant d'y introduire, à partir de la fin, les caractères de la chaîne obtenue par conversion de la valeur de *numLigne*.

La gestion des lignes de plus de 60 caractères se fait simplement en affichant un changement de ligne et une suite de 4+1 espaces.

```java
import java.io.* ;

public class ListText
{ public static void main (String args[]) throws IOException
  { final int longNumLigne = 4 ;  // nombre de caracteres utilises pour
                                   //        afficher le numero de ligne
    final int nbCarParLigne = 60 ;
    String nomfich ;
    String ligne ;        // ligne courante du fichier texte
    char charNumLigne[] = new char[longNumLigne] ;  // pour les caracteres
                                                    // du numero de ligne
    System.out.print ("Donnez le nom du fichier texte a lister : ") ;
    nomfich = Clavier.lireString() ;
    BufferedReader entree = new BufferedReader (new FileReader (nomfich)) ;
    int numLigne = 0 ;
```

```
          do
            {   /* lecture d'une ligne du fichier */
              ligne = entree.readLine() ;
              if (ligne == null) break ;
              numLigne++ ;
                /* determination des caracteres correspondant au numero de ligne */
              String ch = String.valueOf (numLigne) ;
              int i, j ;  // pour parcourir le numero de ligne
              for (i=0 ; i<longNumLigne-ch.length() ; i++) charNumLigne[i] = ' ' ;
              for (j=0 ; i<longNumLigne ; i++, j++)  charNumLigne[i] = ch.charAt(j) ;
                /* affichage numero de ligne suivi d'un espace*/
              for (i=0 ; i<longNumLigne ; i++) System.out.print (charNumLigne[i]) ;
              System.out.print (' ') ;

                /* affichage ligne courante */
              int n=0 ;  // pour parcourir la ligne courante
              while (n < ligne.length())
              { if ((n != 0) && (n%nbCarParLigne == 0))   /* on change de ligne */
                                      { System.out.println () ;
                                        for (int k=0 ; k<longNumLigne+1 ; k++)
                                          System.out.print (' ') ;
                                      }
                System.out.print (ligne.charAt(n)) ;
                n++ ;
              }
              System.out.println () ;
            }
          while (ligne != null) ;
          entree.close () ;
          System.out.println ("*** fin liste fichier ***");
        }
      }
```

144   Liste d'un répertoire

Écrire un programme qui affiche le contenu d'un répertoire (dont le nom est fourni au clavier), en précisant pour chaque nom s'il s'agit d'un sous-répertoire ou d'un fichier ; dans ce dernier cas, il en fournira également la taille en octets.

```
nom du repertoire : e:\truc
Nom incorrect (inexistant ou non repertoire)
nom du repertoire : e:\book\exosjav
evbn.fm FICHIER    84992 octets
control.fm FICHIER    96256 octets
```

```
        divers   REPERTOIRE
        menuac.fm FICHIER      112640 octets
           .....
        classes REPERTOIRE
        essai.txt FICHIER      5120 octets
        fichiers.fm FICHIER      82944 octets
        ap.fm FICHIER     35840 octets
```

Solution   Il nous suffit de recourir aux possibilités offertes par la classe *File*. Plus précisément, à partir du nom fourni par l'utilisateur dans la chaîne *nomRepert*, nous créons un objet *objRep* de type *File* :

```
objRep = new File (nomRepert) ;
```

La méthode *isDirectory* nous permet de savoir si ce nom correspond bien à un répertoire. Notez qu'il n'est pas nécessaire ici de recourir à la méthode *exists*, dans la mesure où nous n'avons pas cherché à distinguer le cas d'un nom ne désignant pas un répertoire du cas d'un nom inexistant.

Lorsque le nom correspond bien à un répertoire, nous faisons appel à la méthode *listFiles* qui nous fournit un tableau d'objets de type *File*, chaque élément correspondant à un des membres du répertoire. Il nous suffit alors d'appliquer à chacun d'entre eux les méthodes *isDirectory*, *getName* et *length* pour obtenir les informations voulues.

```java
import java.io.* ;     // pour la classe File
public class ListRep
{ public static void main (String args[])
  { String nomRepert ;
    File objRep ;
    boolean ok ;
      /* lecture nom de repertoire */
    ok = false ;
    do
    { System.out.print ("nom du repertoire : ") ;
      nomRepert = Clavier.lireString () ;
      objRep = new File (nomRepert) ;
      if (objRep.isDirectory())
        ok = true ;
      else
        System.out.println ("Nom incorrect (inexistant ou non repertoire)") ;
    }
    while (!ok) ;

      /* affichage des informations correspondantes */
    File [] membres = objRep.listFiles() ;
    for (int i=0 ; i<membres.length ; i++)
    { String type ;
      System.out.print (membres[i].getName()+ " ") ;
```

```
      if (membres[i].isFile())
        System.out.println ("FICHIER    " + membres[i].length() + " octets") ;
      else
        System.out.println ("REPERTOIRE ") ;
    }
  }
}
```

Remarque

1. L'utilisateur peut fournir indifféremment un nom relatif (au répertoire courant) ou un nom absolu.

2. Au lieu de la méthode *listFiles*, nous aurions pu aussi utiliser *list* qui fournit un tableau de chaînes dans lequel chaque élément représente un nom de membre. Il aurait alors fallu créer les objets de type *File* correspondants pour obtenir les informations voulues.

Les constantes et fonctions mathématiques

Elles sont fournies par la classe *Math*. Les angles sont toujours exprimés en radians.

Constante (double)	Valeur
E	2.718281828459045
PI	3.141592653589793

Fonction	Rôle	En-têtes
abs	Valeur absolue	double abs (double a) float abs (float a) int abs (int a) long abs (long a)
acos	Arc cosinus (angle dans l'intervalle [-1, 1])	double acos (double a)
asin	Arc sinus (angle dans l'intervalle [-1, 1])	double asin (double a)
atan	Arc tangente (angle dans l'intervalle [-pi/2, pi/2])	double atan (double a)

Fonction	Rôle	En-têtes
atan2	Arc tangente (a/b) (angle dans l'intervalle [-pi/2, pi/2])	double atan2 (double a, double b)
ceil	Arrondi à l'entier supérieur	double ceil (double a)
cos	Cosinus	double cos (double a)
exp	Exponentielle	double exp (double a)
floor	Arrondi à l'entier inférieur	double floor (double a)
IEEEremainder	Reste de la division de x par y	double IEEEremainder (double x, double y)
log	Logarithme naturel (népérien)	double log (double a)
max	Maximum de deux valeurs	double max (double a, double b) float max (float a, float b) int ma·: (int a, int b) long max (long a, long b)
min	Minimum de deux valeurs	double min (double a, double b) float min (float a, float b) int min (int a, int b) long min (long a, long b)
pow	Puissance (a^b)	double pow (double a, double b)
random	Nombre aléatoire dans l'intervalle [0, 1[	double random ()
rint	Arrondi à l'entier le plus proche	double rint (double a)
round	Arrondi à l'entier le plus proche	long round (double a) int round (float a)
sin	Sinus	double sin (double a)
sqrt	Racine carrée	double sqrt (double a)
tan	Tangente	double tan (double a)
toDegrees	Conversion de radians en degrés	double toDegrees (double aRad)
toRadians	Conversion de degrés en radians	double toRadians (double aDeg)

Les composants graphiques et leurs méthodes

Nous présentons ici les principales classes et méthodes des paquetages *java.awt* et *javax.swing*, en particulier celles qui sont utilisées dans les exercices de cet ouvrage. On notera que :

- lorsqu'une méthode est mentionnée dans une classe, elle n'est pas rappelée dans les classes dérivées ;

- lorsqu'une classe se révèle inutilisée en pratique (exemple *Window*, *Frame*, *Dialog*), ses méthodes n'ont été mentionnées que dans ses classes dérivées ; par exemple, la méthode *setTitle* est définie dans la classe *Frame* mais elle n'est indiquée que dans la classe *JFrame*.

Nous vous fournissons d'abord l'arborescence des classes concernées, avant d'en décrire les différentes méthodes, classe par classe (pour chacune, nous rappelons la liste de ses ancêtres).

Les classes de composants

Les classes précédées d'un astérisque (*) sont abstraites.

```
*Component
     *Container
          Panel
               Applet
                    JApplet
          Window
               JWindow
               Frame
                    JFrame
               Dialog
                    JDialog
          JComponent
          JPanel
          AbstractButton
               JButton
               JToggleButton
                    JCheckBox
                    JRadioButton
               JMenuItem
                    JCheckBoxMenuItem
                    JRadioButtonMenuItem
                    JMenu
          JLabel
          JTextComponent
               JTextField
          JList
          JcomboBox
          JMenuBar
          JPopupMenu
          JScrollPane
          JToolBar
```

2   Les méthodes

*Component

	Component ()
void	**add** (PopupMenu menuSurgissant)
void	**addFocusListener** (FocusListener écouteur)
void	**addKeyListener** (KeyListener écouteur)
void	**addMouseListener** (MouseListener écouteur)
void	**addMouseMotionListener** (MouseMotionListener écouteur)
Color	**getBackground** ()
Rectangle	**getBounds** ()
Font	**getFont** ()
FontMetrics	**getFontMetrics** (Font fonte)
Color	**getForeground** ()
Graphics	**getGraphics** ()
int	**getHeight** ()
Dimension	**getSize** ()
Toolkit	**getToolkit** ()
int	**getX** ()
int	**getY** ()
int	**getWidth** ()
boolean	**hasFocus** ()
boolean	**imageUpdate** (Image image, int flags, int x, int y, int largeur, int hauteur)
void	**invalidate** ()
boolean	**isEnabled** ()
boolean	**isFocusTraversable** ()
boolean	**isVisible** ()
void	**paint** (Graphics contexteGraphique)
void	**setBackground** (color couleurFond)
void	**setBounds** (Rectangle r)
void	**setBounds** (int x, int y, int largeur, int hauteur)
void	**setCursor** (Cursor curseurSouris)
void	**setEnabled** (boolean activé)
void	**setFont** (Font fonte)
void	**setForeground** (Color couleurAvantPlan)
void	**setSize** (Dimension dim)
void	**setSize** (int largeur, int hauteur)
void	**setVisible** (boolean visible)
void	**update** (Graphics contexteGraphique)
void	**validate** ()

*Container (*Component*)

	Container ()
Component	**add** (Component composant)
void	**add** (Component composant, Object contraintes)
Component	**add** (Component composant, int rang)
Component	**add** (Component composant, Object contraintes, int rang)
void	**setLayout** (LayoutManager gestionnaireMiseEnForme
void	**remove** (int rang)
void	**remove** (Component composant)
void	**removeAll** ()

Applet (*Panel -Component - Container*)

	applet ()
void	**destroy** ()
URL	**getCodeBase** ()
Image	**getImage** (URL adresseURL)
Image	**getImage** (URL adresseURL, String nomFichier)
String	**getParameter** (String nomParamètre)
void	**init** ()
void	**resize** (Dimension dim)
void	**resize** (int largeur, int hauteur)
void	**start** ()
void	**stop** ()

JApplet (*Applet -Panel - Component - Container*)

	JApplet ()
Container	**getContentPane** ()
void	**setJMenuBar** (JMenuBar barreMenus)
void	**setLayout** (LayoutManager gestionnaireMiseEnForme)

JFrame (*Frame -Window - Component - Container*)

	JFrame ()
	JFrame (String titre)
Container	**getContentPane** ()
Toolkit	**getToolkit** ()
void	**setContentPane** (Container contenu)
void	**setDefaultCloseOperation** (int operationSurFermeture)
void	**setJMenuBar** (JMenuBar barreMenus)
void	**setLayout** (Layout gestionnaireMiseEnForme)
void	**setTitle** (String titre) *// héritée de Frame*
void	**update** (Graphics contexteGraphique)

JDialog (*Dialog - Window - Container*)

	JDialog (Dialog propriétaire, boolean modale)
	JDialog (Frame propriétaire, boolean modale)
	JDialog (Dialog propriétaire, String titre, boolean modale)
	JDialog (Frame propriétaire, String titre, boolean modale)
void	**dispose** ()
Container	**getContentPane** ()
void	**setDefaultCloseOperation** (int operationSurFermeture)
void	**setLayout** (LayoutManager gestionnaireMiseEnForme)
void	**setJMenuBar** (JMenuBar barreMenus)
void	**setTitle** (String titre) *// héritée de Dialog*
void	**show** ()
void	**update** (Graphics contexteGraphique)

JComponent (*Container - Component*)

	JComponent ()
Graphics	**getGraphics** ()
Dimension	**getMaximumSize** ()
Dimension	**getMinimumSize** ()
Dimension	**getPreferredSize** ()
void	**paintBorder** (Graphics contexteGraphique)
void	**paintChildren** (Graphics contexteGraphique)
void	**paintComponent** (Graphics contexteGraphique)
void	**revalidate** ()
void	**setBorder** (Border bordure)
void	**setMaximumSize** (Dimension dimensions)
void	**setMinimumSize** (Dimension dimensions)
void	**setPreferredSize** (Dimension dimensions)
void	**setToolTipText** (String texteBulleDAide)

JPanel (*Jcomponent - Container - Component*)

	JPanel ()
	JPanel (LayoutManager gestionnaireMiseEnForme)

AbstractButton (*Jcomponent - Container - Component*)

	AbstractButton ()
void	**addActionListener** (ActionListener écouteur)
void	**addItemListener** (ItemListener écouteur)
String	**getActionCommand**()
String	**getText**()
boolean	**isSelected**()
void	**setActionCommand** (String chaineDeCommande)

void	**setEnabled** (boolean activé)	
void	**setMnemonic** (char caractèreMnémonique)	
void	**setSelected** (boolean sélectionné)	
void	**setText** (String libellé)	

JButton (*AbstractButton - JComponent - Container - Component*)

JButton ()
JButton (String libellé)

JCheckBox (*JToggleButton - AbstractButton - JComponent - Container - Component*)

JCheckBox ()
JCheckBox (String libellé)
JCheckBox (String libellé, boolean sélectionné)

JRadioButton (*JToggleButton - AbstractButton - JComponent - Container - Component*)

JRadioButton (String libellé)
JRadioButton (String libellé, boolean sélectionné)

JLabel (*JComponent - Container - Component*)

	JLabel (String texte)	
void	**setText** (String libellé)	

JTextField (*JTextComponent - JComponent - Container - Component*)

	JTextField ()	
	JTextField (int nombreColonnes)	
	JTextField (String texteInitial)	
	JTextField (String texteInitial, int nombreColonnes)	
Document	**getDocument** ()	*// héritée de* JTextComponent
String	**getText** ()	*// héritée de* JTextComponent
void	**setColumns** (int nombreCaractères)	
void	**setEditable** (boolean éditable)	*// héritée de* JTextComponent
void	**setText** (String texte)	*// héritée de* JTextComponent

JList (*JComponent - Container - Component*)

	JList ()	
	JList (Object[] données)	
void	**addListSelectionListener** (ListSelectionListener écouteur)	
void	**setSelectedIndex** (int rang)	
int	**getSelectedIndex** ()	

int[ ]	**getSelectedIndices** ()	
Object	**getSelectedValue** ()	
Object [ ]	**getSelectedValues** ()	
boolean	**getValueIsAdjusting** ()	
void	**setSelectedIndex** (int rang)	
void	**setSelectedIndices** (int [•] rangs)	
void	**setSelectionMode** (int modeDeSelection)	
void	**setVisibleRowCount** (int nombreValeurs)	

JComboBox (*JComponent - Container - Component*)

	JComboBox ()	
	JComboBox (Object[ ] données)	
void	**addItem** (Object nouvelleValeur)	
int	**getSelectedIndex** ()	
Object	**getSelectedItem** ()	
void	**insertItemAt** (Object nouvelleValeur, int rang)	
void	**removeItem** (Object valeurASupprimer)	
void	**removeItemAt** (int rang)	
void	**removeAllItems** ()	
void	**setEditable** (boolean éditable)	*// héritée de* JTextComponent
void	**setSelectedIndex** (int rang)	

JMenuBar (*JComponent - Container - Component*)

	JMenuBar ()	
JMenu	**add** (JMenu menu)	
JMenu	**getMenu** (int rang)	

JMenu (*JMenuItem - AbstractButton - JComponent - Container - Component*)

	JMenu ()	
	JMenu (String nomMenu)	
JMenuItem	**add** (Action action)	
JMenuItem	**add** (JMenuItem option)	
void	**addMenuListener** (MenuListener écouteur)	
void	**addSeparator** ()	
KeyStroke	**getAccelerator** ()	
void	**insert** (Action action, int rang)	
void	**insert** (JMenuItem option, int rang)	

void	**insertSeparator** (int rang)
boolean	**isSelected** ()
void	**remove** (int rang)
void	**remove** (JMenuItem option)
void	**removeAll** ()
void	**setAccelerator** (KeyStroke combinaisonTouches)
void	**setEnabled** (boolean activé)
void	**setSelected** (boolean sélectionné)

JPopupMenu (*JComponent - Container - Component*)

	JPopupMenu ()
	JPopupMenu (String nom)
JMenuItem	**add** (Action action)
JMenuItem	**add** (JMenuItem option)
void	**addPopupMenuListener** (PopupMenuListener écouteur)
void	**addSeparator** ()
void	**insert** (Action action, int rang)
void	**insert** (Component composant, int rang)
void	**remove** (Component composant)
void	**setVisible** (boolean visible)
void	**show** (Component composant, int x, int y)

JMenuItem (*AbstractButton - JComponent - Container - Component*)

	JMenuItem ()
	JMenuItem (String nomOption)
	JMenuItem (Icon icône)
	JMenuItem (String nomOption, Icon icône)
	JMenuItem (String nomOption, int caractèreMnémonique)
void	**setAccelerator** (KeyStroke combinaisonTouches)
keyStroke	**getAccelerator** ()

JCheckBoxMenuItem (*JMenuItem - AbstractButton - JComponent - Container - Component*)

	JChekBoxMenuItem ()
	JChekBoxMenuItem (String nomOption)
	JChekBoxMenuItem (Icone icône)
	JChekBoxMenuItem (String nomOption, Icon icône)
	JChekBoxMenuItem (String nomOption, boolean activé)
	JChekBoxMenuItem (String nomOption, Icon icône, boolean activé)

JRadioButtonMenuItem *(JMenuItem - AbstractButton - JComponent - Container - Component)*

JRadioButtonMenuItem ()
JRadioButtonMenuItem (String nomOption)
JRadioButtonMenuItem (Icone icône)
JRadioButtonMenuItem (String nomOption, Icon icône)
JRadioButtonMenuItem (String nomOption, boolean activé)
JRadioButtonMenuItem (String nomOption, Icon icône, boolean activé)

JScrollPane

JScrollPane ()
JScrollPane (Component)

JToolBar

	JToolBar ()
	JToolBar (int orientation)
JButton	**add** (Action action)
void	**addSeparator** ()
void	**addSeparator** (Dimension dimensions)
boolean	**isFloatable** ()
void	**remove** (Component composant)
void	**setFloatable** (boolean flottante)

Les événements et les écouteurs

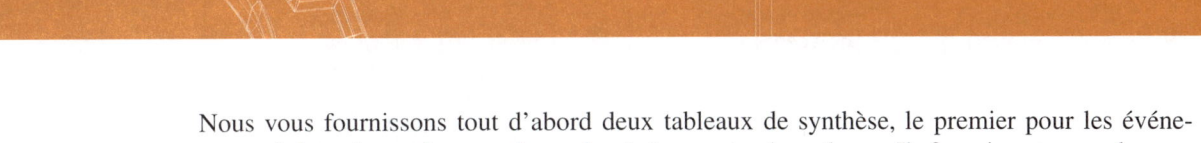

Nous vous fournissons tout d'abord deux tableaux de synthèse, le premier pour les événements de bas niveau, le second pour les événements sémantiques. Ils fournissent pour chacune des principales interfaces écouteurs correspondantes :

- le nom de l'interface écouteur et le nom de la classe adaptateur (si elle existe),
- les noms des méthodes de l'interface,
- le type de l'événement correspondant,
- les noms des principales méthodes de l'événement,
- les composants concernés.

Vous trouverez ensuite les en-têtes complètes des méthodes des classes événement.

3 Les événements de bas niveau

Ecouteur (*adaptateur*)	Méthode écouteur	Type événement	Méthodes événement	Composants concernés
MouseListener (*MouseAdapter*)	mouseClicked mousePressed mouseReleased mouseEntered mouseExited	MouseEvent	getClickCount getComponent getModifiers getSource getX getY getPoint isAltDown isAltGraphDown isControlDown isMetaDown isPopupTrigger isShiftDown	Component
MouseMotionListener (*MouseMotionAdapter*)	mouseDragged mouseMoved			
KeyListener (*KeyAdapter*)	keyPressed keyReleased keyTyped	keyEvent	getComponent getSource getKeyChar getKeyCode getKeyModifiersText getKeyText getModifiers isAltDown isAltGraphDown isControlDown isShiftDown isMetaDown isActionKey	Component
FocusListener (*FocusAdapter*)	focusGained focusLost	FocusEvent	getComponent getSource isTemporary	Component
WindowListener (*WindowAdapter*)	windowOpened windowClosing windowClosed windowActivated windowDeactivated windowIconified windowDeiconified	WindowEvent	getComponent getSource getWindow	Window

Les événements sémantiques

Dans la dernière colonne de ce tableau, les termes génériques *Boutons* et *Menus* désignent les classes suivantes

- Boutons : *JButton, JCheckBox, JRadioButton,*
- Menus : *JMenu, JMenuItem, JCheckBoxMenuItem, JRadioButtonMenuItem.*

Ecouteur (*adaptateur*)	Méthode écouteur	Type événement	Méthodes événement	Composants concernés
ActionListener	actionPerformed	ActionEvent	getSource getActionCommand getModifiers	*Boutons* *Menus* JTextField
ItemListener	itemStateChanged	ItemEvent	getSource getItem getStateChange	*Boutons* *Menus* JList JComboBox
ListSelection-Listener	valueChanged	ListSelectionEvent	getSource getValueIsAdjusting	JList
Document-Listener	changeUpdate insertUpdate removeUpdate	DocumentEvent	getDocument	Document
MenuListener	menuCanceled menuSelected menuDeselected	MenuEvent	getSource	JMenu
PopupMenu-Listener	popupMenuCanceled popupMenuWillBecomeVisible popupMenuWillBecomeInvisible	PopupMenuEvent	getSource	JPopupMenu

5   # Les méthodes des événements

MouseEvent

int	**getClickCount** ()
Component	**getComponent** ()
int	**getModifiers** ()
Object	**getSource** ()
int	**getX** ()
int	**getY** ()
Point	**getPoint** ()
boolean	**isAltDown** ()
boolean	**isAltGraphDown** ()
boolean	**isControlDown** ()
boolean	**isMetaDown** ()
boolean	**isPopupTrigger** ()
boolean	**isShiftDown** ()

KeyEvent

Component	**getComponent** ()
Object	**getSource** ()
char	**getKeyChar** ()
int	**getKeyCode** ()
String	**getKeyText** (int codeToucheVirtuelle)
int	**getModifiers** ()
boolean	**isAltDown** ()
boolean	**isAltGraphDown** ()
boolean	**isControlDown** ()
boolean	**isMetaDown** ()
boolean	**isShiftDown** ()

FocusEvent

Component	**getComponent** ()
Object	**getSource** ()
boolean	**isTemporary** ()

WindowEvent

Component	**getComponent** ()
Object	**getSource** ()
Window	**getWindow** ()

ActionEvent

Object	**getSource** ()	
String	**getActionCommand** ()	
int	**getModifiers** ()	

ItemEvent

Object	**getSource** ()	
Object	**getItem** ()	
int	**getStateChanged** ()	

ListSelectionEvent

Object	**getSource** ()	
boolean	**getValueIsAdjusting** ()	

DocumentEvent

Document	**getDocument** ()

MenuEvent

Object	**getSource** ()

PopuMenuEvent

Object	**getSource** ()

La classe Clavier

Voici la liste de la classe *Clavier* présente sur le site Web d'accompagnement et que vous pouvez utiliser pour la solution à certains des exercices de cet ouvrage.

Elle fournit des méthodes permettant de lire sur une ligne une information de l'un des types *int*, *float*, *double* ou *String*. La méthode de lecture d'une chaîne est utilisée par les autres pour lire la ligne.

```
// classe fournissant des fonctions de lecture au clavier
import java.io.* ;
public class Clavier
{ public static String lireString ()    // lecture d'une chaine
  { String ligne_lue = null ;
    try
    { InputStreamReader lecteur = new InputStreamReader (System.in) ;
      BufferedReader entree = new BufferedReader (lecteur) ;
      ligne_lue = entree.readLine() ;
    }
    catch (IOException err)
    { System.exit(0) ;
    }
    return ligne_lue ;
  }
```

```
public static float lireFloat ()    // lecture d'un float
{ float x=0 ;    // valeur a lire
  try
  { String ligne_lue = lireString() ;
    x = Float.parseFloat(ligne_lue) ;
  }
  catch (NumberFormatException err)
  { System.out.println ("*** Erreur de donnee ***") ;
    System.exit(0) ;
  }
  return x ;
}
public static double lireDouble ()    // lecture d'un double
{ double x=0 ;    // valeur a lire
  try
  { String ligne_lue = lireString() ;
    x = Double.parseDouble(ligne_lue) ;
  }
  catch (NumberFormatException err)
  { System.out.println ("*** Erreur de donnee ***") ;
    System.exit(0) ;
  }
  return x ;
}
public static int lireInt ()          // lecture d'un int
{ int n=0 ;    // valeur a lire
  try
  { String ligne_lue = lireString() ;
    n = Integer.parseInt(ligne_lue) ;
    }
  catch (NumberFormatException err)
  { System.out.println ("*** Erreur de donnee ***") ;
    System.exit(0) ;
  }
  return n ;
}

  // programme de test de la classe Clavier
public static void main (String[] args)
{ System.out.println ("donnez un flottant") ;
  float x ;
  x = Clavier.lireFloat() ;
  System.out.println ("merci pour " + x) ;
  System.out.println ("donnez un entier") ;
  int n  ;
  n = Clavier.lireInt() ;
  System.out.println ("merci pour " + n) ;
}
}
```

Remarque

Notez que, en cas d'exception de type *IOException* (rare !), on se contente d'interrompre le programme. Si nous n'avions pas traité cette exception, nous aurions dû la déclarer dans une clause *throws*, ce qui aurait obligé l'utilisateur de la classe *Clavier* à la prendre en charge.

La lecture des informations de type entier ou flottant utilise la méthode *Clavier.lireString*, ainsi que les méthodes de conversion de chaînes *Integer.parseInt*, *Float.parseFloat* et *Double.parseDouble*. Nous devons traiter l'exception *NumberFormatException* qu'elles sont susceptibles de générer. Ici, nous affichons un message et nous interrompons le programme.

Dépôt légal : août 2003
N° d'éditeur : 6677

Achevé d'imprimer le 21 août 2003
sur les presses de l'imprimerie «La Source d'Or»
63200 Marsat
Imprimeur n° 11267